Leads de US$100 milhões

Como fazer com que estranhos queiram comprar seus produtos

ALEX HORMOZI

Acquisition.com
7710 N FM 620, Edifício 13C, Suíte 100,
Austin, Texas 78726

AVISO LEGAL

O conteúdo deste livro foi elaborado com o objetivo de fornecer informações úteis sobre os assuntos abordados. Este livro não se destina a ser usado, nem deve ser usado, para diagnosticar ou tratar qualquer condição médica. Os números apresentados neste livro são teóricos e devem ser usados apenas para fins ilustrativos. A editora e o autor não se responsabilizam por quaisquer ações que você tome ou deixe de tomar como resultado da leitura deste livro e não se responsabilizam por quaisquer danos ou consequências negativas decorrentes de ações ou omissões de qualquer pessoa que leia ou siga as informações contidas neste livro. As referências são fornecidas apenas para fins informativos e não constituem endosso de quaisquer sites ou outras fontes. Os leitores também devem estar cientes de que os sites listados neste livro podem mudar ou se tornar obsoletos.

Princípios orientadores

Faça mais.

Agradecimentos

Para Trevor:

Obrigado pela sua amizade sincera. Obrigado pelo seu esforço incansável para extrair as ideias da minha cabeça. E pelo seu apoio contínuo na luta contra o monstro do niilismo. As pessoas dizem que você tem sorte se tiver um amigo verdadeiro em toda a sua vida. Obrigado por ser o melhor amigo que um homem poderia desejar.

Para Leila:

Mesmo que Lady Gaga tenha dito isso primeiro, isso não torna a frase menos verdadeira: "Você encontrou em mim a luz que eu não conseguia encontrar. A parte de mim que é você, nunca morrerá."

ÍNDICE

Seção I: Comece aqui

"É difícil ser pobre quando os clientes batem à sua porta" - Jingle da família Hormozi

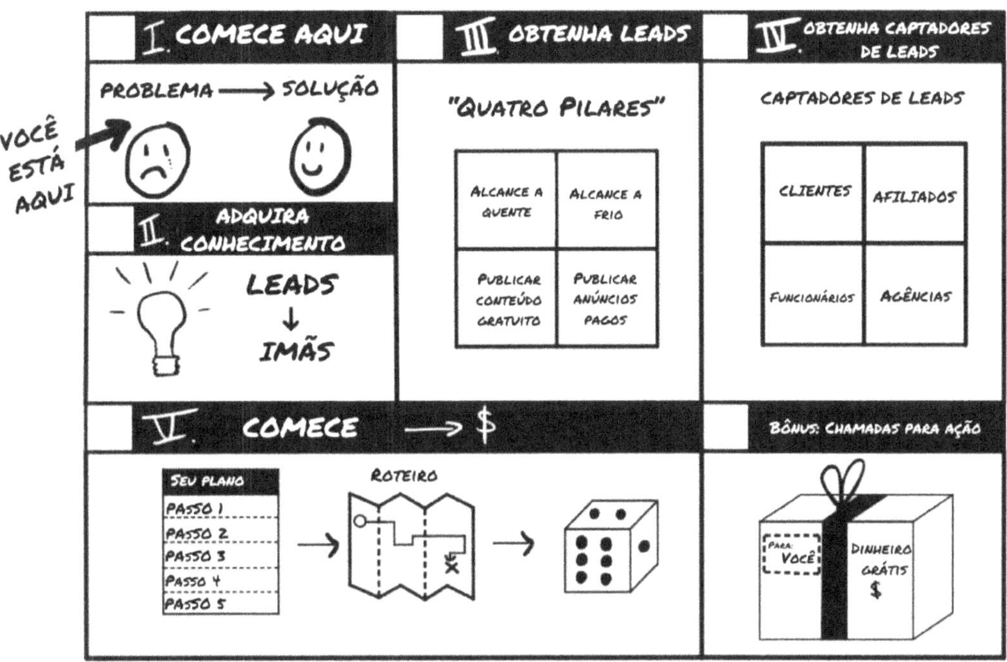

Você precisa vender coisas para ganhar dinheiro. Parece simples, mas todo mundo tenta pular para a parte "ganhar dinheiro". Não funciona. Eu tentei. Você precisa de *todas* as peças. Você precisa do que vender — uma oferta. Você precisa de pessoas para quem vender — leads. Então, você precisa fazer com que essas pessoas comprem — vendas. Depois de colocar tudo isso em prática, você vai poder ganhar dinheiro.

Meu primeiro livro, *Ofertas de US$100 Milhões,* aborda o primeiro passo e fornece as *informações necessárias*. Ele responde à velha pergunta*: "O que devo vender?"* Resposta: uma oferta tão boa que as pessoas se sintam estúpidas em recusar. Mas estranhos só podem comprar seus produtos se souberem que você existe. Isso requer leads. "Leads" significam muitas coisas diferentes para muitas pessoas diferentes. Mas a maioria concorda que eles são o primeiro passo para conseguir mais clientes. Em termos mais simples, significa que eles têm um problema a resolver e dinheiro para gastar.

Se você está lendo este livro, já sabe que os leads, ou clientes potenciais, não aparecem por magia. Você precisa ir atrás deles. Mais precisamente, você precisa ajudar eles a te encontrar para que possam comprar seus produtos! E a melhor parte é que você não precisa esperar... você pode forçá-los a te encontrar. Você faz isso por meio da publicidade.

A publicidade, *o processo de divulgação,* permite que estranhos conheçam os produtos que você vende. Se mais pessoas conhecerem os produtos que você vende, você venderá mais. Se você vender mais, ganhará mais dinheiro. *Ter muitos leads torna difícil ser pobre.*

A publicidade permite que você tenha um produto ruim… e ainda assim ganhe dinheiro. Permite que você seja péssimo em vendas… e ainda assim ganhe dinheiro. Permite que você cometa muitos erros e *ainda assim ganhe dinheiro.* Em resumo, ter essa habilidade lhe dá infinitas chances de *acertar.*

E no mundo implacável dos negócios, segundas chances são difíceis de conseguir. Então, é melhor você se preparar. *Publicidade é uma habilidade que vale a pena ter.*

E este livro, *Leads de* US$100 *Milhões,* mostra *exatamente* como fazê-lo.

***

Leads de US$100 Milhões baseia-se no meu primeiro livro, *Ofertas de US$100 Milhões.* Parte do princípio de que você já tem uma *oferta Grand Slam* para vender — o produto. Depois de ter uma oferta para vender, surge o próximo problema: *para quem vender?* Este livro é a minha resposta a essa pergunta. Leads. Muitos leads.

E antes de você saber como conseguir leads, a vida *é um saco.* Você não sabe de onde virá seu próximo cliente. Você se esforça para pagar o aluguel e as contas. Você se preocupa em demitir pessoas, colocar comida na mesa e… *ir à falência.* Você se esforça ao máximo para ter sucesso, e os outros riem de você por tentar. Parece que você está morrendo. Eu já passei por isso. Eu entendo. Este livro coloca você em uma situação melhor. Uma situação em que você tem mais leads do que consegue lidar e mais dinheiro do que consegue gastar.

Veja como:

Primeiramente ele explica como a publicidade funciona.

Em segundo lugar, revela as quatro principais formas de obter leads.

Em terceiro lugar, mostra como fazer com que outras pessoas o façam por você.

Por fim, conclui com um plano de publicidade de uma página que você pode usar para expandir seus negócios *hoje mesmo.*

***

Depois de saber como obter leads, a vida fica mais fácil.

Quanto ao motivo pelo qual você deveria me ouvir cegamente sobre como obter mais leads — não faça isso. Tome sua própria decisão! Mas, no espírito de "praticar o que prego", aqui está meu histórico:

Eu faço publicidade em diversos setores por meio da minha holding Acquisition. com. Nosso portfólio inclui software, comércio eletrônico, serviços empresariais, serviços ao consumidor, redes de lojas físicas, produtos digitais e muitos outros. Juntos, eles geram mais de US$250 milhões em receita anual. E fazem isso obtendo mais de 20.000 leads por dia, vendendo ofertas que vão de US$1 a até mais de US$1 milhão.

No lado pessoal, tenho um retorno médio vitalício em publicidade de 36:1. Isso significa que, para cada US$1 que gasto em publicidade, recebo US$36 de volta. Um retorno de 3600%. Algumas pessoas construíram sua riqueza no mercado de ações. Outras, no mercado imobiliário. Eu construí a minha com publicidade.

Este ano, ultrapassei US$100 milhões em patrimônio líquido aos 32 anos. E se você é do futuro, isso é em dólares americanos de 2022. O que, para minha consternação, não veio acompanhado de panfletos. Nem prêmios. Nem desfiles. Ainda sou 2.000 vezes mais pobre do que o homem mais rico do mundo. Minha vida continua praticamente a mesma. Ainda tenho a mesma altura, sou casado com a mesma mulher e meu cabelo está ficando branco mais rápido do que quando era pobre.

Nestas páginas, compartilho as habilidades responsáveis pela maior parte do meu sucesso material. Fiz tudo isso usando os métodos de publicidade deste livro. Não deixei nada de fora. Este não é um livro de teorias ou análises teóricas. Este livro é baseado no que funcionou para mim. E eu o escrevi na esperança de que funcione ainda melhor para você.

Para responder a uma pergunta que recebi após o lançamento do meu primeiro livro: "Por que seus livros parecem ter sido escritos para crianças?" A resposta é simples: meus livros devem ser livros que eu leria. E eu tenho pouca capacidade de concentração. Por isso, comparo minhas preferências de leitura às de uma criança: livros curtos, com palavras simples e muitas imagens. Esses livros são minha tentativa de fazer isso.

O *Leads de US$100 Milhões* é sobre fazer com que estranhos demonstrem interesse nos produtos que você vende. E assim que eu te transmitir essa habilidade, será a sua vez de a utilizar.

Com isso resolvido... vamos enriquecer, certo?

Dica profissional: aprenda mais rápido e mais profundamente lendo e ouvindo ao mesmo tempo

Aqui está uma dica que descobri há anos. Se você ouvir um audiolivro e ler o livro físico ou e-book ao mesmo tempo, você lê mais rápido e lembra mais. Você armazena o conteúdo em mais lugares do seu cérebro. É muito legal. É assim que eu leio livros que valem a pena.

Também faço as duas coisas porque tenho dificuldade em manter o foco. Se eu ouvir o áudio enquanto leio, isso me ajuda a evitar distrações. Levei dois dias para gravar este livro em voz alta. Fiz isso para que, se você tiver a mesma dificuldade que eu, não precise mais passar por isso.

Se quiser experimentar, vá em frente, pegue a versão em áudio e veja por si mesmo. Espero que você ache isso tão valioso quanto eu achei.

Decidi colocar esse "truque" logo no início. Assim, você terá a chance de aplicar se achar o primeiro capítulo valioso o suficiente para merecer sua atenção.

Dica profissional: truque para terminar livros

Eu me distraio facilmente. Por isso, preciso de pequenos truques para manter minha atenção. Este me ajuda muito: termine os capítulos. Não pare no meio. Concluir um capítulo proporciona um reforço positivo. Isso faz com que você continue. Portanto, se você encontrar um capítulo difícil, termine-o para poder começar o próximo com disposição.

Como cheguei aqui

"Esperança é ser capaz de ver a luz apesar de toda a escuridão" – Desmond Tutu

Março de 2017.

Senti batidas apressadas no meu ombro enquanto trabalhava na minha mesa. Era Leila, minha (então) namorada e sócia.

"O que foi? Você está bem?"

"Temos um problema", ela disse.

O que será agora? Pensei.

"Olha isso." Ela empurrou uma pilha de livros para abrir espaço para o seu laptop. "O que estou vendo?" Eu apertei os olhos.

"Um desastre."

Ela passou o dedo pela tela para direcionar meu olhar.

-99 dólares... -499 dólares... -499 dólares... -299 dólares... -399 dólares... -499 dólares... -499 dólares...

Todos os números eram superiores ao meu aluguel.

"O que é isso?"

Ela começou a rolar a tela. "Reembolsos. Todos eles. Das duas academias que lançamos no mês passado."

"Espere. Como? Por quê?"

Ela continuou a rolar a tela. "Recebi várias mensagens estranhas ontem à noite dos membros para qual vendemos na academia de Kentucky. Acho que o proprietário subiu em uma cadeira e disse a todos para pedirem reembolso e irem para casa. Ele não queria lidar com todos os novos clientes."

"Isso é loucura", eu disse.

Ela continuava rolando a tela. "Sim, e o dono da outra academia disse aos novos clientes que os aceitaria pela metade do preço se eles pedissem reembolso a nós e pagassem a ele."

"Espere aí, o quê? Eles não podem fazer isso", eu disse.

"Bem, eles fizeram." *Ela rolou a tela mais rápido, os números ficaram borrados.*

"Você ligou para eles? Isso não é permitido no contrato", eu disse.

"Sim, eu sei. Eles estão ignorando minhas ligações."

Coloquei minha mão sobre a dela. A cascata de reembolsos congelou no lugar. Centenas de lembretes do tamanho de gotículas de como eu era péssimo.

"Quão ruim é isso? Quantos reembolsos? Apenas cortando lucros? Ou o suficiente para ficar no vermelho e ficar devendo dinheiro?", tentei manter minha voz firme. Não consegui.

Leila fez uma pausa antes de responder. "São 150 mil." O número pairou no ar. "... não vamos conseguir pagar aos meus amigos."

Os rostos deles passaram pela minha mente, e a pouca esperança que eu tinha se esvaiu do meu peito. Um mês antes, eu convenci os amigos dela a deixarem seus empregos para fazer isso. Agora eu tinha que dizer a eles que não tinha dinheiro para pagá-los.

Ela continuou: "Também não podemos sair dessa vendendo nossos produtos. Isso só vai gerar mais reembolsos para lidar. E estamos sem dinheiro". Seus olhos encontraram os meus, procurando as respostas que ela merecia. Eu não tinha nada.

Me senti muito mal.

Um ano antes...

Eu era bom em conseguir clientes para minhas academias. Expandi para cinco locais em apenas três anos. Minha fama era abrir minhas academias com capacidade total no primeiro dia. Então, abri o máximo que pude, o mais rápido que pude.

Meu ritmo acelerado começou a chamar a atenção. Fui convidado para falar em uma conferência sobre meu método de publicidade. Para mim, porém, não achava que meu processo fosse especial. Achei que todos estavam fazendo o mesmo. Então, fiz minha apresentação esperando não estar entediando o público. Eles ficaram em silêncio.

No momento em que saí do palco, uma multidão se formou ao meu redor. Eles me bombardeavam com perguntas. Eu mal conseguia acompanhar. Eles até me seguiram até o banheiro. Eu me senti como uma celebridade. Foi uma loucura. Até hoje, nunca fui tão bombardeado na minha vida. Todos queriam que eu lhes ensinasse como fazer o que eu acabara de apresentar. Eles queriam minha ajuda. Eu. Mas eu não tinha nada para lhes vender. No entanto, mais de cem pessoas me deixaram seus números de telefone e cartões de visita, caso eu tivesse algo para vender. Então, tive uma ideia maluca.

Eu poderia ganhar algum dinheiro fazendo isso…

Três meses depois, uma ideia se transforma em um negócio.

Como usei publicidade para lançar minhas academias com capacidade total, pensei que talvez pudesse "lançar" as academias de outras pessoas com capacidade total também. Chamei a empresa de Gym Launch (Lançamento de Academia). Original, eu sei.

Minha oferta era simples. *Eu encheria sua academia em 30 dias, gratuitamente. Você não pagaria nada. Eu pagaria tudo. Eu venderia a novos membros e ficaria com as primeiras 6 semanas de mensalidades como pagamento. Você ficaria com todo o restante. Se eu não enchesse sua academia, não ganharia dinheiro. Você não gastaria nada de qualquer maneira.*

Era uma oferta fácil de vender. Eu voava para lá. Ligava minha máquina de leads. Trabalhava os leads. Depois vendia os leads. Só que, em vez de vendê-los para minha academia, eu os vendia para qualquer academia em que estivesse trabalhando naquele mês. Todo mês eu ia para uma nova academia. Repetia o processo. *Funcionou.*

A notícia sobre esse garoto que enchia sua academia de graça se espalhou rapidamente. A menos que eu contratasse ajuda, as indicações teriam me mantido ocupado por mais de dois anos seguidos. Eu não conseguia continuar administrando minhas academias *e* fazendo isso, então vendi minhas academias e me dediquei totalmente ao Gym Launch.

No entanto, percebi um problema. Eu enchia as academias deles e *eles* ficavam com todos os lucros a longo prazo. Eu deixava muito dinheiro na mesa. Mas, se eu fosse coproprietário de algumas das academias, poderia acumular receitas mês após mês. *Bingo.* Pouco tempo depois, um dos proprietários das academias fez essa oferta. Ficaríamos meio a meio. Eu encheria a academia de membros e ele a encheria de funcionários. Com esse novo modelo, eu poderia abrir de uma a duas academias por mês e ser dono de todas elas. Isso funcionaria muito melhor do que apenas receber o dinheiro adiantado. Uma parceria em que todos ganham.

No entanto, houve um pequeno contratempo no plano. Meu novo parceiro tinha "finanças precárias". Então, o simpático Alex se ofereceu para pagar todas as despesas e assumir toda a responsabilidade pelo primeiro lançamento. Eu me responsabilizei pessoalmente pelo aluguel e gastaria *meu* tempo e dinheiro para atrair membros. Quando estivesse cheio, eu entregaria a academia para ele. Investi todo o dinheiro da venda das minhas academias, incluindo as economias de toda a minha vida, nesse modelo de "lançar e partir". Usei tudo o que tinha.

Algumas semanas depois, na metade do lançamento, acordei e descobri que todo o dinheiro da conta havia sumido. Todo. O sócio me acusou de roubar e ficou com o dinheiro como "sua parte" dos lucros. Mas *não tínhamos obtido nenhum lucro*. Então, ele enviou o dinheiro para um contato no exterior e entrou com pedido de falência. Pelo menos foi o que ele me disse. Quando me ofereci para examinar as finanças e prestar contas de cada centavo, ele recusou. Foi então que percebi que tinha cometido um erro terrível.

Acontece que ele havia sido indiciado por fraude alguns anos antes. E, para piorar a situação, *eu já sabia* disso. Ele me disse que era "apenas um grande mal-entendido". Eu acreditei nele. Como diz o ditado, *quando o dinheiro encontra a experiência... o dinheiro ganha a experiência e a experiência ganha o dinheiro*. Lição aprendida.

Em três meses, passei de proprietário de uma rede de academias de sucesso a vender todas as minhas academias. A lançar um novo projeto legal de academias. A ficar completamente falido. Tudo o que ganhei com a venda das minhas academias se foi. Minhas economias de uma vida se foram. Acabaram. Tudo. Quatro anos de trabalho, economias, dormindo no chão... apagados em um... oh não... *Leila*.

Leila abandonou a vida que conhecia para fazer isso comigo. Ela suportou minhas constantes mudanças. Ela me apoiou na parceria mal planejada, mesmo se opondo a ela. Mesmo com esse enorme fracasso, ela nunca deu a entender *que tinha me avisado*. Em vez disso, ela me disse: "O modelo Gym Launch ainda é bom. Vamos fazer mais disso". E foi o que fizemos.

Coloquei US$3.300 *por dia* no cartão de crédito para pagar anúncios, passagens aéreas, hotéis, aluguel de carros, etc. para seis representantes de vendas. Amigos da Leila. Digo isso com leveza, mas já contei como foi um pesadelo no primeiro livro. Portanto, não vou repetir aqui.

No primeiro mês, lançamos seis academias e arrecadamos US$100.117. Ganhamos o suficiente para cobrir a fatura do cartão de crédito de US$100.000. E, para constar, isso significava que eu ainda estava falido. No mês seguinte, ganhamos US$177.399, com um lucro de US$30.000 a US$40.000. Isso me deu um pouco de espaço para respirar. *Finalmente*.

E foi então que Leila me deu um tapinha no ombro para
compartilhar uma má notícia no valor de US$150.000.

Agora você está por dentro de tudo.

Na manhã seguinte, Leila me disse que tínhamos US$150.000 em reembolsos e perdemos todo o nosso dinheiro.
De novo.

Uma buzina me assustou às 3 da manhã. Meus problemas voltaram à tona. *Bem, agora estou acordado.* Saí da cama e fui até meu canto de trabalho. Caminhei mais por hábito do que por vontade. Puxei a cadeira e me sentei, com meu caderno e caneta à mão. Eu precisava lucrar, não faturar, US$150 mil em trinta dias. E precisava fazer isso sem ter dinheiro e sem experiência em lucrar tanto em um mês. Nunca. Então, comecei a rabiscar ideias:

Cobrar uma taxa inicial para novas academias...

Pedir uma porcentagem da receita das academias antigas...

Fazer com que as academias que eu já havia lançado pagassem antecipadamente por um lançamento futuro...

Ligar para todos os clientes antigos e vender suplementos por telefone...

Continuei fazendo cálculos. Nenhum desses trabalhos renderia dinheiro suficiente. Pelo menos não em trinta dias. Eu me sentia grudado na cadeira. *Precisava resolver isso.* Fiquei olhando para o caderno, esperando que ele soubesse alguma coisa. Mas não sabia. *Nossa, eu sou péssimo nisso.*

Algumas horas depois, Leila acordou. Como um relógio, ela foi até a cozinha e serviu uma xícara de café. Ela foi direto para a mesa da cozinha atrás de mim e começou a trabalhar.

"O que você está fazendo?", perguntei, tentando me distrair.

"Verificando os clientes de fitness online", ela disse.

 "Quanto isso rende?"

"US$3.600 no mês passado."

"Quanto você cobra?"

"300 dólares por mês. Por quê?" "Quanto tempo você leva para fazer isso?" "Algumas horas por semana."

"E não há despesas gerais? Apenas tempo?"

"Sim... por quê?"

Eu insisti: "Sei que são clientes antigos de treinamento pessoal, mas você acha que conseguiria fazer isso com estranhos?"

"Não sei... provavelmente... o que você está pensando?"

"Acho que tenho uma ideia", respondi.

"Espere, para quê?"

"Para conseguir os 150 mil dólares."

"O que, meu treinamento online? Como?" Ela parecia cética.

"Simplesmente eliminamos os intermediários e vendendo diretamente. Acho que posso simplesmente colocar anúncios em uma página de vendas que agende consultas por telefone. Assim, podemos vender os programas de fitness que vendíamos nas academias, mas como um programa online. Já temos os materiais. Já sabemos que os anúncios funcionam. E não haverá nenhum custo para cumprir. Além disso, não haverá mais voos. Não haverá aluguéis. Sem hotéis. E sem proprietários de academias pedindo reembolso..."

Ela hesitou. "Você acha que poderia funcionar?"

"Honestamente... não faço ideia. Mas cada dia que não fazemos nada é um dia a menos para conseguir o dinheiro."

Ela pensou muito. "Tudo bem, vamos fazer isso."

Era tudo o que eu precisava.

Trabalhei 38 horas seguidas para colocar a oferta no ar. Algumas horas depois, os leads começaram a chegar. Ela atendeu a primeira ligação no dia seguinte. Entrei quando a ligação terminou:

"499 dólares... sim... e qual cartão você quer usar?" *Ela tinha a franqueza de uma profissional.* Alguns minutos depois, perguntei com expectativa: "Isso foi uma promoção?"

"Sim."

"Caramba, ela é uma profissional."

Eu até tirei uma foto da Leila fechando nossa primeira venda, porque parecia algo muito importante.

Em poucos dias, estávamos faturando US$1.000 por dia em vendas online de produtos de fitness. Também recebíamos o dinheiro adiantado, quase sem risco de reembolsos. *Estava funcionando*. Mas ainda estávamos *muito* distantes dos US$150.000.

Durante o almoço, ela ouviu meu plano mestre entre uma garfada e outra. "Ok, os vendedores podem ficar em casa e vender isso por telefone. Se eles ganharem os mesmos US$1.000 por dia que você, com oito pessoas, devemos chegar a US$8.000 por dia. Em trinta dias, ganharemos US$240.000. Depois de descontar os gastos com publicidade e comissões, teremos o suficiente para cobrir os US$150.000."

"E as academias que devemos lançar?"

"Vou ligar para eles e dizer que estamos indo em outra direção. Eles não nos pagaram nada, então não há muito que possam objetar. Vou começar a ligar para eles depois do almoço."

A primeira ligação foi para o dono de uma academia em Boise, Idaho.

"Alô?"

Olhei para baixo para ler os pontos principais do meu pequeno roteiro. "Ei, cara, não vamos mais fazer lançamentos. Estamos vendendo produtos para perda de peso diretamente ao consumidor. Então, não vamos mais sair e..."

Ele interrompeu: "Mas eu *realmente* preciso disso agora. Acabei de refinanciar minha casa e estou no limite de todos os meus cartões de crédito para manter minha academia funcionando. Investi todas as minhas economias neste lugar. Há alguma maneira de você me ajudar? Você lançou a academia do meu amigo. Eu sei do que você é capaz."

Dada a minha situação, *que era pior do que a sua*, eu não me importava com o quão ruim estavam as finanças dele. Então, tentei soar educado. "Entendo que é um momento difícil, mas não vamos voar até aí. Sinto muito."

"Tudo bem, tudo bem. Entendo que você não pode viajar. Mas há alguma maneira de você apenas me mostrar o que fazer? Nós realmente precisamos disso."

Eu estava exausto, sem dinheiro e me sentia traído por toda a indústria. Eu deveria ter dito "não", mas, em vez disso, disse... "Tudo bem. Vou te mostrar como conseguir leads, mas não vou voar até aí para te salvar se você não conseguir vender."

"Entendo perfeitamente. É minha responsabilidade. Eu consigo fechar negócios. Só não tenho ninguém entrando pela porta. Preciso de LEADS. Quanto você cobra para me mostrar como começar?"

Olhei para o meu roteiro. *Não era assim que deveria ter sido*. Eu queria dizer não e desligar. Nossa oferta de perda de peso estava funcionando e eu não queria distrações. Ele já tinha me dito que estava sem dinheiro, então eu disse o maior número que consegui pensar para tirá-lo do telefone.

"6.000 dólares. Considere isso como minha promoção 'vendendo meus segredos'."

"6 mil?"

"Sim. Seis mil." Eu disse, articulando o número inteiro, na esperança de assustá-lo. "6 mil? Ok, fechado."

O quê? Fiquei ali boquiaberto, paralisado, sem acreditar. *Seis mil dólares*. Saí de mim mesmo e observei a conversa acontecer. Ainda fico emocionado quando penso nisso.

"Oh... uhh... ótimo... qual cartão você quer usar?" Agora, tentando *não* assustar os *seis mil dólares*. Em pânico, escrevi as informações do cartão dele na aba de uma caixa de papelão.

"Quando eu começo?", ele perguntou.

"Vou enviar tudo na segunda-feira de manhã." Assumi a tarefa insana de organizar todo o meu sistema de vendas e leads da academia em quarenta e oito horas. Ele concordou.

Desliguei e fiquei em choque. Quando recuperei os sentidos, passei o cartão de crédito.

6.000 dólares... sucesso. Isso é real?

Eu queria muito contar para a Leila, mas ela estava em uma ligação de vendas. Quinze minutos depois, ela entrou.

"Consegui outro", disse ela.

"Você não vai acreditar. Acabei de vender nosso sistema Gym Launch por US$6.000 para a academia em Boise."

"O quê? Pensei que estávamos trabalhando com perda de peso."

"Sim, eu sei. Eu também, mas..." Ela esperou. "... acho que ainda estamos no ramo de academias... acho que estávamos apenas fazendo isso da maneira errada." Ela precisava de mais detalhes. Eu ainda não tinha nenhum. "Vou ligar para as academias que planejávamos lançar no mês que vem e ver se elas também vão comprar."

"Há... tudo bem", ela disse.

A próxima ligação foi igual, exceto quando ele perguntou "Quanto?" Eu respondi: "US$8.000". Ele concordou.

Na chamada seguinte, aconteceu a mesma coisa, só que eu disse: "10 mil dólares". Ele concordou.

Todas as oito academias que planejávamos lançar aceitaram licenciar os materiais de lançamento. *Em um único dia, arrecadei US$60.000 vendendo algo sem nenhum custo para cumprir.* Em um único dia, eu estava a um terço do caminho para sair da minha prisão de US$150.000. Passei cinco anos desenvolvendo esse sistema de publicidade. Finalmente valeu a pena. Fazer a coisa que mais me assustava — *revelar meus segredos* — levou ao maior avanço da minha vida.

"Não consigo acreditar", eu disse. "Acho que podemos sair desta." "Então... não vamos fazer a coisa da perda de peso?"

"Não. Acho que não... Acho que sempre tivemos algo aqui. Só precisávamos juntar as peças."

"Você acha que mais alguém vai comprar?"

"Vou ligar para as trinta academias que já lançamos. Elas sabem que nosso sistema funciona porque fizemos isso na frente delas. Também temos alguns contatos de donos de academias daquela conferência. Isso deve cobrir os US$150.000 e nos dar um novo começo."

"Ok, e depois? É isso que vamos fazer?" Ela procurava alguma estabilidade merecida.

"Bem, acho que sim. Dá mais lucro do que a outra coisa e é muito mais fácil de entregar." Ela concordou. "Então, depois de ligar para esses leads, vou começar a veicular anúncios. Vou postar nossas histórias de sucesso em alguns grupos de academias para conseguir leads a partir daí. E também vou dizer às academias que pagarei US$2.000 em dinheiro por qualquer academia que elas enviarem e que se inscrever. Isso nos dá leads por anúncios, leads por conteúdo *e* leads por indicação."

***

Nos 30 dias seguintes, obtivemos *um lucro de* 215 mil dólares. Cobrimos os 150 mil dólares em reembolsos com dinheiro de sobra. Tivemos um desempenho tão bom porque a academia média que utilizou nosso sistema de publicidade adicionou US$30.000 extras em dinheiro nos primeiros 30 dias. *Isso lhes rendeu mais dinheiro do que pagaram pelo serviço.* O resultado foi *excelente.* Além disso, eles puderam ficar com todo o dinheiro. Eles adoraram. As indicações começaram a chegar.

Encontrei os registros de processamento de maio a junho de 2017, o mês em que tudo aconteceu:

	Autorizações pendentes		Cobranças		Reembolsos		Retenções/ Contra cargos		Vazios		Recusas		Totais	
	Conta	Valor	Conta	Valor	Conta	Valor	Conta	Valor	Conta	Valor	Conta	% de aprovação	Conta	Valor
01/2017	0	$0.00	348	$102,605.64	7	-$2,488.33	0	$0.00	12	$2,002.98	148	70%	515	$100,117.3
02/2017	0	$0.00	847	$190,809.50	56	-$13,243.77	1	-$166.00	5	$1,247.00	232	78%	1141	$177,399.7
03/2017	0	$0.00	782	$177,820.58	61	-$12,701.50	4	-$997.00	21	$3,458.50	285	73%	1153	$164,122.0
04/2017	0	$0.00	704	$204,461.25	49	-$10,725.00	10	-$6,315.00	2	-$50.00	354	67%	1119	$187,421.2
05/2017	0	$0.00	191	$260,754.00	4	-$797.00	11	-$16,984.00	0	$0.00	42	82%	248	$242,973.0
06/2017	0	$0.00	214	$272,835.00	5	-$1,498.00	30	-$55,375.00	0	$0.00	1	100%	250	$215,962.0
07/2017	0	$0.00	282	$316,917.98	0	$0.00	21	-$23,450.00	0	$0.00	7	98%	310	$293,467.9
08/2017	0	$0.00	346	$393,370.62	0	$0.00	28	-$32,998.99	1	$100.00	45	88%	420	$360,371.6
09/2017	0	$0.00	478	$543,376.29	1	-$1,000.00	64	-$65,792.00	0	$0.00	41	92%	584	$476,584.2
10/2017	0	$0.00	799	$828,709.31	7	-$5,798.00	50	-$49,887.00	8	$8,000.00	31	96%	895	$773,024.3
11/2017	0	$0.00	1076	$1,132,319.31	8	-$8,000.00	66	-$64,296.00	1	$1.00	92	92%	1243	$1,060,023.3
12/2017	0	$0.00	1315	$1,363,956.31	13	-$17,296.00	83	-$82,099.00	1	$1,000.00	111	92%	1523	$1,264,561.3
01/2018	0	$0.00	1609	$1,621,972.81	15	-$28,175.00	97	-$88,995.00	8	$9,000.00	102	94%	1831	$1,504,802.8
Totais	0	$0.00	8991	$7,409,908.60	226	-$101,722.60	465	-$487,354.99	59	$24,759.48	1491	86%	11232	$6,820,831.0

Terminamos aquele primeiro ano com uma receita de US$6.820.000. No ano seguinte, tivemos US$25.900.000 em receita e US$17.000.000 em lucro. Sim, *dezenas de milhões*. Foi uma loucura. Tipo, insano. A empresa continua até hoje com mais de 4.500 academias e esse número continua crescendo. E ninguém está mais surpreso do que eu. Algo que eu criei realmente funcionou... *finalmente*.

Em 2018, criamos a Prestige Labs para vender suplementos através da nossa base de clientes de academias. Nós usamos a Prestige Labs e as academias como uma rede de afiliados para gerar leads de perda de peso uns para os outros. Em 2019, criamos a ALAN. Um novo tipo de empresa de software que trabalhava com leads para empresas locais. Em 2020, fundamos a Acquisition.com como uma holding para nossos interesses comerciais. Em 2021, vendemos 75% da ALAN para uma empresa maior. Não posso revelar o valor, mas a ALAN faturou US$12 milhões nos últimos doze meses. Portanto, você pode usar sua imaginação. Vendemos 66% do nosso negócio de suplementos e licenciamento de academias para a American Pacific Group por US$46,2 milhões. E isso depois de receber US$42 milhões em pagamentos ao proprietário nos primeiros quatro anos.

Compartilho isso porque ainda é difícil para mim acreditar. Tudo isso aconteceu graças a uma garota que acreditou em mim, um cartão de crédito e *a capacidade de conseguir leads*.

Aviso importante

Saber como conseguir leads salvou meu negócio, minha reputação e, provavelmente, minha vida. Foi a única maneira de me manter à tona. Foi a razão pela qual continuei tendo uma segunda, terceira, quarta e quinta chances.

Durante os dias mais difíceis, repetia para mim mesmo a frase:

Não posso perder se não desistir.

Anunciei muitas coisas diferentes, de muitas maneiras diferentes. Anunciei para obter leads de membros para academias locais. Anunciei para obter leads online de perda de peso para a Leila. Anunciei para obter leads de proprietários de academias para vender serviços empresariais. Anunciei para obter leads de afiliados para nossa empresa de suplementos. Anunciei para obter leads de agências para nosso software. E assim por diante. Conseguir leads tem sido o meu cartão para *sair da prisão* sem data de validade. E, neste momento, está desbotado e gasto de tanto uso.

Gostaria de compartilhar essa habilidade com você. Posso mostrar como conseguir mais leads. E aqui está a primeira boa notícia: ao ler estas palavras, você já está entre os 10% melhores. A maioria das pessoas compra coisas e nunca as abre. Também vou dar uma dica: quanto mais você ler, maiores serão as recompensas. É só observar.

Obrigado do fundo do meu coração. Obrigado por me permitir fazer um trabalho que considero significativo. Obrigado por me emprestar seu bem mais valioso: sua atenção. Prometo fazer o meu melhor para lhe dar o maior retorno possível. Este livro cumpre o que promete.

O mundo precisa de mais empreendedores. Precisa de mais lutadores. Precisa de mais magia. E é isso que estou compartilhando com vocês: magia.

O problema que este livro resolve

"Leads, muitos leads."

Você tem um problema:

Você não está conseguindo tantos leads quanto gostaria porque não está anunciando o suficiente. Ponto final. Como resultado, seus clientes em potencial desconhecem a sua existência. Que triste! Isso significa menos dinheiro entrando no seu bolso.

Agora que você sabe que tem um problema, a menos que odeie ajudar as pessoas e ganhar dinheiro, você precisa resolvê-lo.

Como este livro resolve o problema:

Para ganhar mais dinheiro, você precisa expandir seus negócios. Você só pode expandir seus negócios de duas maneiras:

1) Conseguir mais clientes

2) Fazer com que eles valham mais

É isso mesmo. Eu faço crescer as empresas do nosso portfólio com essa estrutura específica. *Leads de US$100 Milhões* concentra-se no objetivo número um: conquistar mais clientes. Você conquista mais clientes obtendo:

1) Mais leads

2) Melhores leads

3) Leads mais baratos

4) De forma confiável (pense em "de vários lugares").

Conclusão: se todo o resto permanecer igual... quando você dobra seus leads, você dobra seus negócios.

Este livro mostra como transformar seu negócio em uma máquina de geração de leads. Ao aplicar seus modelos, você aumentará *instantaneamente* o fluxo de leads. E, assim como o fluxo de caixa, quando os leads fluem é difícil não ganhar dinheiro. Este livro resolverá de vez o seu problema de "não conseguir leads suficientes".

Em resumo: vou mostrar como fazer com que estranhos *queiram* comprar seus produtos.

O que eu ganho com isso?

Em uma palavra: ***confiança***.

Eu ofereço este livro e o curso que o acompanha gratuitamente (ou a preço de custo) na esperança de ganhar sua confiança. Quero que este livro ofereça mais valor do que qualquer curso de US$1.000, programa de coaching de US$30.000 ou diploma de US$100.000. E embora eu pudesse vender esses materiais dessa forma, *não quero fazer isso*. Tenho um modelo diferente. Te explico abaixo.

Quem estou procurando ajudar?

Quero oferecer valor a dois tipos de empreendedores. O primeiro é aquele com lucro *inferior* a US$1 milhão por ano. Meu objetivo é ajudá-lo a chegar a US$1 milhão em lucro por ano (de graça) e, ao fazer isso, *ganhar sua confiança*. Experimente algumas táticas deste livro, obtenha alguns leads, depois experimente mais algumas e obtenha mais leads. Quanto mais leads você conseguir, melhor.

Faça isso o suficiente e você se tornará o segundo tipo de empreendedor: aquele que fatura mais de US$1 milhão em EBITDA (palavra chique para lucro) por ano. Quando você chegar lá, ou se já estiver nessa situação, será uma honra investir no seu negócio e ajudá-lo a crescer.

Eu não vendo coaching, mentorias, cursos ou nada parecido... Eu invisto. <u>Eu compro participações acionárias em empresas em crescimento, lucrativas e independentes.</u> Em seguida, uso os sistemas, recursos e equipes de *todas as minhas empresas* para acelerar o crescimento da *sua* empresa.

Mas não acredite em mim ainda... *acabamos de nos conhecer.*

Nota do autor: nossos critérios de investimento mudaram desde o último livro

Se você percebeu algumas mudanças em nossos critérios de investimento, você está certo. Mudamos nosso limite mínimo de investimento de US$ 3.000.000 em receita para US$ 1.000.000 em lucro.

Além disso, também costumávamos investir principalmente em empresas de educação e serviços. Mas nosso portfólio se expandiu. Tivemos um bom desempenho fora desses setores. Portanto, agora, desde que uma empresa atenda aos nossos requisitos de tamanho e seja lucrativa, tenha fluxo de caixa e esteja em crescimento, consideramos investir nela.

Meu modelo de negócios

<u>Meu modelo de negócios é simples:</u>

1) Oferecer produtos gratuitos melhores do que os produtos pagos do mercado.

2) Conquistar a confiança de empreendedores que ganham mais de US$1 milhão por ano em lucros.

3) Investir nesses empreendedores para acelerar o crescimento deles.

4) Ajudar todos os outros gratuitamente, para sempre.

Nosso processo faz a engenharia reversa do sucesso. Os vencedores sabem que meus modelos funcionarão para eles porque já funcionaram. E eu sei que os vencedores os usarão porque já os usam. Portanto, operamos com base na confiança mútua.

Essa abordagem evita falhas *e* aumenta a probabilidade de sucesso. Todos ganham. É fácil dizer, mas deixe-me mostrar a diferença que nosso processo faz.

Nos primeiros 12 meses, nossa empresa de portfólio média teve um aumento **de 1,8 x na receita e 3,01 x nos lucros**. E fazemos parcerias de longo prazo, isso é apenas nos primeiros 12 meses. Nossa empresa de portfólio média, que está conosco entre 12 a 24 meses, **teve um aumento de 2,3 x na receita e 4,7 x os lucros**. Como exercício divertido, insira seus números para ver como ficaria para você. <u>Isso funciona</u>.

É assim que sei que os modelos que estou prestes a mostrar funcionam. *Eles já funcionaram.*

A missão da Acquisition.com

Tornar os negócios reais acessíveis a todos. Os negócios resolvem problemas. Os negócios tornam o mundo melhor. Existem problemas demais para uma única pessoa resolver.

E eu não posso curar o câncer, acabar com a fome ou resolver a crise energética mundial (por enquanto). Mas *posso* agregar valor aos empreendedores que constroem os negócios que farão isso. Quero ajudar a criar o maior número possível de negócios para que possamos resolver o máximo de problemas que pudermos. Por isso, compartilho essas estruturas de construção de negócios em vez de guardá-las para mim. Justo, não é?

Ótimo. Vamos continuar.

Esboço básico deste livro

Eu organizei este livro partindo do zero em clientes, leads, publicidade, dinheiro e habilidades (Seção II), até o máximo em clientes, leads, publicidade, dinheiro e habilidades (Seção IV). À medida que avançamos no livro, aprendemos mais habilidades. E quando temos mais habilidades, podemos obter *mais leads no mesmo período de tempo*. Portanto, terminamos com as habilidades mais complexas que nos proporcionam o máximo de leads pelo tempo investido. Nós as deixamos para o final porque exigem muitas habilidades *e* dinheiro. E, para se tornar bom e ter dinheiro, é preciso tempo. Quero que este livro ajude as pessoas a conquistarem seus primeiros cinco clientes *e* a atingirem seu primeiro mês de dez milhões de dólares e muito mais.

Essa ordem também lembra aqueles *que têm* habilidades e dinheiro, incluindo eu, dos fundamentos que deixamos de fazer. *Nossos negócios merecem o melhor.* Respeitar os métodos comprovados que o levaram ao seu nível atual provavelmente o levará ao próximo. *Os mestres nunca deixam de fazer o básico.*

Então, partimos de conseguir seu primeiro cliente potencial até construir uma máquina de leads de mais de US$100 milhões. Aqui está o detalhamento:

Seção I: *Você já está quase terminando.*

Seção II: Eu revelo o que faz a publicidade *realmente* funcionar. A maioria dos empreendedores pensa sobre publicidade da maneira errada. Como pensam sobre publicidade da maneira errada, eles fazem as coisas erradas para conseguir leads. Você quer fazer as coisas certas para conseguir leads. *Esta é a maneira certa.*

Seção III: Aprendemos os "quatro pilares" da publicidade. Existem apenas quatro maneiras de conseguir leads. Portanto, se há uma seção "como fazer" mais importante, é esta.

Seção IV: Aprendemos como fazer com que outras pessoas (clientes, funcionários, agências e afiliados) façam tudo por você. E isso completa a montagem da sua máquina de leads totalmente funcional de *leads de US$100 milhões.*

Seção V: Concluímos com um plano de publicidade de uma página que você pode usar para obter mais leads *hoje mesmo.*

BILHETE DE OURO:

Investimos em empresas com lucros superiores a US$ 1.000.000 para ajudá-las a crescer. Se você deseja que invistamos em sua empresa para expandi-la, acesse Acquisition.com. Você também pode encontrar livros e cursos gratuitos tão bons que farão sua empresa crescer sem sua permissão. E se você não gosta de digitar, pode escanear o código QR abaixo para obtê-los.

Seção II: Entenda

Publicidade. Simplificada.

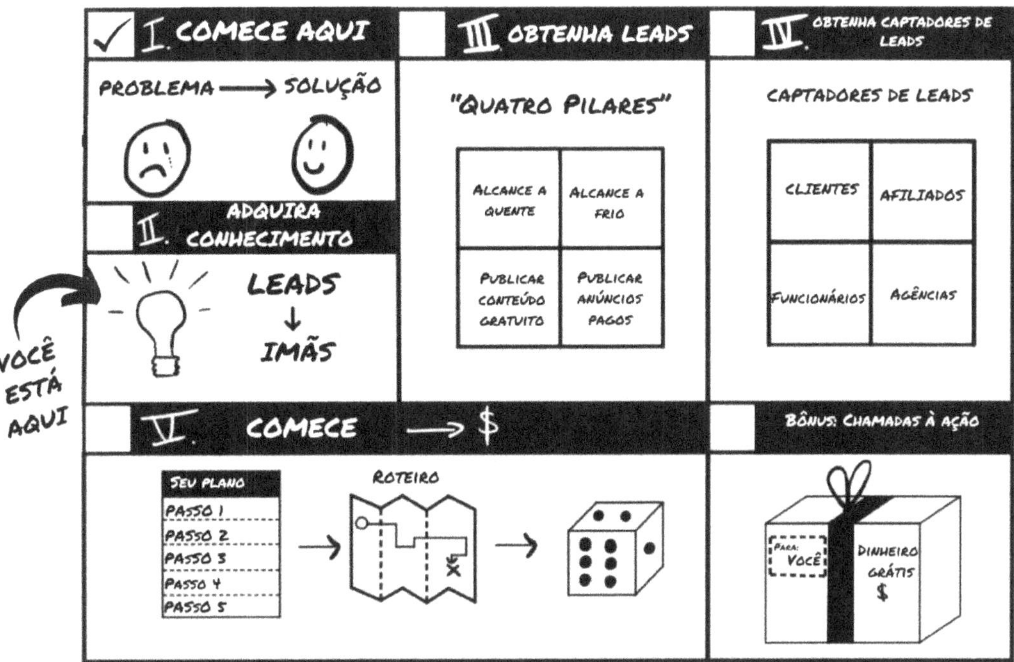

Nesta seção, abordamos três aspectos para garantir que a publicidade faça exatamente o que queremos.

Primeiro, falamos sobre o que realmente é um lead. Se queremos mais leads, é melhor termos certeza de que estamos falando da mesma coisa. Segundo, aprendemos como separar os leads que geram dinheiro dos leads que desperdiçam seu tempo. Terceiro, mostro as melhores maneiras que conheço para fazer com que os leads que geram dinheiro *demonstrem interesse nos produtos que você vende.*

Vamos começar.

Leads por si só não são suficientes

Vou lhe contar um segredinho. Este livro começou porque alguém me perguntou o que era um lead. Você poderia pensar que seria simples, mas eu não consegui dar uma resposta direta. E depois de seis meses tentando descobrir, fiquei mais confuso do que antes. Ficou claro que *eu não sabia tanto sobre leads quanto pensava*. Minha busca por uma definição *clara* de "lead" se transformou em um projeto enorme que se tornou *o Leads de US$100 Milhões*. Tudo isso para dizer que precisamos concordar sobre o que diabos é um lead antes de mergulharmos de cabeça na busca por eles...

Então, afinal, o que é um lead?

Alguém que clica em um anúncio?

Um número de telefone?

Uma pessoa que marca uma ligação?

Uma lista de nomes?

Uma porta para bater?

Uma pessoa que aparece sem hora marcada?

Um endereço de e-mail?

Um assinante?

Uma pessoa que vê seu conteúdo?

Etc...

Veja bem, as palavras são importantes porque afetam a maneira como pensamos. A maneira como pensamos afeta o que fazemos. E se as palavras nos levam a pensar da maneira errada, provavelmente faremos coisas erradas. Eu odeio fazer coisas erradas. Portanto, para fazer mais coisas certas e menos coisas erradas, é melhor sabermos o significado das palavras e usá-las corretamente.

Para acabar com o suspense, um **lead** é uma _pessoa com quem você pode entrar em contato_. É isso. Se você comprou uma lista de e-mails, esses são leads. Se você obtém informações de contato de um site ou banco de dados, esses são leads. Os números no seu telefone são leads. As pessoas na rua são leads. _Se você pode entrar em contato com elas, elas são leads._

Mas o que percebi foi que _os leads por si só não são suficientes_. Queremos **leads engajados:** _pessoas que *demonstram* interesse nos produtos que você vende_. Se alguém _fornece_ suas informações de contato em um site, esse é um lead engajado. Se alguém _segue_ você nas redes sociais e você pode entrar em contato com essa pessoa, esse é um lead engajado. Se as pessoas _respondem_ à sua campanha por e-mail, elas são leads engajados. Os leads _que demonstram interesse_ são os leads que importam.

Os leads engajados são o verdadeiro resultado da publicidade.

Obter leads mais _engajados_ é o objetivo deste livro. Mas eu não poderia chamá-los de "leads engajados" porque ninguém entenderia. Mas agora você entende. Então, a próxima pergunta é: _como fazemos para que os leads se engajem?_

Envolva seus leads: ofertas e iscas digitais

"Eu não uso drogas. Eu sou a droga" - Salvador Dali

Abril de 2016.

Paguei US$25.000 para fazer parte desse grupo, e *todos* me disseram para fazer um webinar. Na verdade, meu mentor na época me disse: "Faça um webinar toda semana até ganhar um milhão de dólares. Até lá, não me pergunte mais nada". *Esse é meu único caminho para o sucesso. Tenho que descobrir como fazer isso.*

Um webinar, pelo que entendi, era uma apresentação mágica com um zilhão de slides. Se alguém assistisse, ficaria hipnotizado e compraria o meu produto.

Havia tanta coisa que eu não sabia. Páginas de destino. Páginas de registro. E-mails de acompanhamento. E-mails de repetição. E-mails de fechamento de carrinho. Software de apresentação. Integração de sites. Redação de anúncios. Criação de anúncios criativos. Descobrir onde colocar os anúncios. Para quem mostrar os anúncios. Construir uma página de pagamento. Processar pagamentos. Sem falar *na criação do webinar em si*. A lista me deixava sobrecarregado.

Então, comecei com o que eu mais entendia: a página de destino. Criei algumas delas para minhas academias. Meu mentor ganhou milhões com webinars, então usei sua página de destino como modelo. Mas eu não precisava dela para ganhar milhões. Eu só precisava dela para criar *algo*.

Ok... agora a página de "agradecimento".

Depois de um domingo inteiro, a página de agradecimento foi ao ar. *Agora, a grande prova.* Coloquei meu e-mail na página de destino, cliquei em "inscrever-me" e esperei. Minha nova página de agradecimento foi carregada. *Sucesso.* Eu ainda não era milionário, (emoji triste). Mas já era alguma coisa.

No domingo seguinte, sentei-me para o meu ritual habitual de "trabalhar *no* negócio, não *estando no* negócio". Tinha dez horas para descobrir a próxima peça deste quebra-cabeças do webinar. Depois da minha primeira xícara de café, decidi que não queria realmente trabalhar, mas ainda assim queria sentir-me produtivo. Então, fui ao fórum do meu grupo de publicidade para obter algumas dicas.

"Acabei de sair do meu webinar. US$32 mil em uma hora! Recuperei todo o investimento na minha primeira semana! Webinars são demais!"

Nunca vou conseguir fazer isso funcionar. Ele entrou no mesmo mês que eu. Ele estava no mesmo setor que eu. Ele descobriu como ganhar dinheiro com seu webinar antes de mim. Ele estava roubando todos os clientes antes mesmo de eu ter uma chance. *Todo mundo está ganhando dinheiro, menos eu.*

Desesperado, liguei para outras pessoas do grupo. "Farei qualquer coisa pelo seu negócio: montar uma equipe de vendas... escrever seus roteiros de vendas... corrigir seu processo de vendas... qualquer coisa... só *me ajude a terminar este* webinar... por favor?" Uma pessoa concordou em me ajudar. *Graças a Deus.*

Oito domingos depois, o pequeno círculo ao lado da minha campanha publicitária ficou verde. *Está funcionando!* Eu estava oficialmente gastando US$150 por dia em anúncios. Tudo o que eu precisava fazer agora era ver o dinheiro entrar. Eu ficaria rico!

Três dias, US$450, 80 leads e 0 vendas depois...

Eu desisti de tudo. *Eu sou péssimo.*

Ninguém sequer assistiu ao meu webinar. Enquanto isso, aquele cara postou *novamente* sobre quanto dinheiro estava ganhando com essa coisa de webinar. *Por que sou tão ruim?*

Gastei a maior parte do meu dinheiro para entrar nesse grupo e acabei de jogar *mais* US$450 fora. Eu não tinha dinheiro para fracassar novamente. Eu *precisava* que a próxima coisa desse certo. E se eu não conseguisse nem mesmo que alguém assistisse, de que adiantaria?

O estudo de caso:

Percorri meu feed de notícias para ver o que outras pessoas estavam fazendo. Um anúncio chamou minha atenção. "Estudo de caso gratuito sobre como gastei US$1 e ganhei US$123.000 em um fim de semana" ou algo parecido. Digitei meu e-mail e a página me levou a um vídeo que mostrava uma campanha publicitária de sucesso. Nada sofisticado. Sem slides. Sem "apresentação". Apenas um cara explicando como suas coisas funcionavam.

Isso eu consigo fazer.

Liguei meu gravador de tela:

Ok, pessoal. Aqui está a conta publicitária de uma academia que acabamos de lançar. Aqui estão os anúncios que publicamos. Este foi o valor que gastamos. Enviamos as pessoas para esta página com esta oferta. Aqui podem ver quantos leads obtivemos. Eles conseguiram marcar consultas com este número de pessoas. Este número de pessoas compareceu. Este foi o número de vendas que conseguiram. Este foi o valor que o proprietário da academia ganhou. Isto foi tudo o que fizemos. Se precisarem de ajuda para configurar algo semelhante, faremos tudo gratuitamente. E só seremos pagos pelas vendas que realizarem. Se isso lhes parecer justo, marquem uma chamada.

Demorou talvez 13 minutos. Simples. Troquei o webinar por este vídeo e alterei o título:

"Estudo de caso GRATUITO: Como adicionamos 213 membros e US$112.000 em receita a uma pequena academia em San Diego."

Eles marcavam uma ligação na página seguinte.

Criei uma nova campanha publicitária e fui dormir.

Na manhã seguinte...

"Alex... o que você fez?", perguntou Leila.

"Como assim?"

"Pessoas desconhecidas lotaram minha agenda para a próxima semana."

"Sério?"

"Sim. Você começou uma nova campanha ou algo assim?"

"Sim... mas não achei que fosse ao ar tão rápido. Espere. As pessoas marcaram ligações?"

"Sim. Muitas."

Ver a agenda da Leila cheia de compromissos me encheu de alegria. *Está funcionando!*

Aprendi uma lição importante. *Eles não queriam meu webinar. Mas queriam meu estudo de caso.* Essa descoberta acidental me mostrou como realmente funciona a obtenção de leads... você precisa *dar às pessoas algo que elas querem.* A melhor parte é que é mais fácil do que você imagina.

Nota do autor: Os webinars ainda funcionam

Obviamente, eles funcionaram para o outro membro do meu grupo. Mas eu não tinha as habilidades necessárias na época para fazer com que funcionassem. Fiquei tão marcado pela minha primeira experiência que não tentei outro webinar por anos. Gaste seu tempo testando a oferta em vez de aperfeiçoar um produto não testado. Essa foi a minha grande descoberta. Eu só precisava oferecer às pessoas algo simples que elas queriam. Para proprietários de academias, era um estudo de caso mostrando <u>como eu enchi academias em 30 dias.</u>

Ímãs de leads atraem leads para interagir

Ofertas são o que você promete dar em troca de algo de valor. Frequentemente, uma empresa promete fornecer seu produto ou serviço em troca de dinheiro. Essa é uma *oferta principal.* Se você anunciar sua oferta principal, irá direto para a venda – o caminho direto para o dinheiro. Anunciar sua oferta principal pode ser tudo o que você precisa para atrair leads. Experimente essa maneira primeiro.

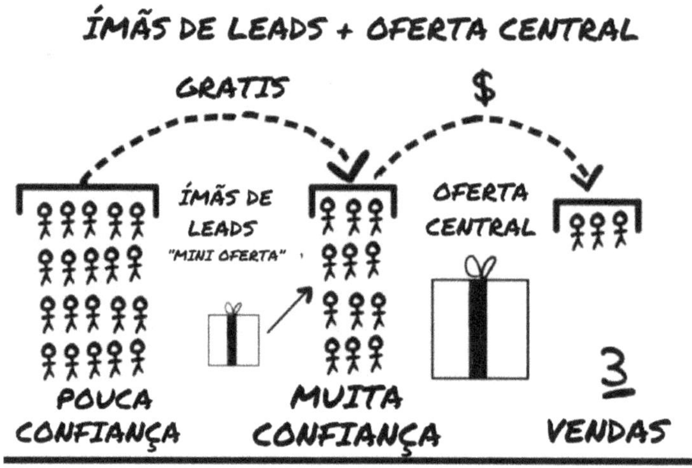

Às vezes, porém, as pessoas querem saber mais sobre sua oferta antes de comprar. Isso é comum para empresas que vendem produtos mais caros. Se esse é o seu caso, você frequentemente obterá mais leads para interagir anunciando primeiro com um imã de lead. Um **imã de lead** é uma <u>solução completa para um problema específico</u>. Normalmente, é uma oferta de baixo custo ou gratuita para ver quem está interessado em seus produtos. E, uma vez resolvido, ele revela outro problema *resolvido pela sua oferta principal.* Isso é importante porque os leads interessados em ofertas de baixo custo ou gratuitas *agora* estão mais propensos a comprar uma oferta relacionada de custo mais alto *posteriormente.*

Pense nisso como pretzels salgados em um bar. Se alguém comer os pretzels, ficará com sede e pedirá uma bebida. Os pretzels salgados resolvem o problema específico da fome. Eles também revelam um problema de sede resolvido por uma bebida, que pode ser obtida *em troca de dinheiro.* Os pretzels têm um custo, mas, quando bem feitos, a receita da bebida cobre o custo dos pretzels *e* gera lucro.

Portanto, seu ímã de leads deve ser valioso o suficiente por si só para que você *possa* cobrar por ele. E, depois de obtê-lo, eles devem querer *mais* do que você oferece. Isso os deixa um passo mais perto de comprar seus produtos. <u>*Uma pessoa que paga com seu tempo agora é mais provável que pague com dinheiro mais tarde.*</u>

Bons ímãs de leads atraem leads e clientes mais engajados do que uma oferta principal sozinha, e fazem isso por menos dinheiro. Então, vamos criar um ímã de leads, certo?

> ### Dica profissional: mesmo coisas gratuitas têm um custo
>
> As pessoas lhe darão tempo antes de lhe darem dinheiro. Mas o tempo também tem um custo. Se o seu imã de lead não vale o tempo delas, *ele está superfaturado.* E, seja gratuito ou não, elas não comprarão de você novamente.
>
> Então, veja desta forma: *se eles acharem que seu imã de lead vale o tempo deles, eles acharão que sua oferta principal vale o dinheiro deles.*

Sete passos para criar um imã de lead eficaz

Passo 1: Descubra o problema que você quer resolver e para quem resolvê-lo

Passo 2: Descubra como resolvê-lo

Passo 3: Descubra como entregá-lo

Passo 4: Teste o nome

Passo 5: Facilite o consumo

Passo 6: Torne-o muito bom

Passo 7: Facilite para que eles digam que querem mais

Algo a ter em mente antes de começarmos: as ofertas Grand Slam funcionam tão bem ou melhor para produtos gratuitos quanto para produtos pagos. Portanto, crie um ímã de leads tão bom que as pessoas se sintam idiotas em recusá-lo. E sim, isso significa que você pode ter algumas ofertas incrivelmente valiosas (mesmo que algumas sejam gratuitas). Mas isso é bom. O negócio que oferece mais valor vence. Ponto final. Então, vamos começar.

Passo 1: Descubra o problema que você quer resolver e para quem resolvê-lo

Aqui está um exemplo simples que podemos analisar juntos... este livro é um ímã de leads. Você é um lead. Quero resolver um problema de leads engajados. E quero resolvê-lo para empresas com lucro anual *inferior a* US\$1 milhão. Com leads engajados suficientes, elas podem obter *mais de* US$1 milhão em lucro anual. Então, eles se qualificam para minha oferta principal: eu invisto em sua empresa para ajudá-los a crescer.

O primeiro passo é escolher o problema a ser resolvido. Eu uso um modelo simples para descobrir isso. Eu o chamo de ciclo Problema-Solução. Você pode vê-lo abaixo.

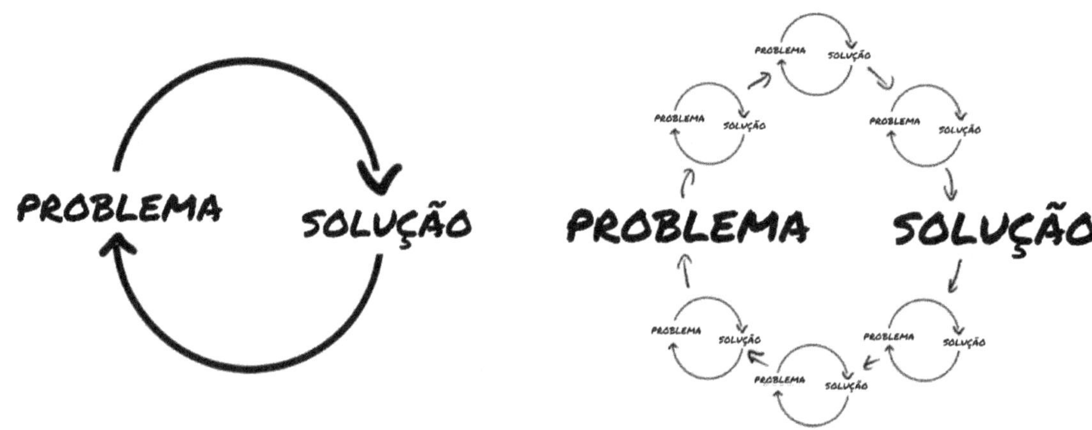

Todo problema tem uma solução. Toda solução revela mais problemas. Esse é o ciclo interminável dos negócios (e da vida). E ciclos menores de problema-solução estão dentro de ciclos maiores de problema-solução. Então, como escolhemos o problema certo a ser resolvido?

Começamos por escolher um problema específico *e* significativo. Depois, resolvemos esse problema. E, tal como acabamos de aprender, quando resolvemos um problema, surge um novo problema. Aqui vem a parte importante: *se conseguirmos resolver esse novo problema com a nossa oferta principal, temos um vencedor.* Isto porque resolvemos esse novo problema *em troca de dinheiro.* É isso mesmo. Não pense demais nisso.

Exemplo: imagine que ajudamos proprietários a vender suas casas. Essa é uma solução *ampla.* Mas e as etapas *antes* da venda de uma casa? Os proprietários querem saber quanto vale sua casa. Eles querem saber como aumentar seu valor. Eles precisam de fotos. Precisam limpá-la. Precisam de paisagismo. Precisam consertar pequenos detalhes. Precisam de serviços de mudança. Talvez precisem de decoração. Etc. Todos esses são problemas específicos, ótimos para atrair clientes em potencial. Escolhemos um dos problemas específicos e o resolvemos gratuitamente. E, embora isso ajude, torna o outro problema mais óbvio: *eles ainda precisam vender sua casa.* Mas agora conquistamos a confiança deles. Assim, podemos cobrar para resolver os problemas restantes com nossa oferta principal e ajudá-los a atingir seu objetivo mais amplo.

Ação: escolha o problema específico que você deseja resolver. Em seguida, certifique-se de que sua oferta principal possa resolver o próximo problema que surgir.

Etapa 2: Descubra como resolvê-lo

Existem três tipos de iscas digitais e cada uma oferece um tipo diferente de solução.

Primeiro, se o seu público tem um problema que não conhece, o seu ímã de leads o tornaria consciente disso. Segundo, você poderia resolver um problema recorrente por um curto período de tempo com uma amostra ou avaliação da sua oferta principal. Terceiro, você pode oferecer a eles uma etapa de um processo de várias etapas que resolve um problema maior. Todos os três resolvem um problema e revelam outros. Portanto, os três tipos são: 1) Revelar problemas, 2) Amostras e testes e 3) Uma etapa de um processo de várias etapas.

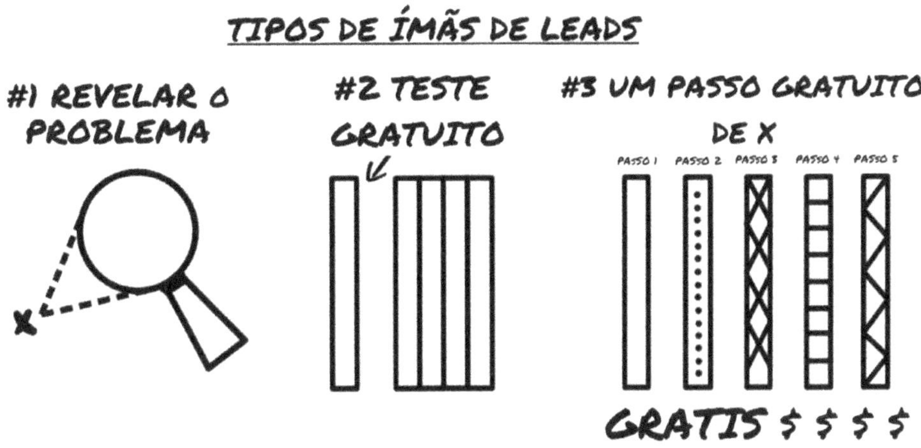

1) **Revele o problema deles**. Pense em "diagnóstico". Esses ímãs de leads funcionam muito bem quando revelam problemas <u>que pioram quanto mais você espera</u>.

    o   Exemplo: você faz um teste de velocidade que mostra que o site deles carrega 30% abaixo da velocidade que deveria. Você traça uma linha clara entre onde eles deveriam estar e quanto dinheiro perdem por estarem abaixo dos padrões.

    o   Exemplo: você faz uma análise da postura e mostra como ela deveria ser. Você traça uma linha clara entre como seria a vida deles sem dor se a postura fosse corrigida e como você pode ajudar.

    o   Exemplo: você faz uma inspeção de cupins que revela o que acontece quando os insetos comem a casa deles. Se eles tiverem cupins, você pode se livrar deles por um custo menor do que o de… outra casa. Se não tiverem, eles podem pagar você para evitar que os cupins apareçam! Você pode vender para eles de qualquer maneira. Todos ganham!

2) **Amostras e testes**. Você concede acesso total, mas breve, à sua oferta principal. Você pode limitar o número de utilizações, o tempo de acesso ou ambos. Isso funciona muito bem quando a sua oferta principal é uma solução recorrente para um problema recorrente.

   o Exemplo: você conecta-os ao seu servidor mais rápido e mostra o site deles carregando na velocidade da luz. Eles ganham mais clientes com seus tempos de carregamento mais rápidos. Se quiserem mantê-lo, precisam continuar pagando a você.

   o Exemplo: você oferece um ajuste gratuito para a má postura deles e eles sentem alívio. Para obter benefícios permanentes, eles devem comprar mais.

   o Exemplo: alimentos, cosméticos, medicamentos ou quaisquer outros bens de consumo. Os bens de consumo, por natureza, têm usos limitados e resolvem problemas recorrentes... com uso recorrente. Portanto, amostras de porção única, "tamanho mini" etc. são ótimos ímãs de leads. É assim que a Costco vende mais alimentos do que outras lojas: eles distribuem amostras!

Dica profissional: seja como um traficante de drogas

Muitas pessoas ganham dinheiro vendendo drogas (legal e ilegalmente). Uma amostra grátis de droga é um ímã de leads. Elas podem se dar ao luxo de oferecer uma "dose" porque, uma vez que as pessoas experimentam, ficam viciadas. É tão bom que elas voltam para comprar mais. É por isso que não "diluímos" o valor dos nossos ímãs de leads nem oferecemos porcarias. Na verdade, assim como um traficante de drogas, você deve dar a "dose" mais forte *primeiro*. Isso faz com que eles voltem para comprar mais. Seu ímã de leads é a sua primeira "dose". A próxima, eles terão que pagar. Seja um traficante (legal) de drogas e você ganhará dinheiro como um.

PS: Faça o que fizer, certifique-se de que é legal.

---

3) **Uma etapa de um processo com várias etapas.** Quando sua oferta principal tem várias etapas, você pode oferecer uma etapa valiosa gratuitamente e as demais quando o cliente comprar. Isso funciona muito bem quando sua oferta principal resolve um problema mais complexo.

- o Exemplo: este livro. Eu ajudo você a obter mais de US$1 milhão por ano em lucro. Então, você terá novos problemas que podemos ajudar a resolver e expandir a partir daí.

- o Exemplo: você oferece um selante de madeira gratuito para uma porta de garagem. Mas o processo de vedação requer três camadas diferentes para proteger contra todas as condições climáticas. Eu faço a primeira gratuitamente, explico como ela oferece apenas cobertura parcial e ofereço as outras duas em um pacote.

- o Exemplo: Você oferece cursos, guias, calculadoras, modelos, etc. gratuitos sobre finanças. Eles são tão valiosos que as pessoas realmente podem fazer tudo sozinhas. Mas eles também revelam o tempo, o esforço e o sacrifício necessários para fazer tudo isso. Então, você oferece serviços financeiros para resolver isso.

<u>Ação</u>: Escolha como você deseja resolver seu problema especificamente definido.

Nota do autor: O que podemos aprender com os provadores "Experimente antes de comprar"

Anos atrás, não era permitido experimentar as roupas antes de comprá-las. Então, um empresário experiente criou o provador. As vendas provavelmente dispararam. Tanto que agora é uma prática padrão em *todas* as lojas de roupas. Eis por que o provador é tão poderoso: ele reúne os três tipos de ímã de leads *em um só*. Você pode experimentar algo, *como se fosse um teste*. Ele também *revela um problema*, pois, ao experimentar uma peça, você pode descobrir que precisa de algo diferente do que pretendia. E quando você encontra uma camisa de que gosta... um bom vendedor diria: "você quer uma calça para combinar?" Isso se torna o primeiro passo de um processo de várias etapas para criar *um look*. Portanto, se puder, tente obter um ímã de leads que faça as três coisas: revele um problema, dê uma amostra da solução e mostre-a como uma pequena parte de um pacote completo.

Passo 3: Descubra como entregá-lo

Existem inúmeras maneiras de resolver problemas. Mas meus ímãs de leads favoritos resolvem-nos com: software, informação, serviços e produtos físicos. E cada um deles funciona muito bem com os três tipos de ímãs de leads do passo dois. Vou mostrar-lhe o que fiz para atrair proprietários de academias usando cada tipo de ímã de leads.

1) <u>Software</u>: *você lhes dá uma ferramenta.* Se você tem uma planilha, calculadora ou um pequeno software, sua tecnologia faz um trabalho para eles.

   Exemplo: eu distribuo uma planilha ou painel que fornece ao proprietário de academia todas as estatísticas relevantes do seu negócio, compara-as com as médias do setor e, em seguida, atribui uma classificação.

2) <u>Informação</u>: *você ensina algo a eles.* Cursos, aulas, entrevistas com especialistas, apresentações, eventos ao vivo, erros e armadilhas, dicas/truques, etc. Qualquer coisa com a qual eles possam <u>aprender</u>.

   Exemplo: Eu ofereço um minicurso para academias sobre como escrever um anúncio.

3) <u>Serviços</u>: *Você trabalha de graça.* Ajusta as costas deles. Faz uma auditoria no site. Aplica a primeira camada de selante na garagem. Transforma o vídeo deles em um e-book. Etc.

   Exemplo: Divulgo anúncios de academias sem custo por trinta dias.

4) <u>Produtos físicos</u>: *você oferece algo que eles podem ter em mãos.* Um gráfico de avaliação da postura, um suplemento, um pequeno frasco de selante para portas de garagem, luvas de boxe para atrair clientes para academias de boxe, etc.

   Exemplo: eu vendo um livro para proprietários de academias chamado *Segredos para Iniciar uma Academia.*

Com três tipos diferentes de iscas digitais e quatro maneiras de entregá-las, são até doze iscas digitais que resolvem um único problema específico. Tantas iscas, tão pouco tempo!

Eu crio tantas versões de um imã de lead quanto posso e as alterno. Isso mantém a publicidade atualizada *e* requer pouco esforço. Além disso, você vê quais funcionam melhor. Como na minha história de estudo de caso no início do capítulo, os resultados costumam ser surpreendentes. E você não vai saber o quanto até que você tente.

<u>Ação</u>: como exercício mental, pense em um imã de lead e, em seguida, em uma versão dele para cada método de entrega. Você sempre consegue, eu prometo. Em seguida, escolha como entregar *seu* imã de lead.

Etapa 4: Teste o nome

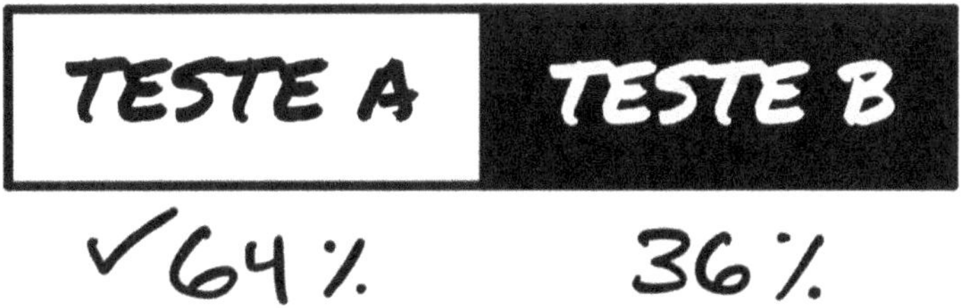

David Ogilvy disse: "Quando você escreve seu título, você gastou 80 centavos do seu dólar (de publicidade)". Isso significa que cinco vezes mais pessoas leem seu título do que qualquer outra parte da sua promoção. Elas leem e tomam uma decisão rápida de continuar lendo... ou não. Como Ogilvy sugere, os leads precisam notar seu ímã de leads *antes* de consumi-lo. Goste ou não, isso significa que a forma como o apresentamos é mais importante do que qualquer outra coisa. Por exemplo, melhorar o título, o nome e a exibição do seu ímã de leads pode dobrar, triplicar ou decuplicar o seu engajamento. Então, *é muito* importante. Além disso, se ninguém mostrar interesse no seu ímã de leads, ninguém jamais saberá como ele é bom. Você não pode deixar isso ao acaso. Então, preste atenção. Isso é o que você deve fazer a seguir: <u>testar</u>.

As três coisas que você vai querer testar são o título, a(s) imagem(ns) e o subtítulo, nessa ordem. O título é o mais importante. Portanto, se você testar apenas uma coisa, teste isso. Por exemplo, eu não tinha ideia de como nomear este livro. Então, para descobrir qual nome seria o melhor: **eu testei**. Os resultados podem surpreendê-lo tanto quanto me surpreenderam.

Testes de título

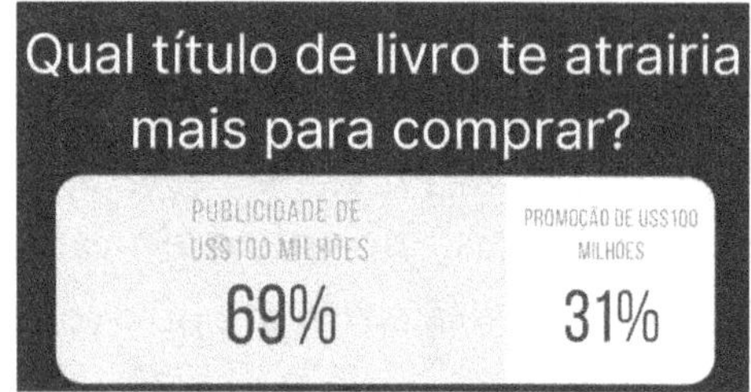

Rodada I: Publicidade ✓ vs. Promoção

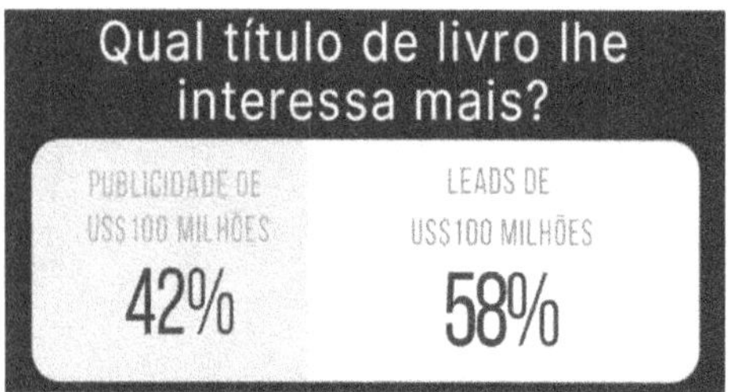

Rodada II: Publicidade vs. Leads ✓

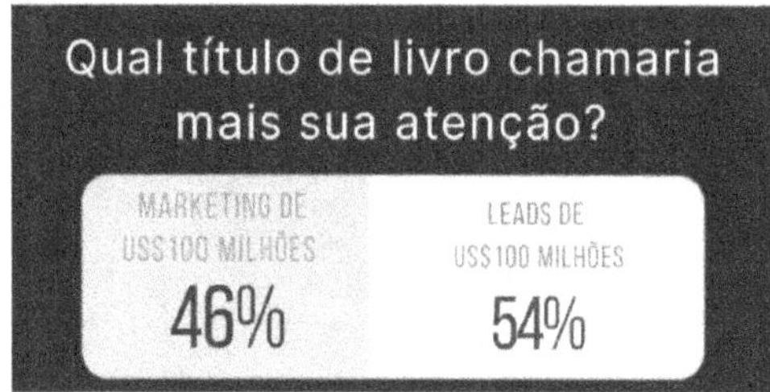

Rodada III: Marketing vs. Leads ✓

Teste de imagem

✓ Real vs. Desenho animado

Subtítulos

Rodada I:

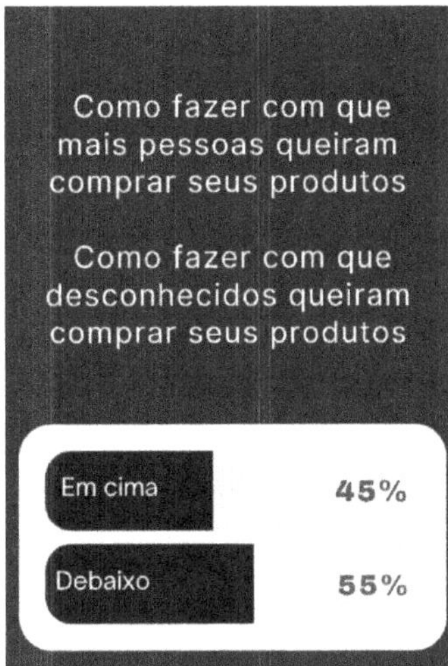

"Como fazer com que mais pessoas queiram comprar seus produtos"

"Como fazer com que desconhecidos queiram comprar seus produtos" ✓

Rodada II:

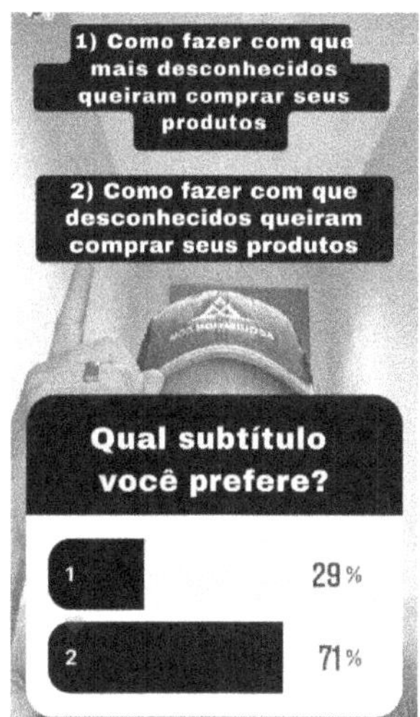

"Como fazer com que mais desconhecidos queiram comprar seus produtos"

"Como fazer com que desconhecidos queiram comprar seus produtos" ✓

Rodada III:

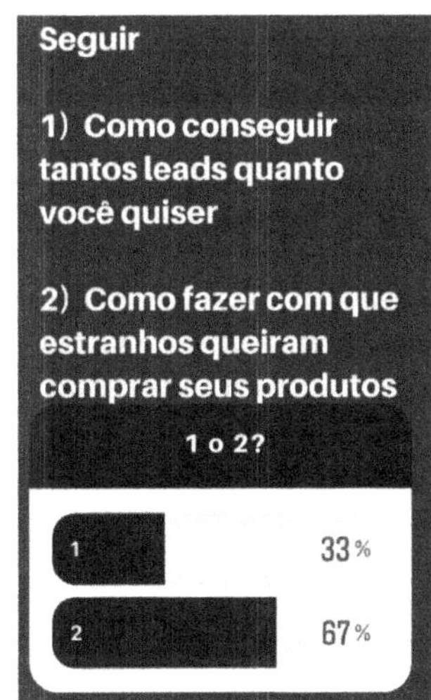

"Como conseguir tantos leads quanto você quiser" ✓

"Como fazer com que estranhos queiram comprar seus produtos"

Rodada IV:

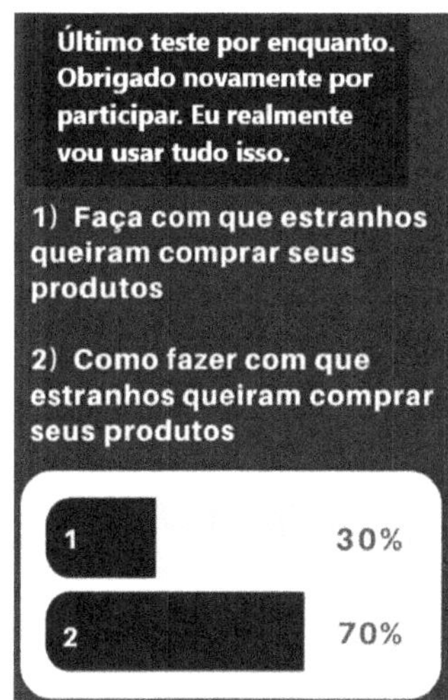

"Faça com que estranhos queiram comprar seus produtos"

"Como fazer com que estranhos queiram comprar seus produtos" ✓

Observe duas coisas nos testes de subtítulos:

1) "Como fazer com que estranhos queiram comprar seus produtos" superou amplamente "Faça com que estranhos queiram comprar seus produtos". A única diferença são duas pequenas palavras: "como fazer". E também superou "como fazer com que *mais* estranhos queiram comprar seus produtos", com a remoção de uma única palavra: *"mais"*. Pequenas mudanças podem fazer grandes diferenças.

2) Como muitas pessoas perguntaram, resolvi responder aqui. Não coloquei como subtítulo do livro "Como fazer com que estranhos comprem seus produtos" porque isso é vendas, não é conseguir leads. O objetivo deste livro é fazer com que estranhos demonstrem interesse, não que comprem (ainda). Este livro termina quando alguém levanta a mão. *Vendas de US$100 milhões* ou *Persuasão* (ainda não decidi) será um livro futuro. Um problema de cada vez.

Ação: teste. Se as pessoas se envolverem em massa, você tem um vencedor.

E se você tiver algum seguidor, pode fazer enquetes como essas. Você não precisa de muitos votos para ter uma ideia da direção. Se não puder fazer isso, faça uma postagem em todas as plataformas e peça às pessoas que respondam com um "1" ou um "2" e, em seguida, conte os votos. Se ainda assim não conseguir fazer isso, basta enviar uma mensagem às pessoas e perguntar. Sempre há uma maneira, e essa é uma das coisas mais eficazes que você pode fazer com seu tempo — certifique-se de que a forma como você apresenta a ideia gere engajamento e dê a si mesmo uma grande vantagem inicial.

Pontos bônus: se as pessoas responderem à enquete *e* perguntarem quando poderão adquirir o produto, você terá um grande sucesso.

Passo 5: Facilite o consumo

As pessoas preferem fazer coisas que exigem menos esforço. Portanto, se queremos que mais pessoas aceitem nosso imã de lead e o consumam, precisamos facilitar isso. Você pode ver aumentos de 2x, 3x e até 4x nas taxas de aceitação *e* consumo simplesmente tornando-o mais fácil de consumir.

1) <u>Software</u>: você quer torná-lo acessível em seus telefones, em um computador e em vários formatos diferentes. Dessa forma, eles escolherão o mais fácil para eles.

2) <u>Informação</u>: As pessoas gostam de consumir coisas de maneiras diferentes. Algumas pessoas gostam de assistir, outras gostam de ler, outras gostam de ouvir, etc. Crie sua solução em tantos formatos diferentes quanto possível: imagens, vídeo, texto, áudio, etc. Ofereça todos eles. É por isso que este livro vem em todos os formatos que as pessoas consomem.

3) <u>Serviços</u>: Esteja disponível em mais horários e de mais maneiras. Mais horários do dia. Mais dias da semana. Por videochamada, telefonema, pessoalmente, etc. Quanto mais fácil for entrar em contato com você, mais provável será que as pessoas se tornem leads engajados para reivindicar o valor gratuito.

4) <u>Produtos físicos</u>: torne o processo de encomenda super simples e a entrega rápida. Faça com que o produto seja rápido e fácil de abrir. Dê instruções simples sobre como usar o produto. <u>Exemplo</u>: a Apple fez seus produtos tão bem que eles nem precisavam de instruções. E a embalagem é tão boa que a maioria das pessoas guarda as caixas.

<u>Ação</u>: Embale seu ímã de leads de todas as maneiras possíveis. Isso aumenta drasticamente o número de leads engajados que você recebe. E mais leads engajados com seu ímã de leads significa mais leads obtendo o valor dele. Isso é muito importante.

Curiosidade: meu livro *Ofertas de US$100 Milhões* tem uma divisão quase perfeita de ¼, ¼, ¼, ¼ entre e-books, livros físicos, audiolivros e vídeos (gratuitos no site Acquisition.com). Disponibilizar o livro em vários formatos é a maneira mais fácil que conheço de obter 2-3-4 vezes mais leads pelo mesmo trabalho. Se eu o disponibilizasse em apenas um formato, perderia 3-4 vezes mais pessoas que não teriam lido o livro de outra forma. Que pena e que desperdício isso teria sido.

Passo 6: Faça com que seja muito bom:

Revele os segredos, venda a implementação.

O mercado avalia tudo o que você tem a oferecer, *seja gratuito ou não*. E você nunca pode oferecer valor demais. Mas você *pode* oferecer valor de menos. Portanto, você quer que seu ímã de leads ofereça tanto valor que as pessoas se sintam obrigadas a pagar por ele. O objetivo é oferecer mais valor do que o <u>custo da sua oferta principal</u> *antes que elas a comprem.*

Pense da seguinte maneira. Se você tem medo de revelar seus segredos, imagine a alternativa: você revela informações sem valor. Então, as pessoas que poderiam se tornar clientes pensam *que você é péssimo! Você só tem informações sem valor!* Então, elas compram de outra pessoa. Que triste. Além disso, elas dizem a outras pessoas que poderiam ter comprado de você para não o fazerem. É um ciclo vicioso do qual você não quer fazer parte.

Mas lembre-se, as pessoas compram coisas com base no valor que acham que vão obter *depois* de comprá-las. E a maneira mais fácil de fazê-las pensar que vão obter muito valor depois da compra é... rufem os tambores... fornecer-lhes valor *antes* da compra.

Imagine uma empresa que cresceu de US$1 milhão para US$10 milhões apenas consumindo meu conteúdo gratuito. A chance de eles fazerem parceria com a Acquisition.com é enorme, porque *eu paguei minha parte antes mesmo de começarmos.*

<u>Ação</u>: 99% das pessoas não vão comprar, mas vão criar (ou destruir) sua reputação com base no valor do seu conteúdo gratuito. Portanto, faça com que suas iscas digitais sejam tão boas quanto seu conteúdo pago. Sua reputação depende disso. Ofereça valor. Prepare o terreno. Colha os frutos.

Passo 7: Facilite para que eles digam que querem mais

Depois que os leads consumirem o imã de leads, alguns deles estarão prontos para comprar ou saber mais sobre sua oferta. Esse é o momento de fazer uma chamada à ação. Uma **chamada à ação (CTA)** *diz ao público o que fazer a seguir*. Mas há um pouco mais do que isso. Pelo menos, se você quiser que sua publicidade funcione. Boas CTAs têm duas coisas: 1) o que fazer e 2) razões para fazer isso *agora*.

O que fazer: as CTAs dizem ao público para ligar para o número, clicar no botão, fornecer informações, agendar a ligação, etc. São muitas opções para listar. Basta saber que as CTAs dizem ao público como se tornar leads engajados. Boas CTAs têm uma linguagem clara, simples e direta. Não *"não demore"*, mas sim *"ligue agora"*. Leia o próximo parágrafo para saber mais (viu o que eu fiz?).

Razões para agir agora mesmo - Se você der às pessoas uma razão para agir, mais pessoas o farão. Mas há algumas coisas a ter em mente: A primeira é que boas razões funcionam melhor do que más razões. E, segundo, qualquer razão (mesmo as más) tende a funcionar melhor do que nenhuma razão. Portanto, para que mais pessoas ajam, incluo o máximo possível de razões eficazes. Aqui estão minhas razões favoritas para agir agora mesmo:

a) Escassez - *Escassez é quando há uma quantidade limitada de algo.* Especialmente quando há uma oferta pequena em comparação com a demanda. Quando algo é escasso, como seu ímã de leads ou oferta, as pessoas também tendem a querer mais. E é por isso que elas estão mais propensas a agir *agora*. Quanto menos você tem, mais valioso as pessoas acham que é. Mas há um porém: quanto menos você tem, menos leads engajados você pode obter antes de esgotar o estoque. Portanto, a melhor estratégia que conheço para a escassez é *a realidade*. Deixe-me explicar. Se você vendesse 1000 vezes mais amanhã, conseguiria lidar com isso? Se não, você tem *algum* limite para o quanto pode vender. Talvez você esteja limitado pelo atendimento ao cliente, integração, estoque, horários disponíveis por semana, etc. Não mantenha isso em segredo. Divulgue isso. Isso lhe dará uma escassez *ética*. Se você não consegue atender mais do que cinco novos clientes por semana, *diga isso*. Chame a atenção para a escassez natural do seu negócio. Se você tem limitações, pode muito bem usá-las para ganhar dinheiro.

Ex.: *"Os horários mais convenientes das aulas esgotam rapidamente. Ligue agora para garantir o que você deseja."*

"Só posso atender cinco pessoas por semana, então, se você quiser resolver isso rapidamente, faça xyz..."

"Imprimimos apenas um lote de camisetas e nunca mais reimprimiremos esse design, compre uma para não se arrepender de perder essa oportunidade para sempre..."

     41

b) Urgência. Você pode ter unidades ilimitadas para vender, mas digamos que você pare de vendê-las em uma hora... *de propósito*. Aposto que mais pessoas do que o normal comprarão seu produto nessa hora. Isso é urgência em ação. **Urgência** *é quando as pessoas agem mais rápido porque têm pouco tempo.*

E quanto menos tempo as pessoas têm, mais rápido (mais urgentemente) elas tendem a agir. Portanto, se você reduzir o tempo que elas têm para agir de acordo com sua CTA, poderá fazer com que mais pessoas ajam rapidamente. Você também pode usar a mesma urgência com descontos ou bônus que desapareçam após X minutos ou horas. Depois disso, essa oferta nunca mais estará disponível.

Ex.: *"Nossa promoção de 4 de julho termina na segunda-feira à meia-noite, então, se você quiser, entre em ação agora."*

"Nossa promoção da Black Friday termina à meia-noite. Faltam apenas quatro horas. Aproveite enquanto é tempo."

"Até sexta-feira, também vou oferecer um boné grátis para quem comprar mais de três livros. Então, se você quiser ficar estiloso com um boné da Acquisition.com, compre agora."

Dica profissional: a tática de urgência que mais uso

<u>Eu coloco limites de tempo nos bônus</u>. Dessa forma, não preciso alterar meus preços ou produtos o tempo todo. Posso apenas alterar o bônus. Gosto de criar alguns bônus valiosos e alterná-los a cada semana. E se eles não agirem até o final da semana, perderão o bônus. A melhor parte é que essa é uma maneira *fácil* de tornar as CTAs mais eficazes *sem limitar as vendas*.

c) Organizador de festas de república (meu favorito) - Invente um motivo. As repúblicas não precisam de um motivo para fazer festas, mas com certeza inventam alguns bem engraçados. "O João tirou o siso... vamos beber!" "Segunda-feira da Margherita!" "Terça-feira da Toga" "Quinta-feira Sedenta!" etc. Seu motivo nem precisa fazer sentido, *e ainda assim vai* fazer com que mais pessoas ajam. *Na* verdade, Harvard fez um experimento que mostrou que as pessoas estavam mais propensas a deixar alguém furar a fila *se elas dessem um motivo*. O número de pessoas que deixavam outras furarem *aumentava* se o motivo fizesse sentido (como escassez e urgência). Mas *qualquer motivo* ainda funciona melhor do que *nenhum motivo*. Por isso, eu sempre tento incluir um. Pense no "o que você diz" depois da palavra *"porque"*. Exemplos:

- Porque... as mães sabem o que é melhor.

- Porque... seu país precisa de você.

- *Porque...* é meu aniversário e quero que você comemore comigo.

<u>Ação</u>: dê uma CTA clara, simples e orientada para a ação. Em seguida, dê a eles um "motivo" usando escassez, urgência e quaisquer outros motivos que você possa pensar. E faça isso com frequência. Não seja esperto, seja claro.

Mesmo que seu imã de lead custe dinheiro para ser entregue, ele ainda deve *reduzir* seu custo para conseguir um novo cliente. Isso porque leads mais engajados significam mais chances de conseguir clientes. E os clientes extras *mais do que* cobrem seus custos. Esse é o ponto.

Digamos que você tenha um lucro de US$10.000 com sua oferta principal. E que você gaste US$1.000 em publicidade para conseguir alguém interessado nela. Se você fechar negócio com uma em cada três pessoas, isso custará US$3.000 em publicidade para conseguir um cliente. Como temos US$10.000 em lucro para trabalhar, tudo bem. Mas somos experientes, podemos fazer melhor. Então vamos fazer melhor.

Imagine que você anuncia um imã de lead gratuito em vez da sua oferta principal. O seu imã de lead custa US$25 para ser entregue e, como é gratuito para eles, mais pessoas serão alcançadas. O envolvimento extra significa que custa apenas US$75 em publicidade para conseguir alguém em uma ligação. No total, são US$100 por ligação. Ao oferecer valor antes da compra, *você obtém dez vezes mais leads envolvidos pelo mesmo custo.* <u>Observação</u>: isso acontece sempre quando você acerta no imã de lead.

Agora, digamos que uma em cada dez pessoas que recebem o imã de lead compre sua oferta principal. Isso significa que seu novo custo para adquirir um cliente é de US$1.000 (US$100 x 10 pessoas). Acabamos de reduzir nosso custo para obter um cliente em 3 vezes. Então, em vez de gastar US$3.000 para obter um novo cliente, usando um imã de lead, gastamos apenas US$1.000. Considerando que ganhamos US$10.000, isso representa um retorno de 10:1. Portanto, se mantivermos nosso orçamento de publicidade igual e usarmos um imã de lead, *triplicaremos nossos negócios.* Lembre-se: o objetivo é ganhar dinheiro, não apenas obter nossa "parte justa".

É aqui que os empresários experientes superam os novatos. Com um orçamento de US$25 para oferecer seu imã de leads, você pode fornecer MUITO mais valor do que com um orçamento de US$0. É loucura, eu sei. Você atrai mais clientes porque seu imã de leads é mais valioso do que o das outras pessoas. Muitas vezes, muito mais valioso. Isso se traduz em mais estranhos se tornando leads engajados. Também se traduz em mais vendas, porque você forneceu valor antecipadamente. Ganho. Ganho. Ganho.

<u>Passos para agir:</u>

Etapa 0: Se você está tendo dificuldade para conseguir leads, crie um imã de leads incrível.

Etapa 1: Descubra o problema que você deseja resolver para o cliente certo

Etapa 2: Descubra como você deseja resolvê-lo

Etapa 3: Descubra como entregá-lo

Etapa 4: Crie um nome interessante e claro

Etapa 5: Torne-o fácil de consumir

Etapa 6: Certifique-se de que seja muito bom

Passo 7: Diga a eles o que fazer a seguir e porque é uma boa ideia. Faça isso de forma clara e com frequência

Seção II Conclusão

Meu objetivo com este livro é desmistificar o processo de obtenção de leads. No primeiro capítulo, abordamos porque os leads por si só não são suficientes – você precisa de *leads engajados*. No segundo capítulo, abordamos como fazer com que os leads se engajem – *um valioso ímã de leads ou oferta*. E um bom ímã de leads faz quatro coisas:

1) Engaja os clientes ideais quando eles o veem.

2) Atrai mais pessoas do que sua oferta principal sozinha

3) É valioso o suficiente para que eles o consumam.

4) Faz com que as pessoas certas fiquem mais propensas a comprar

Assim, mais pessoas demonstram interesse em nossos produtos. Ganhamos mais dinheiro com elas. E oferecemos mais valor do que nunca, tudo ao mesmo tempo.

Próximo passo:

Nós nos equipamos com um poderoso ímã de leads. Agora, vou mostrar as quatro maneiras pelas quais podemos anunciá-lo. Em outras palavras, agora que temos "o produto", precisamos divulgar para as pessoas. Vamos conseguir alguns leads.

BRINDE: Tutorial bônus sobre como criar o melhor ímã de leads

Se você quiser saber mais sobre como criamos ímãs de leads incrivelmente bons, acesse Acquisition.com/training/leads. É gratuito e disponível ao público. Como prometido, meu objetivo é ganhar sua confiança. E a confiança é construída tijolo por tijolo. Deixe que este treinamento seja o primeiro de muitos tijolos. Aproveite. Você também pode escanear o código QR abaixo se não gosta de digitar.

Seção III: Obtenha leads

Os quatro principais métodos de publicidade.

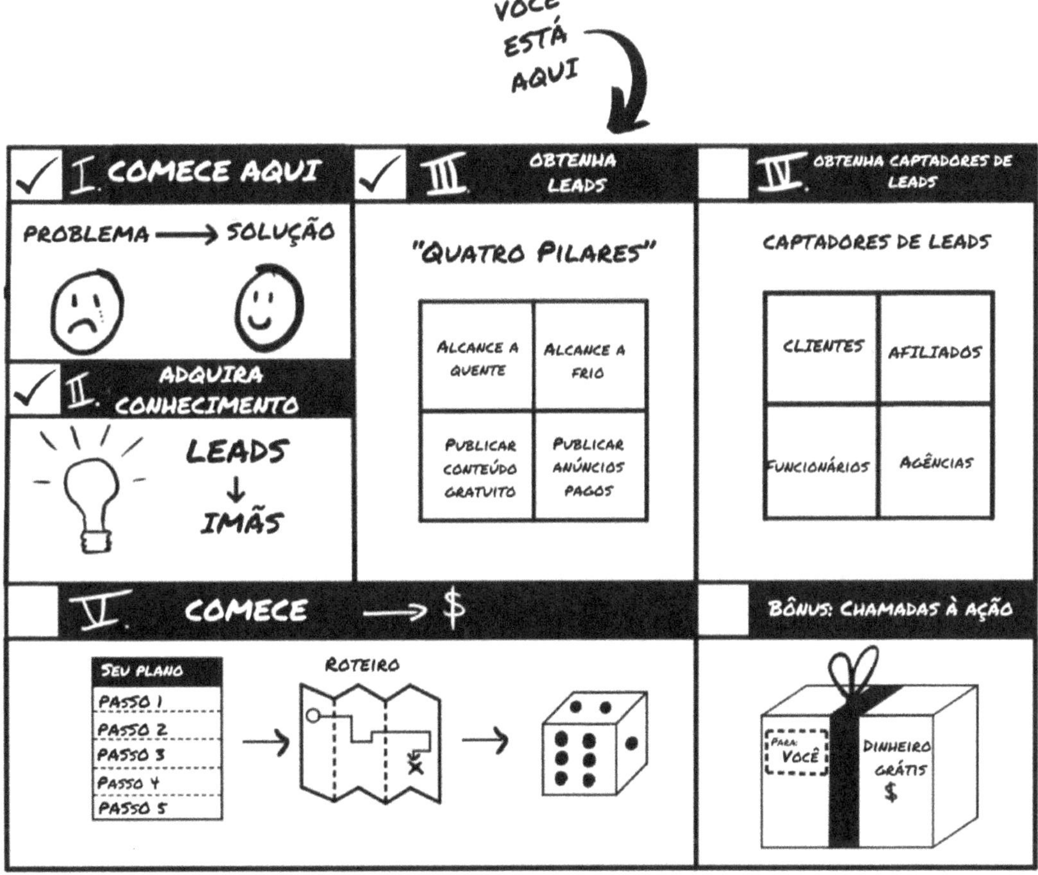

Conseguimos leads engajados divulgando nossos produtos. E há dois tipos de pessoas a quem divulgamos: pessoas que nos conhecem e pessoas que não nos conhecem. E há duas maneiras de divulgá-los: individualmente e em grupo. Essas duas maneiras se combinam nas quatro formas básicas pelas quais uma pessoa pode divulgar algo a outras pessoas. Vamos analisar como podemos usar essas quatro formas para conseguir leads.

Dois tipos de público: quente e frio

O público quente é composto por *pessoas que lhe deram permissão para entrar em contato com elas.* Pense em "pessoas que conhecem você" — ou seja, amigos, familiares, seguidores, clientes atuais, clientes anteriores, contatos etc.

Públicos frios são *pessoas que não lhe deram permissão para entrar em contato com elas.* Pense em "estranhos" - ou seja - públicos de outras pessoas: comprar listas de contatos, criar listas de contatos, pagar plataformas para ter acesso, etc.

A diferença é importante porque muda *a forma como* fazemos publicidade para eles.

Duas formas de comunicação: individual (privada) e coletiva (pública)

Podemos entrar em contato com as pessoas individualmente ou em grupo. Outra maneira de pensar sobre isso é comunicação privada ou pública. A comunicação privada é quando apenas uma pessoa recebe uma mensagem por vez. Pense em "telefonemas" ou "e-mails". Se você anunciar algo publicamente, muitas pessoas podem receber a mensagem ao mesmo tempo. Pense em "postagens nas redes sociais", "outdoors" ou "podcasts".

Agora, a automação pode tornar isso confuso. Não deixe isso acontecer. Automação significa apenas que parte do trabalho é feito por máquinas. A natureza da comunicação permanece a mesma. O e-mail, por exemplo, é um-para-um. Enviar um e-mail para uma lista de 10.000 pessoas "uma vez" é mais como um-para-um *muito rápido* feito por uma máquina. A automação, que abordaremos mais adiante, é uma das muitas maneiras pelas quais podemos obter leads em grande quantidade. Assim como o público, a diferença entre comunicação pública e privada é importante porque muda *a forma* como anunciamos.

Seção III Esboço: Obter leads

QUATRO PILARES BÁSICOS

	PESSOAS QUE TE CONHECEM	PESSOAS QUE NÃO TE CONHECEM
1 PARA 1 PRIVADO	CAPTAÇÃO QUENTE	CAPTAÇÃO FRIA
1 PARA OQ PÚBLICO	PUBLICAR CONTEÚDO GRATUITO	LANÇAR ANÚNCIOS PAGOS

Combinar públicos quentes e frios com 1-para-1 e 1-para-muitos nos leva às únicas quatro maneiras pelas quais podemos informar qualquer pessoa sobre qualquer coisa, esses são os quatro pilares básicos. Eu as combinei abaixo para você:

- 1-para-1 para um público quente = Alcance quente

- 1-para-muitos para um público quente = Publicação de conteúdo

- 1-para-1 para um público frio = divulgação fria

- 1 para muitos para um público frio = anúncios pagos

Essas são as *únicas* quatro coisas que você pode <u>fazer</u> para que outras pessoas conheçam o que você vende. E cada método nos leva um passo mais perto da terra das oportunidades abundantes. Eu me refiro a esses quatro pontos principais ao longo do resto do livro, então familiarize-se com eles. Na verdade, faça deles parte de você.

Depois de fazer isso, você terá seu próprio cartão "saia da prisão sem pagar fiança" para levar consigo para sempre. Ele lhe dará tantas chances de sucesso nos negócios quanto você puder desejar *pelo resto da vida*. Ou, pelo menos, foi assim para mim.

Portanto, se você não está obtendo tantos leads quanto gostaria, é porque não está executando as quatro ações principais com habilidade ou volume suficientes. Abordamos tudo isso em detalhes. Como funcionam, como fazê-las e quando fazê-las. E mostramos como medir seu progresso ao longo do caminho. Isso simplifica o mundo excessivamente confuso da publicidade em quatro *ações* essenciais. Ou você as executa e obtém tantos leads quanto desejar, ou é esmagado por aqueles que o fazem.

BRINDE: Treinamento bônus - A estrutura das quatro ações principais

Fiz um treinamento ao vivo onde expliquei as mais de 50 iterações que criaram esta simples tabela 2 x 2. Explico como usar a estrutura das quatro ações principais para obter o máximo de leads possível e criar metas dentro da sua empresa. Se quiser, você pode obtê-la gratuitamente aqui: <u>Acquisition.com/training/leads</u>. Você também pode escanear o código QR abaixo se não gosta de digitar.

#1 Captação quente

Como entrar em contato com pessoas que você conhece.

"O mundo pertence àqueles que conseguem continuar agindo sem ver o resultado de suas ações."

Maio de 2013. Começando.

Pela terceira vez naquele dia, peguei meu celular e verifiquei minha conta bancária.

51.128,13 dólares. Soltei um pequeno suspiro de alívio. É incrível como anos de trabalho e poupança podem caber em uma tela tão pequena. Enquanto me sentia bem, fui checar as redes sociais para ter mais dopamina. Amigos da faculdade estavam se inscrevendo em escolas de administração. Cartas de aceitação enchiam meu feed de notícias. Eu também comecei o processo de inscrição na escola de administração.

Eu tinha uma escolha: poderia deixar meu emprego e ir para a faculdade de administração ou poderia deixar meu emprego e começar um negócio.

A inscrição me encarava: *como um MBA em Harvard ajudaria seus objetivos de curto e longo prazo?*

Essa pergunta mudou minha vida. Passei três dias tentando respondê-la. No final do terceiro dia, vi a verdade: *não ajudaria.* US$150.000 em empréstimos e dois anos sem renda *não* me ajudariam a abrir um negócio. Pelo menos não tanto quanto abrir um negócio e levar dois anos para descobrir como fazê-lo. Eu *poderia ganhar a mesma quantia até me formar e evitar a dívida.* Ou, pelo menos, era o que eu dizia a mim mesmo.

Então, deixei meu emprego e tomei as medidas necessárias para iniciar meu negócio. Criei a Impetus Group LLC. Feito. Abri uma conta bancária empresarial. Feito. Abri uma conta comercial para processar pagamentos. Feito. Ainda não havia dinheiro entrando, mas pelo menos eu me sentia "legítimo".

Impetus Group LLC. (diga em voz alta...)

A primeira pessoa a quem contei sobre meu novo negócio disse: "Impotência?" *Meu Deus, eu sou péssimo. Não é à toa que o nome estava disponível.* Mudei imediatamente para "The Free Training Project" (O Projeto de Treinamento Gratuito). Um nome que não é péssimo? Feito. Eu estava no ramo.

Mas eu tinha um problema: não sabia nada sobre publicidade ou vendas. Mas sabia que precisava de clientes. Então, perguntei a todas as pessoas que conhecia. Liguei, enviei mensagens de texto e mensagens pelo Facebook para várias pessoas que conhecia.

"Ei, você conhece alguém que está tentando entrar em forma? Estou treinando pessoas gratuitamente por doze semanas. Além disso, vou elaborar um plano nutricional personalizado e uma lista de compras para elas. Tudo o que precisam fazer é doar para uma instituição de caridade de sua escolha e me permitir usar seu depoimento."

Apenas seis pessoas aceitaram. Seis. Dois amigos do ensino médio. Um amigo da faculdade. E três pessoas que eles indicaram.

Enviei por e-mail os planos de treino a todos e começamos a trabalhar. Trocávamos mensagens durante a semana para acompanhar o progresso. Felizmente, eram todos meus amigos, por isso deram o seu melhor. No início, foram eles que mais me incentivaram. Dez anos depois, ainda tenho as fotos de antes e depois deles.

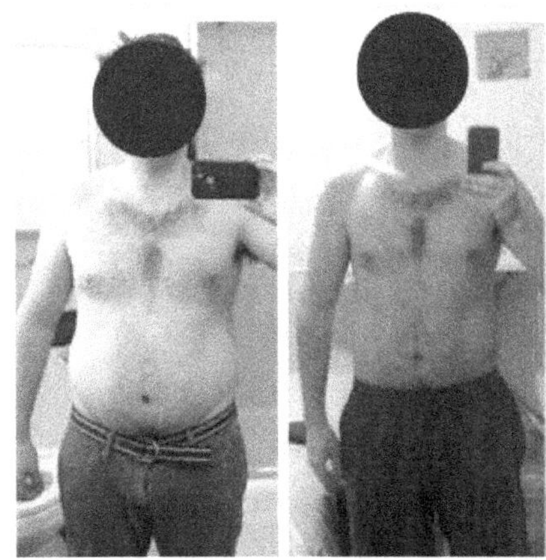
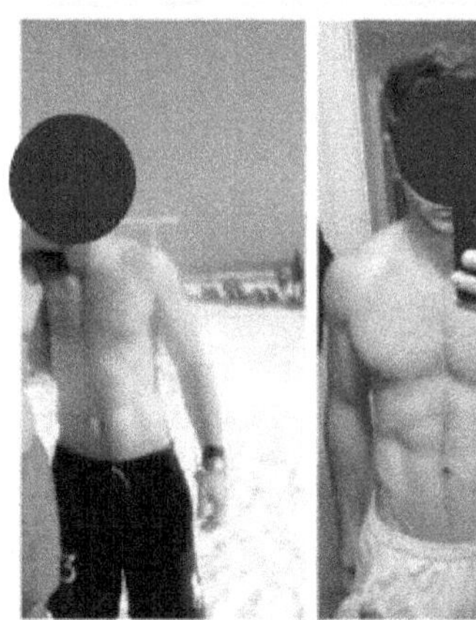

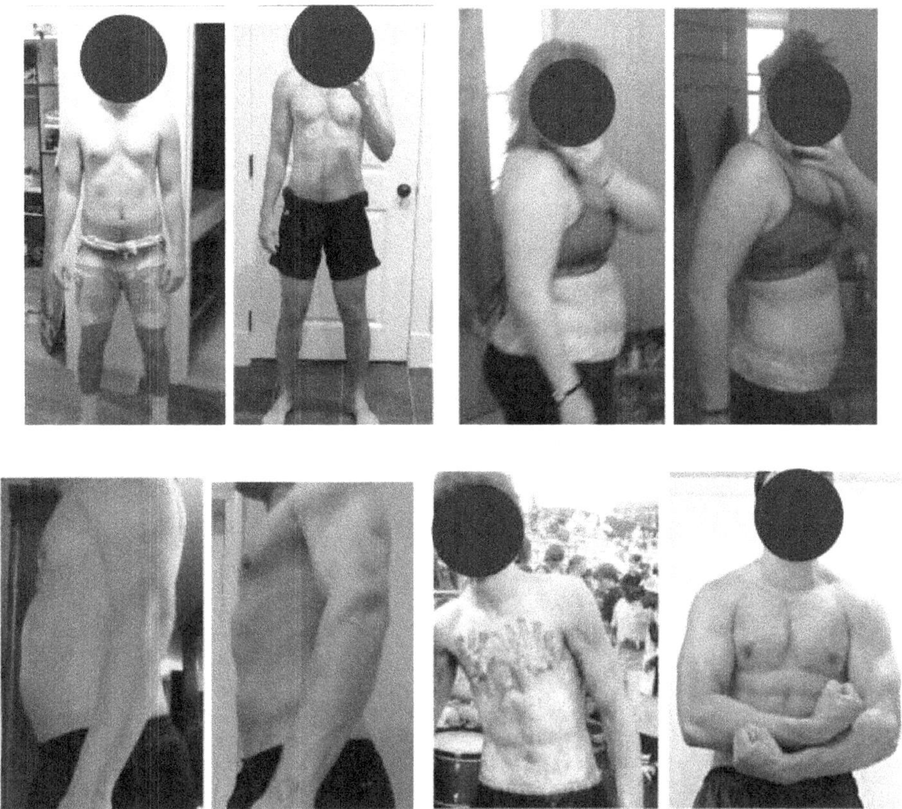

E foi aí que a decisão de não cursar a faculdade de administração começou a me assombrar. Após alguns meses, eu estava menos confiante. Minha "pilha" de dinheiro não parecia tão grande sem a entrada de dinheiro novo todos os meses. E isso começou a se tornar um problema real. Então, após doze semanas do "período de doação para caridade", pedi que eles me pagassem. Agora, eu era a caridade. Ha. Fiquei preocupado que eles ficassem chateados por terem que me pagar, mas eles não pareceram se importar.

Assim que obtiveram resultados, pedi-lhes que enviassem os seus amigos. Para minha surpresa, consegui mais cinco ou seis clientes através das suas recomendações. Pedi às pessoas recomendadas que me pagassem diretamente. Mais uma vez, nenhuma delas se importou. Esse pequeno negócio rendia cerca de US$4.000 por mês e substituiu a renda do meu primeiro emprego. Dava-me dinheiro suficiente para viver (e ainda sobrava). Minhas economias começaram a crescer novamente. Suspiro de alívio.

Se esse negócio parece simples, é porque era mesmo. Eu enviava os planos por e-mail aos clientes e eles me enviam as perguntas que tinham ao longo do processo. Era só isso.

Portanto, se você está começando, não precisa de muito. Tudo o que você precisa é de um CNPJ, uma conta bancária, uma forma de receber pagamentos e uma forma de se comunicar com as pessoas.

Mas essa última parte — uma forma de se comunicar com as pessoas — é a mais importante. É assim que você consegue leads. Portanto, mesmo sem saber que estava fazendo contatos quentes, um dos *quatro pilares,* foi assim que consegui meus primeiros leads. *Ainda* consigo leads dessa forma (apenas em números maiores). E vou mostrar como você também pode fazer isso.

Como funcionam os contatos quentes

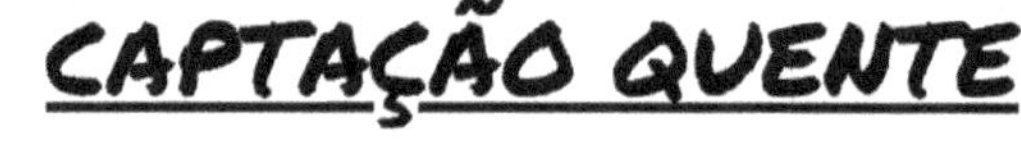

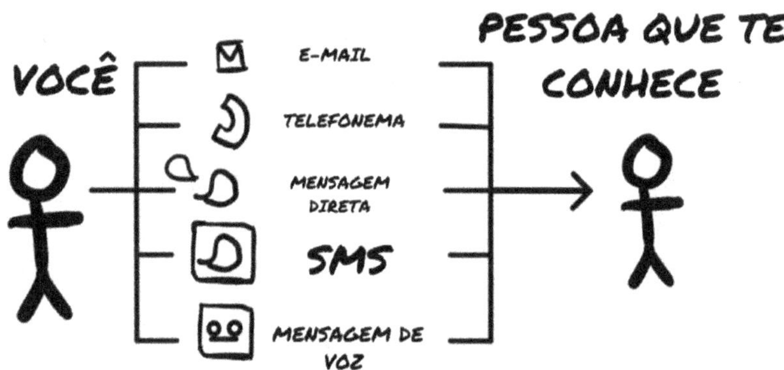

Contatos quentes são quando você faz contato individual com seu público quente - também conhecido como as pessoas que conhecem você. É a maneira mais barata e fácil de encontrar pessoas interessadas nos produtos que você vende. É super eficaz – e a maioria das empresas não faz isso. Não seja como a maioria das empresas. Além disso, você tem um público receptivo, mesmo que não saiba disso. Todo mundo conhece alguém. Portanto, seus contatos pessoais são o lugar mais fácil para começar.

Contatos quentes geralmente vêm na forma de ligações, mensagens de texto, e-mails, mensagens diretas, mensagens de voz, etc. E, como aprendemos na Seção II, você anuncia uma de duas coisas. Você os informa sobre o seu ímã de leads (algo gratuito e valioso) ou sobre a sua oferta principal (o principal produto que você vende).

Quando você começa a fazer contatos quentes, não consegue muitos leads engajados pelo seu tempo. Você faz tudo sozinho e torna cada mensagem pessoal. Mas, por esse motivo, é *confiável.* Tão certo quanto o sol que nasce e se põe, *funciona.*

Observação: entrar em contato com seu público receptivo funciona independentemente de você ter 100 ou 1.000.000 de contatos. Assim, à medida que sua empresa cresce, você utilizará automação e funcionários para torná-la mais eficiente. Os sistemas começam pequenos, com você, mas *podem ser ampliados.* Detalho como ampliar esses sistemas para públicos maiores na Seção IV.

Como fazer contatos quentes em 10 etapas

O alcance quente é uma maneira fantástica de conseguir seus "cinco primeiros clientes" *para qualquer novo produto ou serviço.* Pessoas avançadas: pensem em reengajamento e novas linhas de produtos. Veja como fazer isso:

Etapa 1: Obtenha sua lista

Passo 2: Escolha uma plataforma

Passo 3: Personalize sua mensagem

Passo 4: Entre em contato

Passo 5: Prepare-os

Passo 6: Convide os amigos deles

Passo 7: Faça a oferta mais fácil do mundo

Passo 8: Comece pelo topo

Passo 9: Comece a cobrar

Passo 10: Mantenha sua lista atualizada

(Passo 1) "Mas eu não tenho nenhum contato..." → Todos têm uma lista

Você conhece outras pessoas. Deixe-me provar isso para você.

- Pegue seu telefone. Nele você tem contatos. *Cada contato se inscreveu para receber suas comunicações.* Eles lhe deram os meios *e a permissão* para entrar em contato com eles.

- Abra *todas* as contas de e-mail que você usou ao longo dos anos. Pegue seus contatos e lista de endereços de cada uma delas. Bingo! Veja todos esses contatos.

- Agora, acesse todos os seus perfis nas redes sociais. Veja seus seguidores, assinantes, amigos, conexões ou como quer que os jovens chamem hoje em dia... Eureka! Você tem mais leads!

Some todos os seus contatos de todas as plataformas. Sério, *calcule o número*. Entre seu telefone, e-mail, redes sociais e outras plataformas, você terá contatos mais do que suficientes para começar. Para muitos de vocês, esses serão seus primeiros 1.000 leads. Olha só! "Eu não tenho nenhum lead." Pfff. Acabou de encontrar alguns.

E se você está com medo de ter que falar com as pessoas, relaxe. Você vai gostar do que vou mostrar a seguir.

(Passo 2) "Mas eu não sei por onde começar..." → Escolha uma plataforma

Escolha a plataforma em que você tem mais contatos. Telefone, e-mail, redes sociais, correio, pombo-correio, etc. Não importa. Basta escolher aquela com mais contatos. Você acabará entrando em contato com todos eles de qualquer maneira.

(Passo 3) "Mas o que eu digo?" → Personalize sua saudação

Use algo que você sabe sobre o contato como motivo real para entrar em contato. Se você não tiver muitas informações pessoais, pode verificar os perfis deles nas redes sociais etc. para saber um pouco mais sobre eles primeiro.

Não seja estranho. Cumpra com suas obrigações sociais. Lembre-se de que você não pediu nada. Você está apenas entrando em contato e agregando valor. Então... *relaxe.*

Ex: *Vi que você acabou de ter um bebê! Parabéns! Como está o bebê? Como você está?*

(Passo 4) "E agora?" → Entre em contato com cem pessoas todos os dias.

"Para conseguir o que você quer, você tem que merecer o que você quer." - Charlie Munger

Agora, entre em contato com 100 deles por dia com suas mensagens personalizadas. Você ligará, enviará mensagens de texto, e-mails, mensagens, cartões postais, etc. E entrará em contato com eles até três vezes. Uma vez por dia durante três dias* ou até que eles respondam. O que ocorrer primeiro.

*Uma vez por semana com correspondência física.

Dica profissional: arranque o curativo

O primeiro contato é sempre o mais difícil e demorado. O segundo contato levará alguns minutos. O terceiro, alguns segundos. Aceite que será difícil. É algo novo. É assim que aprendemos. Quando penso em começar coisas novas, lembro-me deste provérbio chinês: *"Tudo deve ser difícil antes de se tornar fácil"*.

(Passo 5): "O que digo quando eles respondem?" → Aja como um ser humano.

Agora podemos quebrar o gelo sem soar estranho.

Responda usando a estrutura **R-E-F**:

- **Reconheça** o que eles disseram. Reitere com suas próprias palavras. Isso demonstra escuta ativa.

    - *Ex.: Dois filhos. E você é contador...*

- **Elogie** o que quer que eles lhe digam. Relacione isso a uma característica positiva, se possível.

    - *Ex: ...Uau! Supermãe! Tão trabalhadora! Administrando uma carreira em tempo integral e dois filhos e es...*

- **Faça** outra pergunta. Conduza a conversa na direção que desejar. Neste caso, para um tópico mais próximo da sua oferta. Exemplos:

    - Terapia/Coaching de Vida: *...Você tem tempo para si mesmo?*

    - Fitness/Perda de peso: *...Você tem tempo para se exercitar?*

    - Serviços de limpeza: *...Você tem alguém que te ajuda a manter a casa arrumada?*

A estrutura **REF** é ótima porque ajuda você a conversar com qualquer pessoa. Acontece que ela *também* é útil para divulgar seus produtos. Isso significa que você pode conhecer a pessoa *e* direcionar a conversa para a sua oferta.

As pessoas adoram falar sobre si mesmas. Então, deixe-as fazer isso. Elas também adoram receber elogios, então faça isso também. E se as pessoas se sentirem bem ao conversar com você, elas vão gostar mais de você e confiar mais em você. *Você quer que as pessoas gostem mais de você e confiem mais em você.* Além disso, é uma prática sólida encontrar o lado bom em todas as pessoas. Por falar em prática, isso vai exigir prática. E tudo bem.

Dica profissional: no e-mail, você será mais direto

No e-mail, você terá uma introdução personalizada para mostrar que realmente dedicou tempo para pesquisar sobre eles de alguma forma. Pense em 2 ou 3 frases. Em seguida, você passará diretamente para a sua oferta ou isca digital, sobre a qual falaremos a seguir. Você meio que "faz tudo de uma vez" com e-mails ou mensagens de voz.

(Etapa 6) "Como sei se eles estão interessados?" → Faça uma oferta.

Conduza uma conversa "normal". Pense em 3-4 trocas de mensagens, se for por telefone ou mensagem de texto, e 3-4 minutos, se for pessoalmente. Em seguida, faça uma oferta para ver se eles estão interessados.

Quando faço uma oferta do zero, consulto a equação de valor. Se você está se perguntando "o que é a equação de valor?", ela foi o conceito central do meu primeiro livro, *Ofertas de US$100 Milhões.* O valor, conforme eu o defino, tem quatro elementos:

1) <u>Resultado sonhado</u>: o que a pessoa quer que aconteça, da maneira que ela quer que aconteça

- Indique os melhores resultados possíveis que o seu produto pode obter. Ganhe pontos extras se esses resultados vierem de pessoas como aquela com quem você está falando.

2) <u>Probabilidade percebida de realização</u>: quão provável a pessoa acha que é alcançar seu objetivo

- Inclua resultados, avaliações, prêmios, recomendações, certificações e outras formas de *validação por terceiros.* Além disso, garantias são muito importantes.

3) <u>Tempo de espera</u>: quanto tempo eles acreditam que levará para obter resultados após a compra

- Descreva com que rapidez as pessoas *começam* a obter resultados, com que frequência obtêm resultados quando começam e quanto tempo leva para obter os melhores resultados possíveis.

4) <u>Esforço e sacrifício</u>: as coisas ruins que terão que suportar e as coisas boas que terão que abrir mão em sua luta para obter o resultado.

- Mostre a eles as coisas boas que podem continuar fazendo, ou passar a fazer, e ainda assim obter resultados. E mostre a eles as coisas ruins das quais podem se livrar, ou evitar fazer, e ainda assim obter resultados.

O objetivo é maximizar os dois primeiros e minimizar os dois últimos. Então, tudo o que você precisa fazer agora é mostrar a alguém:

- Você tem exatamente o que eles querem

- Eles têm a garantia de conseguir

- De forma incrivelmente rápida

- Sem levantar um dedo ou abrir mão de nada que amam

Não é nada demais, certo? Obviamente, isso é o ideal. Temos que chegar o mais perto possível disso, sem mentir ou exagerar.

Então, vamos fazer exatamente isso com uma oferta da vida real:

...A propósito, <u>você conhece alguém</u> que está (descreva suas dificuldades) *buscando* (resultado desejado*) em* (prazo)*? Estou aceitando cinco estudos de caso gratuitamente, porque é tudo que consigo lidar. Só quero obter alguns depoimentos sobre meu serviço/produto. Eu os ajudo a* (resultado desejado) *sem* (esforço e sacrifício)*. Funciona. Eu até garanto que as pessoas obtenham* (resultado desejado) *ou trabalho com elas até que consigam. Acabei de trabalhar com uma garota chamada XXX* (resultado desejado)*, mesmo que ela* (descreva a mesma dificuldade

que seu contato tem). *Também tive outro rapaz que* (resultado desejado) *e era a primeira vez dele. Gostaria apenas de mais depoimentos para mostrar que funciona em diferentes cenários. Vem à sua mente alguém de quem você gosta?* (Faça uma pausa se estiver ao telefone) ... e se eles disserem que *não... Haha, bem... vem à sua mente alguém de quem você não gosta?* (haha) Isso ajuda a quebrar qualquer constrangimento.

Dica profissional: probabilidade implícita de realização

Você notará que, *além da garantia*, não há espaço para a "probabilidade percebida de sucesso". Mas a forma como explicamos os depoimentos preenche essa necessidade. Afinal, não vamos dizer "ei! É óbvio que posso ajudá-lo porque já ajudei alguém *exatamente* como você". Mas *sugerimos* isso ao selecionar um depoimento que seja o mais próximo possível da situação deles. E quanto mais tempo você estiver no mercado, mais depoimentos "perfeitos" você terá. Assim, será mais fácil mostrar depoimentos que correspondam *perfeitamente* à pessoa com quem você está falando. Então, depois de mostrar *um* depoimento perfeito, a única coisa melhor é *ter vários deles*.

Há uma característica importante aqui. *Não estamos pedindo que comprem nada. Estamos perguntando se conhecem alguém.* E, das pessoas que respondem que sim, a maioria diz estar interessada. Tudo isso foi planejado para aumentar a percepção de probabilidade de sucesso. É por isso que mostramos as dificuldades *e* os resultados de pessoas como eles, que enfrentam dificuldades semelhantes às suas. Mas deixamos *que eles* façam as conexões. Como você não pediu que comprassem nada, não parece insistente. Algumas pessoas demonstrarão interesse em seus produtos. Outras indicarão você para aqueles que possam se interessar. Outras farão as duas coisas. Nos três resultados, você sai ganhando. E ganha *sem insistir em nada com ninguém.*

Se você tiver ainda menos tempo ou espaço para transmitir isso, basta usar os elementos de valor um após o outro:

Eu ajudo (cliente ideal) *a obter* (resultado desejado) *em* (período de tempo) *sem* (esforço e sacrifício) *e* (aumentar a probabilidade percebida de realização – veja a dica profissional abaixo).

Observação: isso funciona bem para e-mails, mensagens de texto, mensagens diretas, ligações e conversas pessoais. Basta preencher os espaços em branco.

Dica profissional: 11 maneiras de aumentar a probabilidade percebida de realização

Veja como você pode aumentar a probabilidade percebida de realização para que mais pessoas aceitem sua oferta. Inclua um ou mais dos seguintes itens:

1. Mostrar provas de que fizemos o que eles querem (nossa própria história)

2. Mostrar provas de que pessoas *como elas* conseguiram o que queriam (pense em depoimentos)

3. Mostrar o grande volume de avaliações positivas que recebemos (pense em muitas avaliações de 5 estrelas)

    a. Se você ainda não tem avaliações, até mesmo o número de pessoas que você ajudou funciona.

4. Certificações/diplomas/acreditações de terceiros que comprovam nossa legitimidade

5. Números, estatísticas e pesquisas que comprovem o resultado que você quer que eles acreditem

6. Especialistas que atestam nossa credibilidade

7. Alguma característica nova/única com a qual eles nunca falharam antes (então pode funcionar desta vez)

8. Celebridades que nos endossaram ("eles confiaram neles, então eu também devo")

9. Garantia de que eles vão conseguir (por isso, também nos comprometemos)

10. Quão bem você os descreve ou descreve o sofrimento que eles estão passando. Quanto mais específico, melhor. (pense em "ele/ela realmente me entende, deve saber como ajudar")

11. Se possível, demonstre o resultado ao vivo. Ou mostre uma gravação do que está acontecendo.

    a. Exemplo: Uma agência de publicidade reproduz uma gravação de uma ligação que o proprietário de uma academia precisa fazer para um cliente potencial durante uma ligação de vendas. "Você conseguiria fazer uma ligação como essa para um cliente potencial se nós o conseguíssemos para você?" Isso demonstra o resultado dos serviços de publicidade: as pessoas não querem "clientes potenciais", elas querem clientes. Elas simplesmente não sabem uma maneira melhor de solicitá-los.

(Passo 7) "Como faço para que eles digam sim?" → Facilite para que eles digam sim. Torne isso gratuito.

Depois que as pessoas demonstrarem interesse, faça sua oferta fácil de aceitar. Gosto de começar com o facilitador de ofertas mais fácil do mundo: GRÁTIS.

E não tente parecer avançado se você não é. As pessoas não são burras. Seja honesto e mantenha as coisas simples:

Como estou aceitando apenas cinco pessoas, posso dar a você toda a atenção necessária para obter resultados dignos de se orgulhar. E farei tudo isso gratuitamente, desde que você prometa: 1) Usar o serviço 2) Me dar feedback e 3) Deixar uma avaliação excelente, se achar que é merecida. Parece justo?

Isso define expectativas razoáveis desde o início. E pronto. Agora, você está apenas ajudando as pessoas gratuitamente. Vitória.

Dica profissional: acumule "sim" para criar um impulso inicial.

No início, eu tinha pavor de pedir dinheiro. Então, se você se lembra da história acima, eu dizia às pessoas que trabalharia com elas de graça, desde que fizessem uma doação para uma instituição de caridade de sua escolha. Eu ainda fazia com que eles se comprometessem com os resultados, mas pedir que fizessem uma dedução fiscal que os deixasse felizes parecia uma maneira muito mais segura de fazer isso. A propósito, essa foi a primeira coisa que vendi. Olhando para trás, eu queria obter respostas positivas fáceis e sem pressão. E essas respostas positivas iniciais construíram meu primeiro negócio. E elas também podem construir o seu negócio.

Minha recomendação: sempre que você lançar um novo produto ou serviço, <u>ofereça os cinco primeiros gratuitamente</u>. O número exato importa menos do que saber por que você se beneficia disso. Eis o motivo:

1) Você ganha experiência e se sente à vontade para fazer ofertas às pessoas. Isso acalmará seus nervos, sabendo que você está apenas ajudando... de graça... por enquanto (emoji piscando).

2) Você provavelmente é péssimo (por enquanto). As pessoas são muito mais tolerantes quando você não cobra nada.

3) Como você provavelmente não é muito bom, precisa aprender a melhorar. <u>Você melhora fazendo mais</u>. É melhor ter algumas cobaias para sanar os eventuais problemas. Você aprenderá muito com as pessoas que ajudar gratuitamente, prometo. Mesmo que não pareça agora, você está saindo ganhando com o acordo.

4) Se as pessoas obtêm valor, especialmente de forma gratuita, é muito mais provável que:

   a) Deixar avaliações e depoimentos positivos.

   b) Dar feedback.

   c) Indicar seus amigos e familiares.

E se isso não for incrível o suficiente, os clientes gratuitos podem gerar receita para você de três outras maneiras:

1) Eles se convertem em clientes pagantes.

2) Eles enviam clientes pagantes por meio de indicações.

3) Seus depoimentos atraem clientes pagantes.

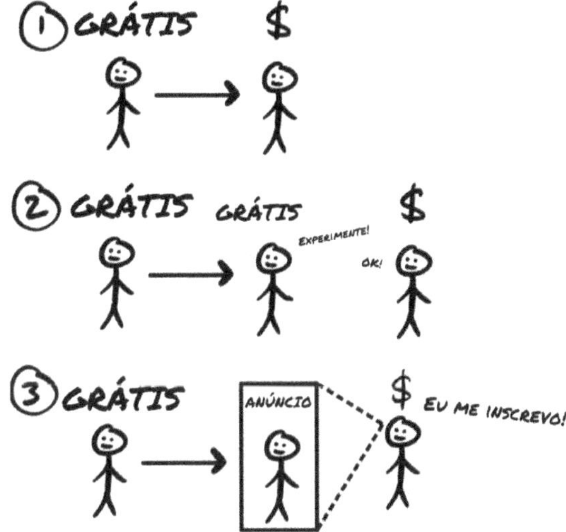

Portanto, não importa o que aconteça, você ganha.

> ### Dica profissional: aplique o "Método Hinge" às indicações
>
> Se você pedir uma indicação, peça uma apresentação a três. Minha maneira favorita de fazer isso pessoalmente é pegar o celular do cliente, tirar uma foto de nós dois e enviar essa foto por mensagem de texto para a pessoa indicada <u>e</u> para o seu próprio número. Se estiver virtualmente, faça uma captura de tela de uma videochamada e faça a mesma coisa. Se não for possível, pelo menos inicie uma conversa a três com *eles*.

<u>E se eles disserem não?</u>

Muitas vezes, a parte mais cara do que você vende não é o preço, mas os custos ocultos. **Os custos ocultos** são o tempo, o esforço e o sacrifício necessários para obter resultados com o que você vende. Em outras palavras, <u>a parte inferior da equação de valor</u>. Se você tem dificuldade em oferecer seus produtos gratuitamente, isso significa que as pessoas não os querem (resultado ideal), não acreditam em você (probabilidade percebida de sucesso) *ou que* os custos ocultos (tempo, esforço e sacrifício) são muito altos. Resumindo, seus produtos "gratuitos" são *muito caros*. Portanto, descubra os custos ocultos. Depois de fazer isso, você revelará ainda mais valor – pelo qual poderá cobrar no futuro.

Para entender melhor os custos ocultos... *pergunte*. Então, quando alguém disser "não", pergunte "por quê?":

> *"O que eu teria que fazer para que valesse a pena para você continuar?"*

As respostas deles lhe dão a chance de resolver o problema deles. E se você resolver esse problema, eles provavelmente comprarão de você. E mesmo que não comprem de você, eles lhe darão munição para convencer a próxima pessoa a comprar.

E lembre-se: o fracasso é um requisito para o sucesso. Faz parte do processo. Portanto, acumule fracassos o mais rápido que puder. Tire-os do caminho para começar a pagar seu "imposto zero". Se você ouvir milhares de nãos, vai receber seus sins, eu prometo. Eu sempre digo a mim mesmo: os sins me dão oportunidades. Os nãos me dão feedback. De qualquer forma, eu ganho.

Nota do autor: Warren Buffett e Benjamin Graham

Antes de Warren Buffett se tornar o maior investidor da nossa época, ele se ofereceu para trabalhar gratuitamente para seu herói, Ben Graham. Quer saber qual foi a resposta de Graham? "Você está supervalorizado." Graham sabia o que estava acontecendo. O mais caro em contratar Buffett não era o salário, mas o tempo para treiná-lo. Graham estaria, na verdade, trabalhando para Buffett! E, da mesma forma, seus primeiros clientes estão trabalhando para você. Eles estão treinando você — de graça! E você quer minimizar esse custo para eles. *Conheça seus custos ocultos.*

PS: Buffett ainda conseguiu que Graham aceitasse sua oferta gratuita. O resto é história.

Dica profissional: aprender ou ganhar

Se alguém lhe disser para não "se subestimar" oferecendo seus serviços gratuitamente no início, peça para essa pessoa se calar. Claro, você é especial. Mas o que você vende não é. *Ainda* não tem valor. Você mal começou. O objetivo agora é *aprender*, não *ganhar dinheiro*. Chegaremos à parte de ganhar dinheiro quando tivermos aprendido mais. Mas precisamos engatinhar antes de correr. Não confunda os objetivos. O dinheiro virá, eu *prometo*.

(Passo 8) "O que faço depois de entrar em contato com todos?" → Comece do início

Depois de entrar em contato com todos os leads em uma plataforma, mude para a plataforma em que você tem o segundo maior número de leads. Depois de entrar em contato com esses leads, vá para a plataforma em que você tem o terceiro maior número de leads e assim por diante.

Digamos que você siga isso à risca, porque ser pobre é pior do que ajudar as pessoas de graça. Se, entre todas as plataformas, você tiver 1.000 leads, isso lhe dará dez dias inteiros de trabalho. Um mês de trabalho, incluindo acompanhamentos. A essa altura, prometo que *cinco ou mais pessoas terão aceitado sua oferta gratuita*. E algumas se tornarão clientes pagantes. Se você fizer um bom trabalho, eles enviarão amigos, que também se tornarão clientes pagantes.

Então, vamos ganhar nosso primeiro dólar.

(Passo 9) "Mas não posso trabalhar de graça para sempre..." → Comece a cobrar.

Isso é importante. Esse é o seu teste decisivo para saber quando você está "bom o suficiente" para cobrar. <u>*Quando as pessoas começarem a indicar você, comece a cobrar.*</u> Quando isso acontecer, troque "... grátis..." no roteiro acima por *"80% de desconto* para os próximos cinco". Depois, *"60% de desconto* para os próximos cinco". Depois, *"40% de desconto* para os próximos cinco" e assim por diante. A regra "Eu aumento meus preços a cada cinco" também adiciona urgência, porque os preços *realmente* sobem. E se você estiver curioso, não precisa parar de aumentar seu preço. Sinta-se à vontade para continuar aumentando em 20% a cada cinco até encontrar o ponto ideal. O negócio é seu. Você pode fazer o que quiser. Cobre mais à medida que ganha mais experiência — uma boa recompensa.

Dica profissional: obtenha mais dinheiro adiantado e mais respostas positivas → Pré-pagamento + garantia

Oferecer uma garantia faz com que mais pessoas comprem, pois inverte o risco. Aqui está uma boa variação da garantia que lhe renderá mais respostas positivas e mais dinheiro.

Você pode oferecer uma garantia *apenas* para pessoas que pagam adiantado. Motivo: *pessoas que investem adiantado estão mais comprometidas. E, como resultado, podemos garantir seus resultados. Portanto, se você deseja nossa garantia, pode pagar antecipadamente pelo nosso serviço.*

Outra versão da formulação que recebi do meu bom amigo Dr. Kashey: depois que a pessoa concordar em comprar, você diz *"você prefere pagar menos hoje ou receber todo o seu dinheiro de volta?"* Pagar menos hoje = plano de pagamento, portanto, menos dinheiro adiantado. Receber todo o seu dinheiro de volta = pagar antecipadamente e obter a garantia de que você terá o resultado desejado.

Ex: "Pagar menos" = US$2.000/mês por 3 meses = US$6.000 (sem garantia)

Ou

"Receba todo o seu dinheiro de volta" = US$6.000 adiantados *com* garantia.

Apresentada dessa forma, a maioria das pessoas opta pelo pagamento adiantado com garantia. Portanto, se você planejava oferecer essa opção de qualquer maneira, pode muito bem usá-la como incentivo para que mais pessoas paguem adiantado.

(Passo 10) "Mas o que faço a partir daqui?" → Mantenha sua lista atualizada.

Dê valor regularmente à sua lista por meio de e-mails, mídias sociais etc. para mantê-la ativa. Uma lista ativa permanece preparada para seus contatos futuros. Abordaremos exatamente como dar esse valor no próximo capítulo. Depois de dar valor por um tempo ou ver quem deseja valor, explore sua lista com o modelo atemporal de "e-mail de 9 palavras" de Dean Jackson:

Você ainda está procurando [4 palavras que expressam o desejo]?

Sem imagens. Sem floreios. Sem links. Apenas uma pergunta. Nada mais. Essa mensagem é valiosa para atrair leads. E é uma das primeiras coisas que faço quando invisto em um novo negócio. Aqui estão alguns exemplos:

Você ainda está procurando

...comprar a casa dos seus sonhos?

...obter mais leads de vendas?

...tonificar seus braços?

...abrir uma loja online?

...começar um canal no YouTube?

Você entendeu a ideia. Deslize e implemente. Você faz a solicitação para ver quem responde, ou seja, os leads engajados. E *essas respostas devem ser sua prioridade máxima para contatos quentes.*

Vou encerrar a etapa 10 aqui, pois detalharei esse processo de "dar-pedir" no próximo capítulo. O ponto principal é que uma lista quente é um grande trunfo, pois é uma fonte consistente e *crescente* de leads engajados. Se você tratá-los bem, seu público irá alimentá-lo para sempre.

Resumo da lista de verificação de publicidade

Agora, vamos analisar isso em dez linhas, pois foram necessárias dez páginas para chegar até aqui.

Lista de verificação diária de contatos quentes	
Quem	Você mesmo
O quê	Primeiros cinco grátis
Onde	Telefone/E-mail/Correio físico/SMS/Etc.
Para quem	Seus contatos
Quando	Primeiras quatro horas do seu dia
Por quê	Você quer conseguir clientes ou apresentações
Como	Mensagem personalizada usando REF
Quanto	100 tentativas por dia
Quantas vezes	Faça mais duas tentativas após a primeira
Quanto tempo	Até conseguir clientes

Referências: Como estou me saindo?

Contatos quentes devem conseguir engajar cerca de um em cada cinco contatos. Portanto, cem contatos quentes devem obter cerca de vinte respostas. Das vinte pessoas que responderem, cerca de uma em *cada cinco* aceitará sua oferta gratuita. Portanto, quatro pessoas. Das quatro pessoas que aceitarem sua oferta gratuita agora, você deve conseguir converter *uma* em algum tipo de oferta paga mais tarde. Viva — dinheiro.

Essa estrutura permite que você preveja quantos clientes você consegue por cada 100 contatos. No exemplo, você conseguiria um cliente por cada 100 contatos. Esses números variam de acordo com o valor da sua oferta e o quanto eles confiam em você. Mas, não importa o que aconteça, com volume suficiente, *você conseguirá um cliente*. E quanto mais você fizer isso, melhores serão os seus números. É só uma questão de esforço. Você também aprenderá muito sobre o que atrai seu público: o que eles valorizam e como fazer ofertas para eles. Esse conhecimento pode render milhões. Você aprende enquanto ganha dinheiro — ótimo!

Esse processo *por si só* pode render mais de US$100.000 por ano, sem nada mais. Incrível, eu sei.

Aqui está a matemática do dinheiro:

Isso pressupõe que 1% da sua lista compre uma oferta de US$400 usando *apenas* contatos quentes. 500 contatos por semana = 5 clientes por semana

Produto de US$400 → 5 clientes por semana x US$400 cada = US$2.000/semana

US$2.000/semana x 52 semanas = US$104.000... bingo.

O que, no momento em que este artigo foi escrito, ainda é duas vezes a renda média das famílias nos EUA. Nada mal.

> ## Dica profissional: participe de comunidades
>
> Para aprender ainda mais rápido, participe de comunidades de pessoas que utilizam o mesmo método de publicidade que você. Elas são ótimas para obter apoio de colegas e dicas e truques atualizados. Além disso, não faça nada duvidoso. Há muitas pessoas que se orgulham de infringir a lei. Não seja essa pessoa. Isso sempre acaba se voltando contra você. Faça da maneira certa e você terá sustento para o resto da vida.

Você pode se tornar "bom o suficiente" em quase qualquer coisa em 20 horas de esforço concentrado.

O problema é que a maioria das pessoas passa anos adiando a primeira hora.

Você aprenderá mais nos primeiros dez dias *fazendo* 100 contatos do que aprendeu com tudo o que já leu ou assistiu. Aprenda o mais rápido que puder. Lembre-se, *queremos ficar ricos, não apenas "sobreviver".*

O que vem a seguir?

Os contatos quentes têm duas limitações.

O primeiro é o tempo. Quando você está começando, conquistar novos clientes deve ocupar a maior parte do seu tempo. Pense em quatro horas por dia, no mínimo. Deve ser a primeira coisa que você faz ao acordar. E você não deve parar até atingir seu objetivo. Aceite o trabalho. Ele fará parte da história que você contará um dia. Foi assim para mim.

O segundo limitador é o número de pessoas que conhecem você. Eventualmente, você vai "ficar sem". Mas não se preocupe. Podemos conseguir mais. Muito mais. Agora, *adicionamos* a segunda das quatro atividades principais de publicidade: publicar conteúdo gratuito.

BRINDE: Treinamento bônus - Contatos quentes

Se você gosta desse material, eu aprofundo ainda mais em uma análise sem restrições das muitas estratégias diferentes que você pode usar em contatos quentes para conseguir seu primeiro ou milionésimo cliente. Se isso parece legal, acesse Acquisition.com/training/leads. E, se você precisava de outro motivo, é grátis. Espero que você use isso para conseguir todos os leads de que precisa. Você também pode escanear o código QR abaixo se não gosta de digitar.

#2 Publique conteúdo gratuito, Parte I

Como construir um público para obter leads engajados

Ninguém nunca reclamou de receber muito valor.

Janeiro de 2020

"Você soube da Kylie Jenner?", perguntou Leila.

"Não, por quê?", respondi.

"Ela é agora a bilionária mais jovem que fez fortuna por conta própria."

"Espere, o quê?"

"Sim, ela tem vinte anos. A Forbes acabou de colocá-la na capa."

Eu era dez anos mais velho que ela e *não* era bilionário. *Por que eu sou tão ruim assim?* Como ela conseguiu ganhar tanto mais do que eu? Eu achava que era muito bom em negócios — levamos para casa US$13 milhões em renda pessoal no ano anterior. Mas, claramente, estava faltando algo. E me sentia péssimo por isso.

Meu ego me protegia... *Bem, Kris Jenner é a mãe dela e deve ter organizado tudo isso.* Eu descartei isso como "pais ricos" e segui em frente.

Alguns meses depois...

Leila ergueu os olhos do computador.

"Cara, a Huda acabou de vender uma participação minoritária em sua empresa por US$600 milhões."

 "A Huda, a maquiadora?", respondi.

"Sim."

"Nossa!" *De novo? Como eu tenho feito tantas besteiras?* Como alguém tão jovem está ganhando muito mais dinheiro do que eu?

... Ela está no ramo da beleza, ela pode fazer isso, eu não. Eu disse a mim mesmo e segui em frente.

Alguns meses depois...

Uma manchete chamou minha atenção:

"O whisky Proper 12, de Conor McGregor, atinge uma avaliação de US$600 milhões em 12 meses após o lançamento."

Sério!? - Outra pessoa ganhando muito dinheiro em questão de segundos.

Alguns meses depois...

Eu vi outra manchete. *"Com um valor insano de US$3,5 bilhões, o 'Teremana' de Dwayne Johnson arrasa com o 'Proper 12' de Conor McGregor."*

Dwayne "The Rock" Johnson era agora um multimilionário. E ele nunca sequer falou sobre negócios! *O que estou fazendo de errado?*

Se alguém ganha mais dinheiro do que você, significa que ele é mais habilidoso nos negócios de alguma maneira.

Silencie seu ego, procure pela lição.

Alguns meses depois... na casa de um amigo famoso...

Até esse momento, eu permanecia nos bastidores na maior parte do tempo. Eu não queria ser famoso. Eu queria ser rico. E consegui isso. Mas ver esses sucessos minou minhas crenças. Construir uma marca pessoal poderia ser *tão* poderoso *assim*? A resposta simples é sim. Mas eu queria minha privacidade...

Sentamo-nos à mesa da cozinha dele e eu perguntei: "Você recebe todas essas mensagens estranhas de desconhecidos. As pessoas ameaçam sua família. Você ainda está feliz por ter se tornado famoso?" Ele respondeu com algo que mudou minha vida para sempre:

"Se receber mensagens estranhas e ódio de pessoas que não conheço é o preço que tenho que pagar para causar o impacto que quero causar, eu pagaria esse preço qualquer dia da semana."

Me senti exposto. Eu estava sendo um covarde. Afirmava que queria causar impacto, mas não estava disposto a pagar o preço por isso. Depois dessa conversa, a Leila e eu nos dedicamos totalmente à construção de marcas pessoais.

***

Tenho uma convicção fundamental que gostaria de transmitir a vocês. Se alguém está ganhando mais dinheiro do que você, é porque, de alguma forma, é melhor no jogo dos negócios. Encare isso como uma boa notícia. Significa que você pode aprender com essa pessoa. Não pense que ela teve facilidade. Não pense que ela encontrou um atalho. Não diga a si mesmo que ela violou algum código moral. Mesmo que seja verdade, nenhuma dessas crenças lhe será útil. Nenhuma dessas crenças *o tornará melhor*.

Anos atrás, eu falava abertamente sobre "criar conteúdo". Eu não via sentido nisso. Por que eu perderia meu tempo criando algo que desapareceria em poucos dias? Eu achava que era uma perda de tempo estúpida e deixava isso claro para todos. Eu estava errado. Na verdade, não se tratava do conteúdo, mas sim do público. O que eu não entendia era que o conteúdo que você cria não é o ativo composto, *mas sim o público.* Portanto, mesmo que o conteúdo desapareça com o tempo, seu público continua crescendo.

Essa foi uma lição que meu ego me impediu de aprender por muito tempo. Levei um ano inteiro levando na cara evidências concretas antes de mudar minha maneira de pensar. *Construir um público é a coisa mais valiosa que já fiz.*

Vi Kylie Jenner, Huda Kattan, Connor McGregor e The Rock se tornarem bilionários "da noite para o dia". Meu amigo famoso disse que um público enorme era crucial para o seu sucesso. As evidências contundentes quebraram minhas crenças, então eu as reescrevi. Agora eu via o poder de ter um público. Mas não sabia por onde começar. Então, fiz o que sempre faço. *Paguei pelo conhecimento.* Comprar a experiência de outra pessoa economiza o tempo que levaria para descobrir tudo sozinho. Leila me comprou quatro ligações com um grande influenciador que tinha o tipo de público que eu queria construir. Ela pagou US$120.000.

Na minha primeira ligação, ele me disse para postar regularmente em todas as plataformas. Então, foi isso que fiz. Doze meses depois, meu público cresceu em mais de 200.000 pessoas. Na minha segunda ligação, ele observou o progresso. Mas eu queria mais: "Você tem um plano para sua marca pessoal? Como você publica todo esse conteúdo?"

Ele disse: "Cara, qualquer um que diga que existe algum segredo está tentando te vender alguma coisa. Nós apenas postamos o máximo que podemos. Abra o seu Instagram e abra o meu Instagram... Olha. Você postou uma vez hoje. Eu postei três vezes. Abra o seu LinkedIn... Olha. Você postou uma vez esta semana. Eu postei cinco vezes *hoje*." Ele foi de plataforma em plataforma. Eu ficava mais envergonhado a cada comparação.

"Você só precisa fazer mais, cara."

Simples. Mas não fácil. Nos seis meses seguintes, publiquei *dez vezes* mais conteúdo. E, nos seis meses seguintes, acrescentei 1,2 milhões de pessoas ao meu público. Além disso, quando publiquei dez vezes mais conteúdo, meu público cresceu dez vezes mais rápido. O volume funciona. O conteúdo funciona. O resultado é um público em crescimento. E, neste capítulo, vou explicar como fiz isso para que você também possa fazer.

Como funciona a construção de um público - Você publica um ótimo conteúdo gratuito

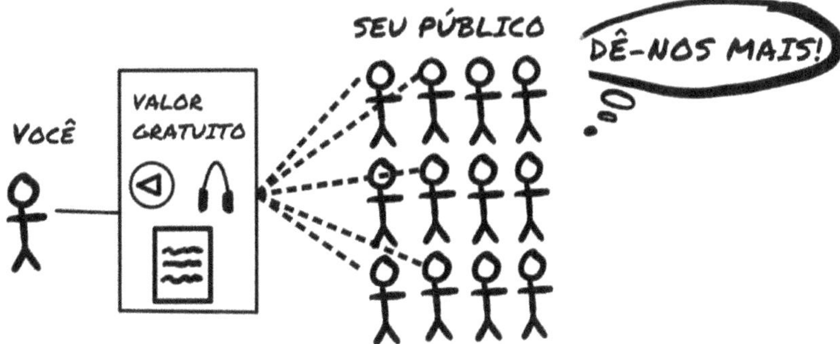

Contatos amigáveis não geram muitos leads engajados pelo tempo que investimos. Se quisermos alcançar dez pessoas, temos que nos repetir dez vezes. Muito esforço. Ao publicar conteúdo gratuito, podemos dizer uma vez e alcançar todas as dez. Portanto, publicar conteúdo gratuito pode gerar muito mais leads engajados pelo tempo que investimos. Viva!

As pessoas que consideram isso valioso tornam-se parte do seu público fiel. Se elas acham que outras pessoas também vão achar isso valioso, elas compartilham. E se as pessoas com quem elas compartilham gostarem, elas também se tornam parte do seu público fiel. Repita o processo. O compartilhamento pode continuar indefinidamente. Quanto mais elas compartilham o seu conteúdo, maior fica o seu público fiel. E, de vez em quando, você faz uma oferta a elas. Se a sua oferta tiver valor suficiente, elas aceitarão. Quando isso acontecer, você ganhará dinheiro. E quanto maior for o público, mais dinheiro você ganhará. Veja desta forma:

- Publicar conteúdo gratuito aumenta seu público receptivo.

- Portanto, publicar conteúdo gratuito constantemente significa que você terá um público em constante crescimento, com pessoas mais propensas a comprar seus produtos.

- O conteúdo gratuito torna todas as outras formas de publicidade mais eficazes. Se você entrar em contato com alguém e essa pessoa não conseguir encontrar conteúdo relacionado aos seus serviços, é menos provável que ela compre. Por outro lado, se ela encontrar muito conteúdo valioso, é mais provável que compre.

Isso é o que meu ego me impediu de aprender. Agora, as manchetes com Jenner, Huda, McGregor e The Rock fazem todo o sentido.

Mas publicar conteúdo gratuito não é só alegria. Há desvantagens. Primeiro, é mais difícil personalizar sua mensagem. Portanto, menos pessoas respondem. Segundo, você concorre com todos os outros que publicam conteúdo gratuito. Isso torna mais difícil se destacar. Terceiro, se você se destacar, as pessoas vão copiá-lo. Isso significa que você precisa inovar constantemente.

Dito isso, um público maior significa leads mais engajados. Leads mais engajados significam mais dinheiro. Mais dinheiro significa mais felicidade. Brincadeira, não é bem assim. Mas isso lhe dará os recursos para remover as coisas que você odeia. Enfim...

Este capítulo aborda apenas dois tópicos. Primeiro, desmistificamos o conteúdo que aumenta o público, mostrando que ele é composto pelas mesmas unidades básicas. Uma unidade de conteúdo tem três componentes: imã, retenção e recompensa. Segundo, como a ligação entre unidades básicas criará conteúdo que aumenta o público para qualquer plataforma ou tipo de mídia. O próximo capítulo (Publique conteúdo gratuito, Parte II) mostra como usar esse conteúdo como arma para ganhar dinheiro. Mas, por enquanto, você não pode monetizar um conteúdo e até saber como criá-lo.

A Unidade de Conteúdo - Três Componentes

Todo conteúdo que aumenta a audiência faz uma coisa: recompensa as pessoas que o consomem. E uma pessoa só pode ser recompensada pelo conteúdo se:

1) Tiver um motivo para consumi-lo e

2) Prestar atenção por tempo suficiente para

3) Satisfazer essa razão.

Felizmente, podemos reverter esses três resultados nas três coisas que precisamos *fazer* para criar conteúdo que aumenta a audiência. Isso significa que precisamos:

a) **Chamar** a atenção: fazer com que eles notem seu conteúdo.

b) **Manter** a atenção: fazer com que eles o consumam.

c) **Recompensar** a atenção: satisfazer o motivo pelo qual eles o consumiram inicialmente.

A menor quantidade de material necessária para atrair, reter e recompensar a atenção, é uma **unidade de conteúdo**. Pode ser algo tão pequeno quanto uma imagem, um meme ou uma frase. Ou seja, você pode atrair, reter e recompensar *ao mesmo tempo*. É assim que tweets curtos, imagens de memes ou até mesmo um jingle podem se tornar virais. Eles fazem as três coisas. Eu os separo para que possamos discuti-los com mais clareza, mas todos eles podem acontecer ao mesmo tempo.

Vamos nos aprofundar em cada uma das coisas que fazemos para criar uma unidade de conteúdo. Dessa forma, você pode criar conteúdo eficaz que aumenta seu público.

1) Gancho: eles não podem ser recompensados a menos que primeiro chamemos sua atenção.

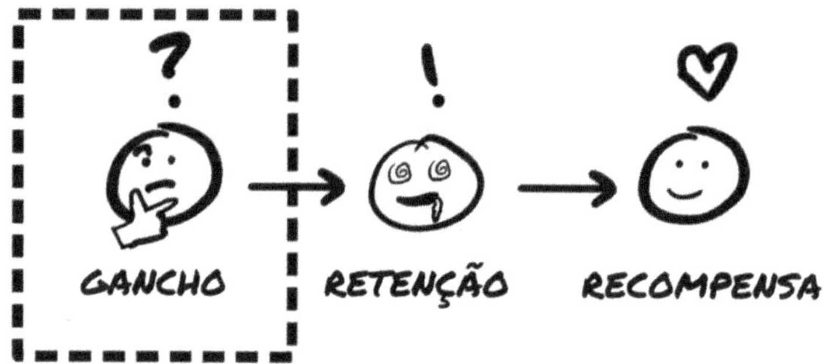

O objetivo: damos a eles um motivo para redirecionar sua atenção do que quer que estejam fazendo para nós. Se fizermos isso, os conquistamos. A eficácia desse gancho é medida pela porcentagem de pessoas que começam a consumir seu conteúdo. Portanto, se você conquistar bem a atenção, *muitas* pessoas terão um motivo para consumir seu conteúdo. Se você fizer um trabalho ruim, *poucas* pessoas terão um motivo para consumir seu conteúdo. Lembre-se, esta é uma competição pela atenção. Temos que superar todas as alternativas que eles têm para conquistar a atenção deles. Torne-se a melhor opção.

Aumentamos a porcentagem de pessoas que escolhem nosso conteúdo escolhendo *tópicos* que elas acham interessantes, *títulos* que lhes dão um motivo e combinando o *formato* com outras coisas de que elas gostam. Vamos nos aprofundar em cada um deles.

Tópicos. Tópicos são os assuntos sobre os quais você cria seu conteúdo. Eu prefiro usar experiências pessoais. Eis o motivo: só existe um você. A maneira mais fácil de se diferenciar é dizer algo que ninguém mais pode dizer. E ninguém mais viveu sua vida além de você. Eu divido os tópicos em cinco categorias: passado distante, passado recente, presente, tendências e fabricado.

a) Passado distante: as lições importantes *do passado* da sua vida. Conecte essa sabedoria ao seu produto ou serviço para oferecer um grande valor ao seu público. Conte a história sem deixar marcas. *É por isso que escrevo esses livros.*

i) Exemplo: uma lição pessoal em que quebrei minha crença de que "não tenho tempo suficiente":

1) Gancho: Reclamei com um amigo que não tinha tempo suficiente para fazer algo *enquanto estava grudado no meu celular.*

2) Retenção: Ele tirou o celular das minhas mãos e verificou o uso. Mostrou que eu passava três horas *por dia* nas redes sociais.

3) Recompensa: Ele olhou para mim e disse: "Ei, eu encontrei um tempo para você".

É uma história simples com a qual outras pessoas podem se identificar. Isso *torna* o assunto interessante para mais pessoas. E conecta o que eu faço, desenvolver negócios, a uma dificuldade que muitas pessoas enfrentam: não ter tempo suficiente. A revelação que eu compartilho torna essa lição valiosa para *o meu público*: pessoas que estão começando, desenvolvendo e vendendo seus negócios.

b) <u>Passado recente</u>: faça coisas e depois fale sobre o que você fez (ou o que aconteceu). Sempre que você fala com alguém, há uma chance de seu público obter valor disso. Olhe para sua agenda da semana passada. Veja todas as suas reuniões. Veja todas as suas interações sociais. Veja todas as suas conversas com contatos quentes. *Há ouro nessas conversas*. Conte histórias delas que sirvam ao seu público. Por exemplo:

  i) Este tweet surgiu de uma reunião que tive com um CEO de portfólio que estava apenas copiando a mesma oferta que todos os outros em seu mercado estavam fazendo e obtendo resultados abaixo da média.

  ii) Isso significa fazer anotações, gravações e outros registros para facilitar o acesso a essas informações. Mas também significa um acervo de conteúdo gratuito, fácil e valioso.

  iii) Depoimentos e estudos de caso se enquadram nessa categoria. Se você puder contar uma história legal de um cliente *de uma forma que agregue valor ao seu público*, você promoverá seus serviços e agregará valor. Todos ganham.

c) <u>Presente</u>: anote as ideias *no momento exato em que elas surgirem*. Tenha sempre à mão uma forma de registrar suas ideias. Eu até paro reuniões para anotar, enviar mensagens de texto ou e-mails com ideias para mim mesmo. As pessoas não se importam quando você pede para fazer anotações, então não é estranho. Então, quando você criar conteúdo, terá um monte de histórias novas para trabalhar.

  i) *Eu compartilho minhas ideias publicamente*: antes, eu guardava minhas ideias para mim mesmo. Agora, eu as tuíto publicamente assim que elas surgem.

Se uma postagem tem um desempenho melhor do que o normal, sei que é algo que as pessoas acham interessante. Então, eu crio mais conteúdo sobre esse assunto.

d) <u>Tendências</u>: vá onde está a atenção. Veja o que está em alta no momento e crie conteúdo sobre isso. Aplique suas próprias experiências a isso. Se você tiver comentários relevantes ou se isso tocar de alguma forma na sua área de especialização, fale sobre isso. Falar sobre assuntos em alta é muito eficaz para chamar a atenção de um público mais amplo.

e) <u>Fabricado</u>: Transforme suas ideias em realidade. Escolha um tema que as pessoas considerem interessante. Em seguida, aprenda sobre ele, crie-o ou faça-o. Depois, mostre-o ao mundo. Isso exige mais tempo e esforço, pois você precisa criar a experiência em vez de apenas falar sobre uma que já teve. Mas pode trazer os maiores retornos.

  i) Exemplo de experiência criada: *vivi com US$100 por um mês. Veja como.* Agora não vivo mais assim, mas pude criar essa experiência e depois produzir conteúdo sobre ela.

Nota do autor: Criar x Documentar

O conteúdo produzido tem, <u>de longe</u>, o maior potencial para crescer e monetizar uma audiência. Isso porque criadores de conteúdo habilidosos podem obter o máximo retorno para cada unidade de conteúdo. Para se ter uma ideia, no momento em que este artigo foi escrito, os dez vídeos mais populares na plataforma de vídeos mais conhecida eram todos videoclipes. E eles acumularam cerca de 60 *bilhões* de visualizações. Assistir e ouvir — isso é muita atenção! Mas, para nós, mortais, o custo mais baixo de documentar nossas experiências (em comparação com fabricá-las) nos permite manter o volume alto. E acredito que isso seja mais sustentável ao longo da vida. Uma citação que ouvi de um famoso criador de conteúdo: "Não quero encher minha sala de estar com areia quando tiver cinquenta anos". E, pessoalmente, prefiro ver os empreendedores produzirem mais conteúdo, com mais frequência e em mais lugares. É apenas a opinião de um homem.

Ação: A vida acontece – lucre compartilhando a sua.

Manchetes. Uma manchete é uma frase curta usada para chamar a atenção do público. Ela comunica a razão pela qual eles devem consumir o conteúdo. Eles a utilizam para avaliar a probabilidade de obterem uma recompensa por consumir seu conteúdo em vez de outro.

Em vez de lhe dar um monte de modelos, prefiro lhe dar os princípios atemporais que tornam as manchetes excelentes. E não há melhor criador de manchetes do que "as notícias". Então, vamos estudá-las.

Uma meta-análise das notícias revelou os componentes dos títulos que despertaram mais interesse nas matérias. São os seguintes. Tente incluir pelo menos dois em seu título.

a) <u>Atualidade</u> - O mais recente possível, literalmente as "novidades"

    i) Exemplo: as pessoas prestam mais atenção a algo que aconteceu há uma hora do que há mais de um ano.

b) <u>Relevância</u> - Pessoalmente significativo

    i) Exemplo: Enfermeiros prestam mais atenção a coisas que afetam enfermeiros do que a coisas que afetam contadores.

c) <u>Celebridade</u> - Incluir pessoas proeminentes (celebridades, autoridades, etc.).

    i) Exemplo: Normalmente, não nos importaríamos com o que outra pessoa come no café da manhã todos os dias. Mas se for Jeff Bezos, nos importamos. Como ele é uma celebridade, muitas pessoas se importam.

d) <u>Proximidade</u> - Perto de casa - geograficamente

    i) Exemplo: uma casa em chamas do outro lado do país não chama sua atenção. Se for a casa do seu vizinho, com certeza chamará. Faça com que seja o mais próximo possível de casa.

e) <u>Conflito</u> - de ideias opostas, pessoas opostas, natureza, etc.

    i) Exemplo: Pizza com abacaxi ou sem abacaxi? Conflito!

    ii) Exemplo: Bem x Mal. Herói x Vilão. Esquerda x Direita.

    iii) Exemplo: Liberdade x Segurança. Justiça x Misericórdia. Você entendeu a ideia.

f) <u>Incomum</u> - estranho, único, raro, bizarro

    i) Exemplo: pense em um homem com seis dedos nos circos antigos. Se algo está fora do normal, as pessoas prestam mais atenção.

g) <u>Em andamento</u> - Histórias ainda em desenvolvimento são dinâmicas, estão em evolução e têm reviravoltas na trama.

    i) Exemplo: se alguém entra em trabalho de parto, as pessoas querem atualizações a cada dez minutos, porque *tudo pode acontecer*.

Ação: inclua um ou mais desses componentes para criar títulos mais substanciais e atraentes.

Formato. Depois de termos um bom tema e comunicá-lo com um título usando um ou mais componentes, precisamos adequar o nosso formato ao melhor conteúdo da plataforma. As pessoas consomem conteúdo porque é semelhante ao que gostaram no passado. E adequar o formato popular da plataforma faz com que a maioria das pessoas interaja com ele. Por isso, queremos que o nosso conteúdo se pareça com o que elas gostaram anteriormente.

<u>Exemplo de formato:</u>

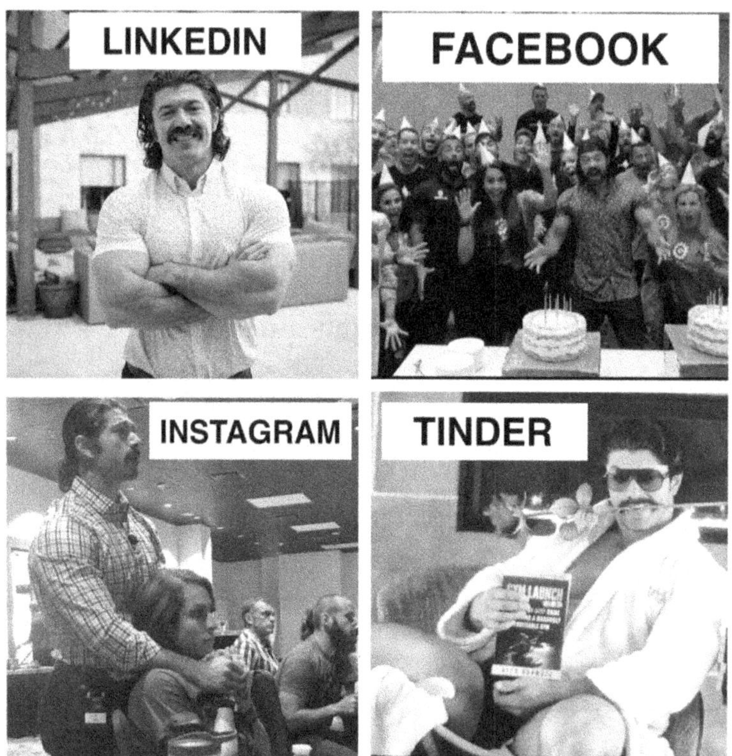

Este meme comunica a ideia melhor do que eu poderia fazer com palavras. Todas as quatro imagens acima são... bem... imagens. Mas elas têm uma aparência e uma sensação diferentes. Isso ocorre porque a formatação depende do público que você deseja atrair *e* da plataforma em que ele está.

<u>Conclusão</u>: você precisa fazer com que seu conteúdo pareça *algo que eles esperam que os recompense*. Caso contrário, não importa o quão bom ele seja, um conteúdo com melhor aparência irá atraí-los antes mesmo que o seu tenha uma chance.

Ação: primeiro, formate seu conteúdo para a plataforma. Em seguida, ajuste-o para atrair seu público ideal. Use o melhor conteúdo da plataforma voltado para o seu mercado como guia.

Isso conclui a etapa de "gancho" da nossa unidade de conteúdo. Seguir *sempre* esses princípios básicos já o colocará entre os 1% melhores. Pelo menos, foi assim para mim.

2) Reter

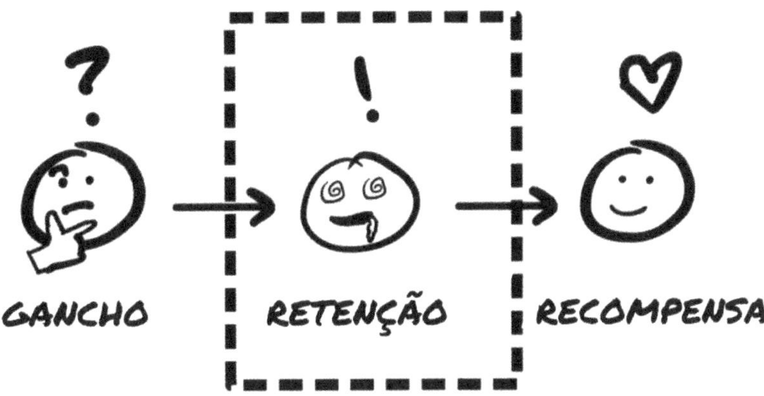

Meu fator favorito para a retenção é *a curiosidade*. É o meu favorito porque, se feito corretamente, as pessoas esperarão *anos.* As pessoas querem saber o que acontece... *a seguir.* Por exemplo, recebo mensagens diariamente, há anos, sobre quando lançarei um livro sobre vendas.

Minha maneira favorita de despertar a curiosidade do público é inserir perguntas em suas mentes. As perguntas não respondidas podem ser explícitas ou implícitas. Você pode fazer a pergunta diretamente. Ou a pergunta pode ser implícita. Minhas três maneiras favoritas de inserir perguntas são: listas, etapas e histórias.

a) <u>Listas</u>: listas são coisas, fatos, dicas, opiniões, ideias etc. apresentadas uma após a outra. Boas listas em conteúdo gratuito também seguem um tema. Pense em "Os 10 principais erros" ou "As 5 maiores fontes de renda" e assim por diante. Informar o número de itens listados no título ou nos primeiros segundos do seu conteúdo diz às pessoas o que esperar. E, na minha experiência, isso mantém a atenção do público por mais tempo.

   i) Exemplo: "7 maneiras pelas quais investi US$1.000 aos 20 anos e que renderam muito"

   ii) Exemplo: "28 maneiras de permanecer pobre"

   iii) Exemplo: "Uma unidade de conteúdo tem três partes...",

b) <u>Etapas</u>: Etapas são ações que ocorrem em ordem e alcançam um objetivo quando concluídas. Desde que as etapas iniciais sejam claras e valiosas, a pessoa desejará saber como realizar todas para alcançar o objetivo geral.

   i) Exemplo: "3 etapas para criar um ótimo gancho"

   ii) Exemplo: "Como eu crio um título em 7 etapas"

   iii) Exemplo: "A rotina matinal que aumenta minha produtividade"

Observação: aqui está a diferença entre etapas e listas. Etapas são *ações* que devem ser realizadas em uma *ordem específica* para obter um resultado. Portanto, as etapas são menos flexíveis, mas têm uma recompensa mais explícita. As listas podem conter praticamente qualquer coisa, na ordem que você quiser. Portanto, as listas são mais flexíveis, mas têm uma recompensa menos explícita.

c) <u>Histórias</u>: As histórias descrevem eventos reais ou imaginários. E as histórias que valem a pena contar geralmente têm alguma lição ou mensagem para o ouvinte. Você pode contar histórias sobre coisas que *aconteceram, podem acontecer* ou *nunca acontecerão.* Todas as três despertam a curiosidade, porque as pessoas querem saber o que acontece a seguir.

i) Exemplo: Quase todos os capítulos deste livro têm uma história.

ii) Exemplo: "Meu editor me fez fazer 19 rascunhos deste livro — aqui está o que fiz com ele."

iii) Ex: "Minha jornada de dormir no chão de uma academia até a cobertura de um hotel 5 estrelas."

Você pode usar listas, etapas e histórias separadamente ou entrelaçá-las. Por exemplo, você pode ter listas dentro de etapas e uma história sobre cada item da lista. Você pode ter histórias para reforçar o valor de uma etapa. Você pode ter uma lista de histórias ou muitas histórias contínuas. Etc. Sua criatividade é o único limite aqui. É por isso que as pessoas que criam muito conteúdo se autodenominam *criadores* de conteúdo. Este capítulo, por exemplo, tem listas dentro das etapas e histórias entrelaçadas.

Etapa de ação: use listas, etapas e histórias para manter seu público curioso. Incorpore perguntas em suas mentes para fazê-los querer saber o que acontece *a seguir*.

3) Recompensa

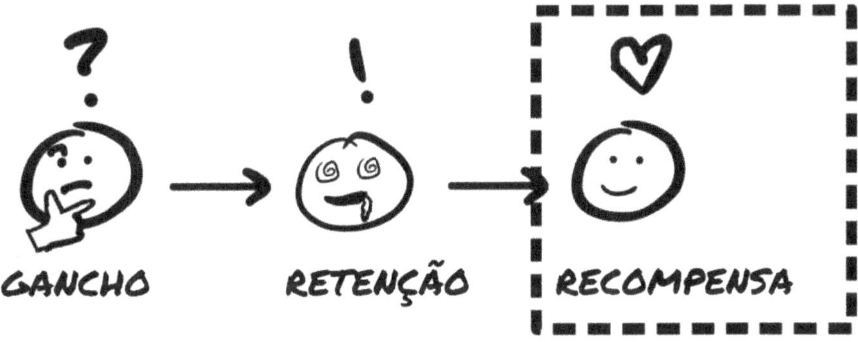

Qualquer pessoa pode pensar em ganchos interessantes e organizar seu conteúdo usando listas, etapas ou histórias. Mas a verdadeira questão é: ficou bom? Satisfaz o motivo pelo qual as pessoas assistiram? Faz com que as pessoas queiram compartilhar? A qualidade do seu conteúdo depende da frequência com que ele recompensa seu público no tempo que leva para ser consumido. Pense *no valor por segundo*. Por exemplo, a mesma pessoa que fica entediada aos três segundos de um vídeo de dez segundos também pode devorar um livro de 900 páginas. E essa mesma pessoa pode assistir a uma série de televisão por oito horas seguidas. Portanto, não existe algo muito longo, apenas *muito entediante*.

Agora, não podemos garantir uma recompensa específica. Mas podemos aumentar a chance de que a recompensa aconteça ao:

- Atrair o público *certo* com tópicos, títulos e formatação adequados

- Reter esse público com listas, etapas e histórias para despertar sua curiosidade e deixá-lo querendo mais

- Satisfazendo claramente o motivo pelo qual o conteúdo os atraiu inicialmente.

Exemplo: se sua isca promete "7 maneiras de se reconciliar com seu cônjuge" e você oferece:

(A) quatro maneiras (B) sete maneiras que não funcionam (ou que eles já ouviram antes). (C) você está falando para uma sala cheia de homens solteiros, *você fez um péssimo trabalho de recompensa.* As pessoas não vão querer assistir novamente e certamente não vão compartilhar.

Exemplo: se o seu gancho promete "4 estratégias de marketing que dentistas podem usar" e eles não podem usá-las, eles não vão compartilhar nem assistir ao seu conteúdo no futuro. *Você fez um péssimo trabalho de recompensa.*

Conclusão: eu já tive muito conteúdo que achei que iria quebrar recordes, mas o público preferiu clicar no botão "próximo". Portanto, não importa o quanto você ache que seu conteúdo é bom, quem decide é o público. Recompensar seu público significa *atender ou superar as expectativas deles quando decidem consumir seu conteúdo.* Como saber se você teve sucesso? *seu público cresce*! Se não estiver crescendo, é porque seu conteúdo não é tão bom assim. Pratique e você vai melhorar.

Ação: Ofereça mais valor do que qualquer outra pessoa. Cumpra suas promessas. Satisfaça claramente o gancho que você usou para chamar a atenção deles. Em outras palavras, responda completamente às perguntas não resolvidas que você colocou nas mentes deles.

Então, qual é a diferença entre conteúdo curto e longo?
Resposta: não muita.

Se você se lembra do que foi dito anteriormente, a menor quantidade de material necessária para atrair, reter e recompensar a atenção, é uma **unidade de conteúdo**. Portanto, para criar um conteúdo mais longo, basta conectar as unidades de conteúdo.

Por exemplo, uma única etapa em uma lista de cinco etapas pode ser uma unidade de conteúdo. Quando ligamos todas as cinco, temos um conteúdo mais longo. Aqui está um exemplo visual para ilustrar isso.

LONGO = MAIS UNIDADE DE CONTEÚDO

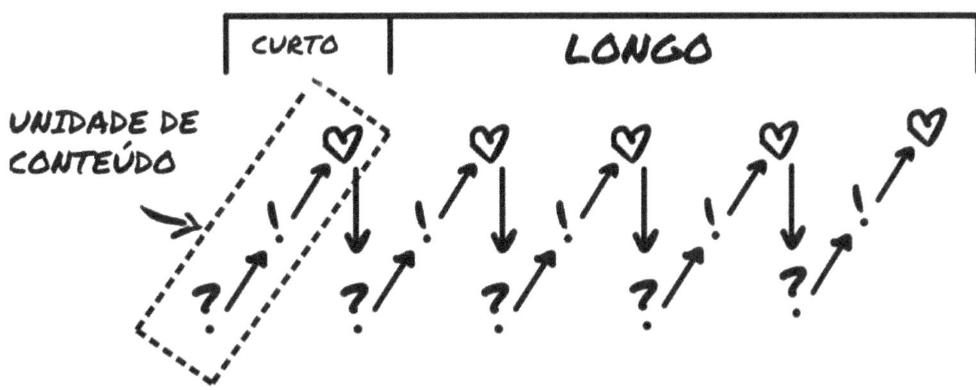

Conteúdos mais curtos prendem a atenção, retêm e recompensam menos vezes. Conteúdos mais longos fazem isso mais vezes. E fazer isso mais vezes requer mais habilidade, porque você precisa encadear mais unidades de conteúdo "bom" seguidas. Por exemplo, um comediante novato normalmente só tem alguns minutos no palco para apresentar seu "número". Apenas um comediante experiente tem uma hora. É preciso prática para recompensar a atenção com frequência suficiente para mantê-la por tanto tempo. Portanto, comece pequeno e vá crescendo a partir daí. Mesmo que você comece com conteúdo mais longo, o que é bom, sugiro começar com versões mais curtas. Será mais fácil para você. Muitos autores de sucesso com romances épicos começaram escrevendo... você adivinhou... contos.

Dica profissional: crie todo o seu conteúdo para estranhos:

Isso é importante. Preste atenção. Se você quer *aumentar* seu público fiel, precisa criar conteúdo partindo do princípio de que as pessoas que o consomem nunca ouviram falar de você antes. Se você criar conteúdo para estranhos, eles vão gostar porque *você o criou para eles*. E eles vão compartilhá-lo. E seu público vai crescer muito mais rápido. Considere a alternativa: você enche seu conteúdo com "piadas internas" que ninguém além do seu público entende. Isso é legal para vocês, mas ninguém mais se sentirá bem-vindo. E o crescimento do seu público diminuirá. Esse é um dos erros mais comuns que vejo os criadores de conteúdo cometerem — então, não cometa esse erro. Crie cada conteúdo presumindo que a pessoa nunca ouviu falar de você antes. E todos que já conhecem você não se importarão. Eles apreciarão os lembretes.

Depois de entender como criar uma unidade de conteúdo, tudo o que você precisa fazer é *produzir mais*. Assim, seu público crescerá. E quando seu público estiver grande o suficiente, você poderá monetizá-lo. Eu tinha muito a dizer para caber em um único capítulo, então falaremos sobre como monetizar o público no próximo.

Nos vemos lá.

#2 Publique conteúdo gratuito, Parte II

Monetize seu público

"Dê, dê, dê, dê, dê, dê, até que eles peçam"

O objetivo deste capítulo é mostrar como monetizar seu público receptivo. Primeiro, falaremos sobre como podemos fazer ofertas sem sermos um monstro de spam — dominando a proporção entre dar e pedir. Depois, falaremos sobre as duas estratégias de oferta para monetizar o público. Depois disso, falarei sobre como dimensionar sua produção para que você possa aumentar seu público mais rapidamente e ganhar ainda mais dinheiro. Em seguida, compartilharei várias lições que aprendi ao construir meu próprio público e que gostaria de ter aprendido antes. Por fim, encerrarei com dicas de como você pode colocar tudo isso em prática *hoje mesmo*.

Dominando a proporção entre dar e pedir

Gary Vaynerchuk popularizou a expressão "jab, jab, jab, gancho de direita". Ela simplifica a ideia de dar ao seu público muitas vezes antes de fazer um pedido. Você deposita boa vontade com conteúdo gratificante e, em seguida, retira essa boa vontade fazendo ofertas. Quando você deposita boa vontade, seu público presta mais atenção. Quando você deposita boa vontade, seu público fica mais propenso a fazer o que você pede. Por isso, tento "pedir menos" do meu público e construir o máximo de boa vontade possível.

Felizmente, a proporção entre dar e pedir foi bem estudada. A televisão tem uma média de 13 minutos de publicidade por cada 60 minutos de tempo de antena. Isso significa que 47 minutos são dedicados a "dar" e 13 minutos são dedicados a "pedir". É aproximadamente uma proporção de 3,5:1 entre dar e pedir. No Facebook, são aproximadamente 4 publicações de conteúdo para cada 1 anúncio no feed de notícias. Isso nos dá uma ideia da proporção mínima entre dar e pedir que podemos sustentar. Afinal, a televisão e o Facebook são plataformas maduras. Elas se preocupam menos em aumentar seu público e mais em ganhar dinheiro com ele. Portanto, elas dão menos e pedem mais. O que significa que "dar, dar, dar, pedir" é a proporção que nos aproxima da *monetização máxima* de um público sem reduzi-lo. Mas, como a maioria de nós quer crescer, não devemos seguir o modelo delas. Devemos seguir o modelo das plataformas em crescimento.

Então, o que as plataformas em crescimento fazem? Elas exibem muito conteúdo sem muitos anúncios. Resumindo, elas dão, dão, dão... dão, dão, dão... dão, dão, dão... dão, dão, dão... talvez peçam. Elas dão muito mais do que pedem. Por quê? Porque quanto mais você recompensa seu público, maior ele fica. Portanto, se você quer aumentar seu público, dê muito mais do que pede.

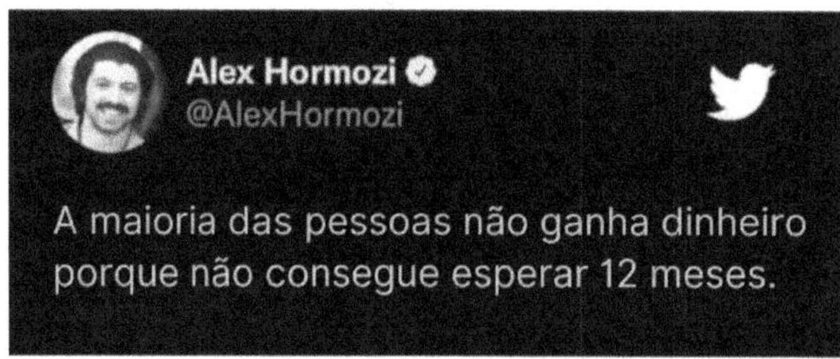

E agora que tenho alguma experiência com isso, fiz um pequeno ajuste na estratégia tradicional de dar-pedir que a torna ainda mais eficaz: *dê até que eles peçam.*

As pessoas estão sempre esperando que você peça dinheiro. E quando você não pede, elas confiam mais em você. Elas compartilham mais suas coisas. Você cresce mais rápido, etc. Mas eu não sou um santo altruísta. Estou aqui para ganhar dinheiro. Afinal, eu não seria um bom empresário se não estivesse ganhando nada.

Então, é simples. Se você der o suficiente, *as pessoas começarão a pedir*. As pessoas ficam desconfortáveis em continuar recebendo sem retribuir. Isso é fundamental para nossa cultura e nosso DNA. Elas irão ao seu site, enviarão mensagens diretas, e-mails etc. para pedir mais. Além disso, quando você usa essa estratégia, consegue os *melhores* clientes. Eles são os que mais "dão". São aqueles que, mesmo sendo clientes pagantes, ainda sentem que estão levando a melhor no negócio. E o melhor de tudo é que, se você anunciar dessa forma, *seu crescimento nunca diminuirá*. Quando você usa essa estratégia, você *dá em público e pede em particular*. Você deixa o público escolher quando está pronto para lhe dar dinheiro. É por isso que, na minha opinião, *dar até que eles peçam* é a melhor estratégia. Mas, se você sentir vontade de pedir, eu entendo. Então, vamos falar sobre como pedir. Se você vai fazer isso, é melhor fazer bem feito.

<u>Conclusão</u>: No momento em que você começa a pedir dinheiro, é quando decide desacelerar seu crescimento. Portanto, quanto mais paciente você for, mais receberá quando finalmente fizer seu pedido.

Ação: Dê, dê, dê, dê, dê *até que eles peçam*

Dica profissional: dê em público, peça em particular.

Se você continuar a dar em público, as pessoas vão pedir em particular para você vender algo a elas. Pode apostar nisso. O melhor dos dois mundos é nunca parar de dar em público e conseguir um número crescente de pessoas pedindo em particular para comprar o que você tem a oferecer. Dê, dê, dê e você receberá — sem perder a boa vontade ou desacelerar o crescimento do seu público.

Como ganhar dinheiro com conteúdo: peça

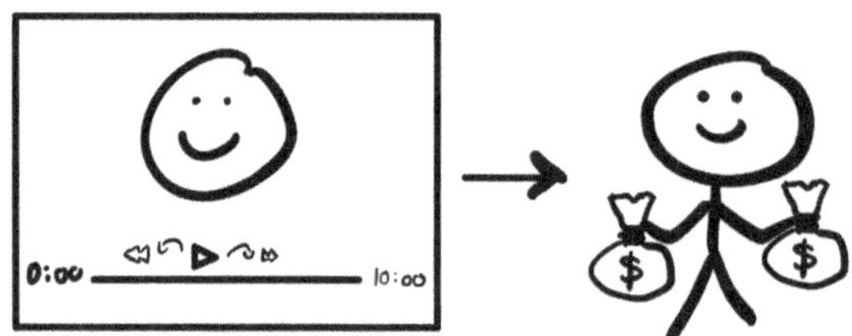

Para ser claro, acho que você deve usar a estratégia de *dar até que eles peçam*. Mas, se você precisa pagar aluguel, alimentar sua família, etc., eu entendo. Às vezes você precisa pedir. Então, vamos falar sobre como fazer isso sem parecer um idiota.

Pense nas "solicitações" como comerciais. Você *interrompe este programa com uma mensagem muito importante*. Como é você quem fornece o valor, você interrompe seu próprio conteúdo com comerciais sobre o que você vende. Mas, como se trata do seu público, você paga o custo da perda potencial de confiança, da desaceleração do crescimento e, é claro, do tempo que levou para reunir o público em primeiro lugar. Mas, em termos financeiros, é gratuito. Agora, eu uso duas estratégias para incorporar promoções ao conteúdo: ofertas integradas e ofertas intermitentes. Vamos abordar ambas.

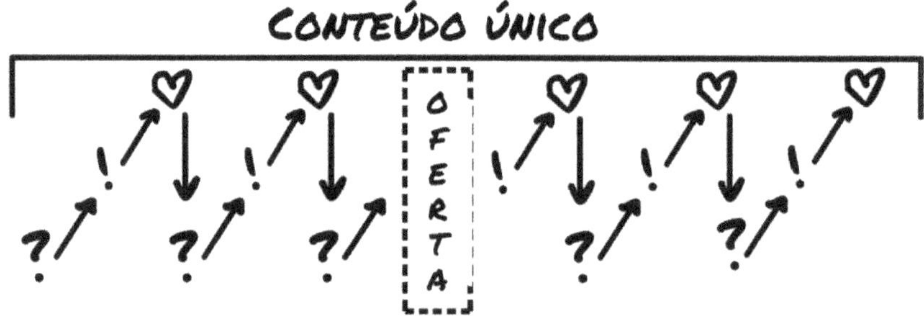

Integrado: você pode anunciar em cada conteúdo, desde que mantenha uma proporção elevada entre o que oferece ao que você pede. Você continuará a aumentar seu público interessado *e* a obter leads engajados. É uma situação em que todos ganham.

Por exemplo, se eu fizer um podcast de uma hora, ter 3 anúncios de 30 segundos significa que eu teria 58,5 minutos de oferta para 1,5 minuto de pedido. Bem acima da proporção de 3:1.

Por outro lado, eu tinha um amigo que tinha um podcast que ficou famoso rapidamente. Ansioso para monetizar seu novo público, ele começou a fazer ofertas (pedidos) com muita frequência *no* conteúdo. Seu podcast não só parou de crescer, como na verdade encolheu! Não seja assim. Não mate sua galinha dos ovos de ouro. É uma questão de equilíbrio. Dê demais para proteger seu ativo mais valioso: a boa vontade do seu público.

Ação: eu geralmente integro os "pedidos" — também conhecidos como CTAs — após um momento valioso ou no final do conteúdo. Considere tentar um desses lugares primeiro — e certifique-se de que o crescimento do seu público não diminua. Em seguida, adicione o segundo e assim por diante.

Dica profissional: solicitações de declaração PS

A declaração "PS" é uma das partes mais lidas de qualquer conteúdo. Muitas vezes, porque resume o que o autor quer que o público faça. Por isso, tento incluí-las em tudo o que escrevo. É também um dos meus lugares favoritos para fazer pedidos.

PS – veja, todo mundo lê isso.

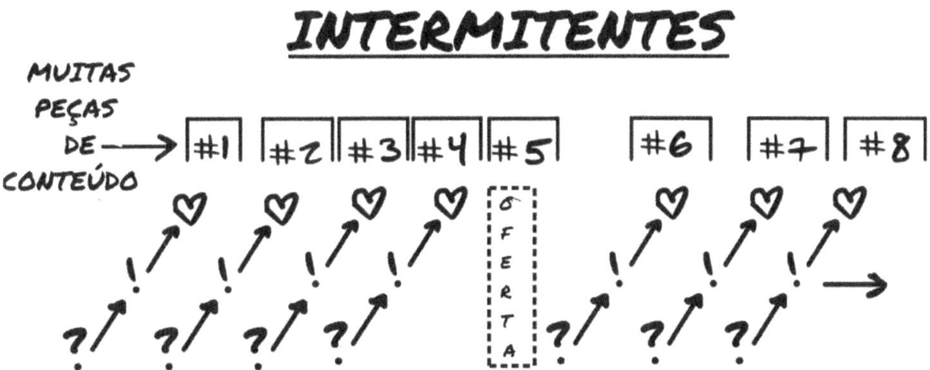

<u>Intermitente</u>: A segunda maneira de monetizar é por meio de solicitações intermitentes. Veja como funciona. Você cria muitas peças de conteúdo puramente "dadoras" e, ocasionalmente, cria uma peça "solicitadora". Exemplo: você cria 10 posts "dadores" e, no 11º, promove seu material.

A diferença entre a primeira e a segunda maneira depende da plataforma. Em plataformas curtas, a maneira intermitente vai dominar. Em plataformas longas, as integrações costumam ser sua melhor aposta.

Quando você faz sua solicitação, você *anuncia sua oferta principal* ou *seu ímã de leads*.

É isso. Não complique demais.

<u>Exemplo de gancho digital</u>: se eu acabasse de falar sobre uma maneira de obter mais leads em uma postagem/vídeo/podcast/etc., eu diria: "Tenho mais 11 dicas que me ajudaram a fazer isso. Acesse meu site para ver uma apresentação visual bonita delas." E,

desde que eu tenha um público que queira obter mais leads, isso fará com que alguns deles se envolvam. Então, a página de agradecimento após a página de inscrição para o meu ímã de leads exibiria minha oferta paga com um vídeo explicando como ela funciona. Você ganha pontos extras se o seu ímã de leads for relevante para o conteúdo que o anuncia.

<u>Exemplo de oferta</u>: você também pode "ir direto ao ponto" com sua oferta principal e ir direto para a venda. O caminho direto para o dinheiro. Modelamos nossa oferta a partir do último capítulo.

"Estou procurando 5 (avatar específico) para ajudar a alcançar (resultado desejado) em (prazo). A melhor parte é que você não precisa (esforço e sacrifício). E se você não conseguir (resultado desejado), farei duas coisas (aumentar a probabilidade percebida de realização): 1) Devolverei seu dinheiro 2) Trabalharei com você até que você consiga. Faço isso porque quero que todos tenham uma experiência incrível conosco e porque estou confiante de que posso cumprir minha promessa. Se isso lhe parecer justo, envie-me uma mensagem direta/agende uma ligação/ comente abaixo/responda a este e-mail/etc."

Depois de fazer sua solicitação, volte a oferecer valor.

Dica profissional: ofertas de US$ 100 milhões

Meu primeiro livro, Ofertas de US$100 Milhões, detalha passo a passo o processo de criação de ofertas. Se você quer saber como criar uma oferta valiosa que a pessoa *certa* se sentiria idiota em recusar... dê uma olhada nesse livro (a versão para Kindle é vendida pelo preço mais baixo que a plataforma me permite, caso você esteja com pouco dinheiro). Se isso ajudar você a se sentir mais confortável, mais de 10.000 pessoas deixaram uma avaliação de 5 estrelas nos primeiros quinze meses desde que foi publicado. E ele ficou no topo da lista dos mais vendidos em marketing, publicidade e vendas por mais de 100 semanas, e continua lá. Se você não sabe o que vender, leia esse livro para acertar na primeira tentativa.

Esta caixa é um exemplo de integração.

Primeiro passo: escolha se você vai integrá-la ou fazer uma solicitação intermitente. Em seguida, escolha se você vai anunciar sua oferta principal ou seu imã de lead. Se você não tiver certeza, opte pelo imã de lead. É menos arriscado.

Como escalar

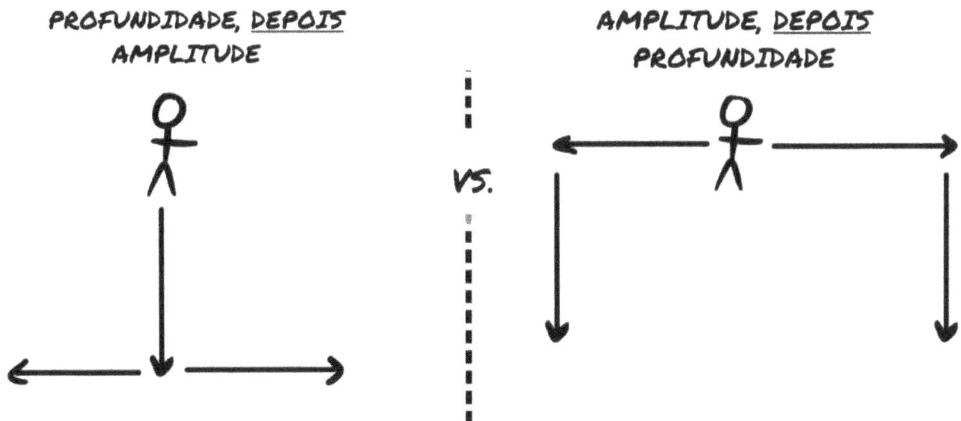

Depois de começar a fazer solicitações, você começará a obter leads e ganhar dinheiro. Mas você não quer parar por aí, quer? Acho que não. Ótimo, então vamos falar sobre escalonamento.

Existem duas estratégias opostas para escalar seu público interessado. Ambas seguem etapas progressivas. Primeiro, você tem a abordagem profundidade e depois amplitude. Na outra, você tem a abordagem amplitude e depois profundidade. Ambas estão corretas. Veja como elas funcionam:

Profundidade e depois amplitude: maximize uma plataforma e, em seguida, passe para a próxima plataforma.

Passo 1: Publique conteúdo em uma plataforma relevante.

Passo 2: Publique conteúdo regularmente nessa plataforma.

Passo 3: Maximize a qualidade e a quantidade do conteúdo nessa plataforma. Em formato curto, às vezes você pode conseguir até dez vezes por dia por plataforma. Em formato longo, você pode ter que conseguir até cinco dias por semana (veja as novelas).

Passo 4: Adicione outra plataforma, mantendo a qualidade e a quantidade da primeira plataforma.

Passo 5: Repita os passos 1 a 4 até que todas as plataformas relevantes sejam maximizadas.

Vantagens: depois de descobrir uma plataforma, você maximiza o retorno desse esforço. Quanto mais você faz, mais rápido o público cresce. Você aproveita essa composição e são necessários menos recursos para fazer isso funcionar.

Desvantagens: Você tem menos oportunidades fáceis de novas plataformas e novos públicos. Você não consegue a sensação de "onipresença". No início, você corre o risco de seu negócio ficar dependente de um único canal. Isso é um risco porque as plataformas mudam o tempo todo e, às vezes, banem você sem motivo. Se você tiver apenas uma maneira de conseguir clientes, isso pode acabar com seu negócio se for desativado.

<u>Amplitude e profundidade</u>: entre em todas as plataformas logo no início e, em seguida, maximize-as em conjunto.

<u>Passo 1</u>: Publique conteúdo em uma plataforma relevante.

<u>Passo 2</u>: Publique conteúdo regularmente nessa plataforma.

<u>Passo 3</u>: *É aqui que esta estratégia difere da anterior.* Em vez de maximizar sua primeira plataforma, passe para a próxima plataforma relevante, mantendo a anterior.

<u>Passo 4</u>: Continue até estar em todas as plataformas relevantes.

<u>Passo 5</u>: Agora, maximize sua criação de conteúdo em todas as plataformas ao mesmo tempo.

Vantagens: você alcança um público mais amplo mais rapidamente. Além disso, você pode "reutilizar" seu conteúdo. Assim, com um pouco mais de trabalho, você pode obter muita eficiência. Com mudanças mínimas no formato, você pode fazer com que o mesmo conteúdo se adapte a várias plataformas. Por exemplo, é preciso pouco esforço extra para formatar um único vídeo curto em todas as plataformas que distribuem conteúdo de vídeo curto.

Desvantagens: custa mais trabalho, atenção e tempo para fazer isso bem. Muitas vezes, as pessoas acabam com muito conteúdo ruim em todos os lugares. Lixo. Nada bom.

Se você já tem um negócio considerável, expanda mais rapidamente e colha os frutos de um ativo que só melhora com o tempo. Eu já disse isso antes e vou repetir. O melhor dia para começar a publicar conteúdo foi o dia em que você nasceu. O segundo melhor dia é hoje. Não espere como eu esperei.

Dica profissional: como eu faço isso

Não sou um criador de conteúdo em tempo integral. Eu administro empresas. Mas a criação de conteúdo faz parte das minhas responsabilidades. Aqui está o meu processo simples para gravar.

1) Encontro tópicos usando as cinco maneiras da seção "tópicos" na Parte I deste capítulo. Isso leva cerca de uma hora.

2) Sento-me duas vezes por mês e gravo cerca de trinta clipes curtos com base na Etapa 1.

3) No mesmo dia, gravo de 2 a 4 vídeos mais longos, detalhando tweets que tinham mais histórias ou exemplos relevantes. Isso cria meu conteúdo mais longo.

Se isso parece simplista, é porque é mesmo. Basta começar. Você pode aumentar o volume com o tempo.

Ação: escolha uma abordagem. Comece a postar. Depois, vá aumentando gradualmente.

Dica profissional: apenas uma chamada à ação por vez

"Uma mente confusa não compra" é um ditado comum no mundo das vendas e do marketing. Para aumentar o número de pessoas que fazem o que você quer, peça-lhes apenas uma coisa por vez. Por exemplo, não peça às pessoas para "compartilhar, curtir, inscrever-se e comentar" ao mesmo tempo. Porque, em vez de fazer tudo isso, elas não farão nada. Em vez disso, se você quiser que elas compartilhem, peça *apenas* para compartilharem. E se você quiser que elas comprem, peça *apenas* para comprarem. Decida-se, para que elas não precisem decidir.

Por que você deve criar conteúdo (mesmo que não seja sua principal estratégia de publicidade)

Janeiro de 2020.

Convoquei todos os principais departamentos para uma reunião a fim de responder a uma questão importante: *por que nossa publicidade paga não está funcionando como antes?* As opiniões inundaram a sala. "A criatividade... o texto... a oferta... nossas páginas... nosso processo de vendas... nosso preço..." Eles discutiam entre si, tão empenhados quanto eu em resolver o problema.

Leila e eu ficamos sentados em silêncio enquanto a equipe debatia. Depois que o barulho diminuiu, Leila, com sua sabedoria, fez uma pergunta diferente: *o que deixamos <u>de</u> fazer nos meses anteriores ao declínio?*

Um novo debate surgiu e uma resposta unânime veio à tona: Alex parou de criar conteúdo sobre academia e começou a falar sobre negócios em geral. Eu não sabia o quanto isso era importante, mas precisava descobrir. Então, enviei uma pesquisa aos proprietários de academias. Perguntei se eles haviam consumido algum conteúdo meu *antes* de agendar uma ligação. Os resultados me surpreenderam.

<u>*78% de todos os clientes haviam consumido pelo menos DUAS peças de conteúdo longas antes de marcar uma ligação.*</u>

Eu havia caído nos meus velhos hábitos e dado todo o crédito aos anúncios pagos. Mas, nosso conteúdo gratuito estava alimentando a demanda. Não cometa o mesmo erro que eu cometi. Seu conteúdo gratuito oferece a estranhos a oportunidade de encontrar, obter valor e compartilhar suas coisas. Além disso, ele aquece as pessoas indecisas que vão e vêm dos métodos frios de público que abordaremos a seguir. Portanto, mesmo que seja difícil de medir, o conteúdo gratuito oferece melhores retornos em todos os métodos de publicidade.

<u>**Conclusão**</u>: comece a criar conteúdo relevante para o seu público. Isso lhe renderá mais dinheiro.

7 lições que aprendi ao criar conteúdo

1) **Mude de "Como fazer" para "Como eu faço". De "Esta é a melhor maneira" para "Estas são minhas maneiras favoritas" etc.** (especialmente quando estiver começando). Fale sobre o que você fez, não sobre o que os outros devem fazer. O que você gosta, não o que é melhor. Quando você fala sobre experiência, ninguém pode questioná-lo. Isso o torna à prova de balas.

a) Eu preparo minha aveia desta maneira, ao invés de você deve preparar sua aveia desta maneira.

b) Como construí minha agência de 7 dígitos vs. Como construir uma agência de 7 dígitos.

c) Minha maneira favorita de gerar leads para o meu negócio vs. Esta é a melhor maneira de gerar leads para o seu negócio.

É sutil. Mas quando você conta sua experiência, você está compartilhando valor. Quando você diz a um estranho o que fazer, é difícil evitar parecer moralista ou arrogante. Isso ajuda a evitar isso.

2) **Precisamos ser lembrados mais do que precisamos ser ensinados:** você é um tolo se pensa que 100% do seu público ouve 100% do tempo. Por exemplo, eu posto sobre meu livro todos os dias. Fiz uma pesquisa com meu público e perguntei se eles sabiam que eu tinha um livro. Um em cada cinco que viu a postagem disse que não sabia. Continue repetindo. Você vai se cansar do seu conteúdo antes mesmo que todo o seu público o veja.

3) **Poças, lagoas, lagos, oceanos.** Restrinja o foco do seu conteúdo. Se você tem uma pequena empresa local, provavelmente não deve criar conteúdo empresarial genérico. Pelo menos não no início. Por quê? O público ouvirá pessoas com um histórico melhor do que o seu. Mas você pode restringir seus tópicos ao que você faz e ao local onde você faz. Exemplo: encanamento em uma determinada cidade. Se você fizer isso, poderá se tornar o rei dessa poça. Com o tempo, você pode expandir sua poça de encanamento para a lagoa geral dos negócios locais. Depois, para o lago das cadeias físicas e assim por diante. E, eventualmente, para o oceano dos negócios em geral.

4) **O conteúdo cria ferramentas para os vendedores**. Alguns conteúdos terão um bom desempenho e farão com que mais pessoas se interessem em comprar seus produtos. Esse conteúdo *ajuda sua equipe de vendas*. Crie uma lista principal dos seus "maiores sucessos". Identifique cada "sucesso" com o problema que ele resolve e o benefício que proporciona. Assim, sua equipe de vendas poderá enviá-la antes ou depois das ligações de vendas e ajudar as pessoas a decidirem comprar. Eles funcionam especialmente bem se o conteúdo resolver preocupações específicas que os clientes em potencial geralmente enfrentam.

5) **O conteúdo gratuito mantém os clientes pagantes**. A forma como um cliente obtém valor de você é menos importante do que onde ele o obteve. Imagine que uma pessoa paga pelo seu produto e depois consome seu conteúdo gratuito. Se o

seu conteúdo gratuito for valioso, ela vai gostar mais de você e permanecer fiel à sua empresa por mais tempo. Por outro lado, se ela consumir seu conteúdo gratuito e ele for ruim, ela vai gostar menos do seu produto pago. Aqui está algo que você talvez não saiba. Alguém que compra seus produtos tem *mais chances* de consumir seu conteúdo gratuito. É por isso que é tão importante tornar seu conteúdo gratuito bom — seus clientes vão incluí-lo no cálculo do ROI do seu produto pago.

6) **As pessoas não têm menos atenção, elas têm padrões mais elevados.** Repito para enfatizar: *não existe conteúdo muito longo, apenas muito chato.* As plataformas de streaming provaram que *as* pessoas passam horas consumindo conteúdo longo *se gostarem dele.* Nossa biologia não mudou, nossas circunstâncias sim. Elas têm coisas mais gratificantes para escolher. Portanto, crie coisas boas que as pessoas gostem e colha os frutos, em vez de reclamar da "falta de atenção" das pessoas.

7) **Evite agendar publicações com antecedência.** As publicações que faço manualmente têm um desempenho melhor do que as que agendo com antecedência. Eis a minha teoria. Quando publica manualmente, sabe que, em poucos segundos, será recompensado ou punido pela qualidade do conteúdo. Devido a esse ciclo de feedback imediato, você se esforça *muito mais* para melhorar. Quando agendo as publicações, não sinto a mesma pressão. Portanto, sempre que eu ou minha equipe publicamos algo, acreditamos firmemente que alguém deve clicar no botão "enviar", pois isso nos dá aquele último empurrãozinho para acertar. Experimente.

Referências – Como estou me saindo?

Se nosso público cresce, fizemos um bom trabalho. Mas se nosso público cresce rapidamente, fizemos *um trabalho ainda melhor.* Por isso, gosto de medir o tamanho do meu público e a velocidade de crescimento mensalmente.

Aqui está o que eu avalio:

1) Total de seguidores e alcance - *Quão grande*

   a) Exemplo de seguidores: se eu passar de 1000 seguidores em todas as plataformas para 1500, meu público cresceu em 500 pessoas.

   b) Exemplo de alcance: se eu passar de 10.000 pessoas vendo meu conteúdo para 15.000 pessoas vendo meu conteúdo, meu *alcance* aumentou em 5.000 pessoas.

2) Taxa de obtenção de seguidores e alcance - *Quão rápido*

Você compara o crescimento entre os meses:

a) Exemplo: se eu ganhei esses 500 seguidores em um mês, isso representaria um crescimento de 50% no mês. (500 novos / 1000 iniciais = taxa de crescimento de 50%).

b) Exemplo: se eu alcançasse essas 5.000 pessoas extras em um mês, isso representaria um crescimento de 50% no mês. (5.000 novos / 10.000 iniciados = taxa de crescimento de 50%)

Lembre-se de que só podemos controlar as entradas. Medir as saídas só é útil se formos consistentes com as entradas. Portanto, escolha a frequência de postagem que deseja manter em uma plataforma específica. Em seguida, escolha a frequência de suas "solicitações" nessa plataforma (como você direcionará as pessoas para se tornarem leads engajados). Então, comece e... Não pare.

É surpreendente o que você pode realizar se não parar depois de começar.

Para referência, publiquei um novo podcast duas vezes por semana durante quatro anos antes mesmo de ser incluído na lista dos 100 melhores. Como fiz a mesma coisa todas as semanas durante anos, sabia que podia confiar no feedback. No início, não cresceu muito. Levei tempo para melhorar. E sabia que tinha que fazer mais, durante um longo tempo, para que isso acontecesse.

Portanto, se seus ouvintes passarem de dez para quinze em um mês, isso já é um progresso! Mesmo com números absolutos pequenos, isso representa um crescimento mensal de 50%! É por isso que gosto de medir tanto o crescimento absoluto quanto o relativo e escolher aquele que me faz sentir melhor (ha!). Como diz meu amigo Dr. Kashey: "Quanto mais maneiras você tiver de medir, mais maneiras terá de vencer". Seja consistente. Avalie bastante. Adapte-se ao feedback. Seja um vencedor.

Para fechar o ciclo, em seu <u>quinto ano</u>, meu podcast, *The Game,* tornou-se um dos 10 melhores podcasts dos Estados Unidos na categoria negócios e um dos 500 melhores do mundo. Isso só foi possível *após cinco anos* de *vários podcasts por semana, todas as semanas.* Lembre-se, todos começam do zero. <u>Você só precisa dar tempo ao tempo.</u>

Sua primeira publicação

Provavelmente, você já vem agregando valor a outras pessoas, conscientemente ou não, há algum tempo. Portanto, na primeira postagem que fizer, *você pode fazer uma solicitação.* Minha esperança é que isso lhe traga seu primeiro lead engajado. Se isso não acontecer, você precisa contribuir por um tempo e, então, fazer uma solicitação quando tiver conquistado esse direito. Para mostrar que não estou inventando isso, veja abaixo minha primeira postagem comercial. É ideal? Não. Eu não tinha ideia do que estava fazendo. Você não deve copiá-la, provavelmente. Ponto principal: não tenha medo do que as outras pessoas pensam. Se alguém não vai falar no seu funeral, você não deve se importar com a opinião dessa pessoa enquanto estiver vivo. Honre os poucos que acreditam em você tendo coragem.

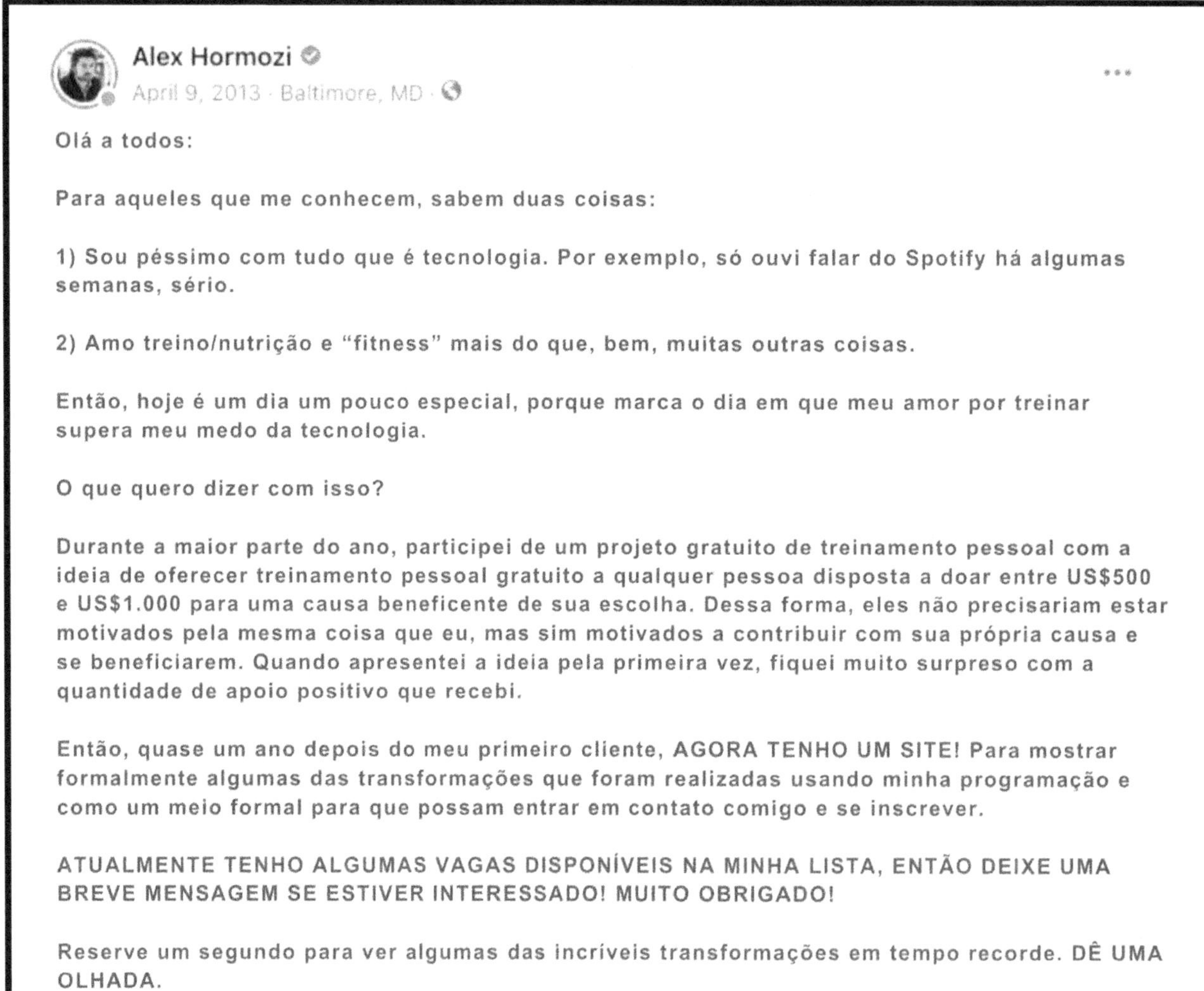

Alex Hormozi ✔

April 9, 2013 · Baltimore, MD · 🌐

Olá a todos:

Para aqueles que me conhecem, sabem duas coisas:

1) Sou péssimo com tudo que é tecnologia. Por exemplo, só ouvi falar do Spotify há algumas semanas, sério.

2) Amo treino/nutrição e "fitness" mais do que, bem, muitas outras coisas.

Então, hoje é um dia um pouco especial, porque marca o dia em que meu amor por treinar supera meu medo da tecnologia.

O que quero dizer com isso?

Durante a maior parte do ano, participei de um projeto gratuito de treinamento pessoal com a ideia de oferecer treinamento pessoal gratuito a qualquer pessoa disposta a doar entre US\$500 e US\$1.000 para uma causa beneficente de sua escolha. Dessa forma, eles não precisariam estar motivados pela mesma coisa que eu, mas sim motivados a contribuir com sua própria causa e se beneficiarem. Quando apresentei a ideia pela primeira vez, fiquei muito surpreso com a quantidade de apoio positivo que recebi.

Então, quase um ano depois do meu primeiro cliente, AGORA TENHO UM SITE! Para mostrar formalmente algumas das transformações que foram realizadas usando minha programação e como um meio formal para que possam entrar em contato comigo e se inscrever.

ATUALMENTE TENHO ALGUMAS VAGAS DISPONÍVEIS NA MINHA LISTA, ENTÃO DEIXE UMA BREVE MENSAGEM SE ESTIVER INTERESSADO! MUITO OBRIGADO!

Reserve um segundo para ver algumas das incríveis transformações em tempo recorde. DÊ UMA OLHADA.

Sempre que leio isso, penso: "você é um idiota". Mas, ei, eu estava tentando. E por isso, tenho orgulho.

Recapitulação

Abordamos oito pontos:

1) A unidade de conteúdo - concluída

2) Conteúdo curto x conteúdo longo - concluído

3) Dominando a proporção entre dar e pedir - concluído

4) Como pedir - concluído

5) Como escalar - concluído

6) Lições do conteúdo - concluído

7) Referências - concluído

8) Sua primeira publicação - concluído

Agora você já sabe. Nada pode impedi-lo.

Então, o que devo fazer agora?

Publicar conteúdo gratuito é menos previsível do que contatos quentes, embora seja complementar. Portanto, *continue fazendo contatos quentes.* Além disso, publicar conteúdo gratuito aumenta seu público quente. E um público quente maior significa mais pessoas para contatos quentes. Assim, o conteúdo gratuito atrai leads engajados por conta própria e *continua atraindo* leads engajados por meio de contatos quentes. Em vez de abandonar um pelo outro, recomendo que você publique conteúdo gratuito *além de* fazer contatos quentes.

Vamos preencher nosso compromisso de ação diária para nossa primeira plataforma.

Lista de verificação para publicação de conteúdos	
Quem:	Você mesmo
O quê:	Valor: Dar, dar, dar até que lhe peçam
Onde:	Qualquer plataforma
Para quem:	Pessoas que já seguem você
Quando:	Todas as manhãs, 7 dias por semana
Por quê:	Gera confiança. Você obtém leads comprometidos
Como:	Publicações escritas, imagens, vídeos, áudios
Quanto:	100 minutos por dia
Quantas vezes:	Tantas vezes quantas a plataforma mostrar
Até quando:	O tempo que for necessário

Próximo passo

Primeiro, começamos com uma abordagem quente. Entramos em contato com todas as pessoas que temos permissão para contatar. Em segundo lugar, publicamos sobre os sucessos e lições que aprendemos com nossos primeiros clientes. Publicamos depoimentos. Oferecemos valor. Então, ocasionalmente, pedimos. Nos comprometemos a realizar essas duas atividades todos os dias.

Somente com esses dois métodos, é possível construir um negócio de seis ou sete dígitos. Mas talvez você queira ir mais rápido. Então, passamos do público quente que nos conhece para o público frio que não nos conhece. Começamos *a entrar em contato com estranhos*. Isso dá início à terceira etapa de nossa jornada publicitária: a divulgação fria.

BRINDE: Tudo o que aprendi ao publicar conteúdo

Tive que cortar muito material para tornar este livro mais acessível. Se você quer saber a maneira rápida e fácil de criar conteúdo que gera confiança no público, acesse Acquisition.com/training/leads. E, se você precisar de outro motivo além de "isso vai lhe render dinheiro" ... não vai custar nada. É grátis. Aproveite. E, como sempre, você também pode escanear o código QR abaixo se não gosta de digitar.

Boa vontade gratuita

*"Quem disse que o dinheiro não compra felicidade é porque
ainda não doou o suficiente." - Desconhecido*

As pessoas que doam sem esperar nada em troca vivem mais, são mais felizes *e* ganham mais dinheiro.

Então, se temos uma chance de conseguir isso durante nosso tempo juntos, caramba, vou tentar.

Para isso, tenho uma pergunta para você...

*<u>Você ajudaria alguém que nunca conheceu se isso não lhe custasse
nada, mas você não recebesse nenhum crédito por isso?</u>*

Quem é essa pessoa, você pergunta? Ela é como você. Ou, pelo menos, costumava ser. Menos experiente, querendo fazer a diferença e precisando de ajuda, mas sem saber onde procurar.

A missão da Acquisition.com é *tornar os negócios acessíveis a todos*. Tudo o que fazemos deriva dessa missão. E a única maneira de cumprirmos essa missão é alcançando... bem... *todos*.

É aqui que você entra. A maioria das pessoas, na verdade, julga um livro pela capa (e pelas resenhas). Então, aqui está o meu pedido em nome de um empreendedor em dificuldades que você nunca conheceu:

Por favor, ajude esse empreendedor deixando uma crítica a este livro.

Seu presente não custa nada e leva menos de 60 segundos para ser feito, mas pode mudar a vida de um colega empreendedor *para sempre*. Sua resenha pode ajudar...

... mais uma pequena empresa a sustentar sua comunidade.

... mais um empreendedor a sustentar sua família.

... mais um funcionário a conseguir um trabalho significativo.

... mais um cliente a transformar sua vida.

... mais um sonho a se tornar realidade.

Para ter essa sensação de bem-estar e ajudar essa pessoa de verdade, tudo o que você precisa fazer é... e leva menos de 60 segundos... deixar uma avaliação.

Se você estiver no Audible, toque nos três pontos no canto superior direito do seu dispositivo, clique em "avaliar e comentar" e deixe algumas frases sobre o livro com uma classificação por estrelas.

Se você estiver lendo no Kindle ou em um e-reader, role até o final do livro, deslize para cima e uma avaliação será exibida.

Se, por algum motivo, isso tiver mudado, você pode acessar a Amazon (ou onde quer que tenha comprado o livro) e deixar uma avaliação diretamente na página do livro.

Se você se sente bem em ajudar um empreendedor anônimo, você é do meu tipo.

Bem-vindo à #mozination. Você é um de nós.

Estou muito animado para ajudá-lo a obter mais leads do que você pode imaginar. Você vai adorar as táticas que vou compartilhar nos próximos capítulos. Obrigado do fundo do meu coração. Agora, de volta à nossa programação normal.

- Seu maior fã, Alex

PS - Curiosidade: se você oferecer algo de valor a outra pessoa, isso o tornará mais valioso para ela. Se você deseja obter boa vontade diretamente de outro empreendedor - e acredita que este livro irá ajudá-lo - envie este livro para ele.

#3 Contato frio

Como entrar em contato com estranhos para obter leads engajados

"A quantidade tem uma qualidade própria" - Napoleão Bonaparte

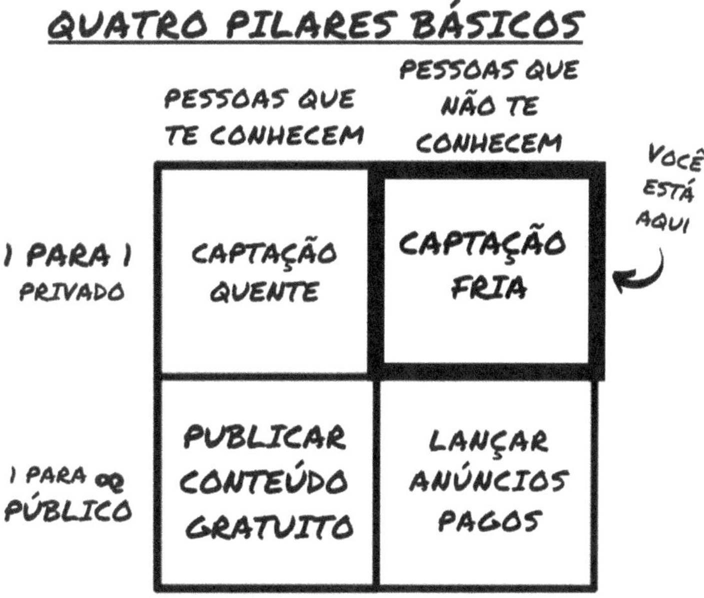

Julho de 2020.

A COVID-19 se espalhava. Em questão de meses, trinta por cento dos meus clientes fecharam as portas. Manifestantes encheram todas as plataformas com ódio e raiva. Políticos fizeram promessas. Pequenas empresas sofreram em silêncio. O desemprego disparou. A eleição mais tumultuada de todos os tempos estava chegando. E lá estávamos nós, tentando gerar leads para pagar nossas contas. Funcionários em todos os lugares, e suas famílias, dependiam disso.

Todas as minhas três empresas na época (Gym Launch, Prestige Labs e ALAN) dependiam da permanência das lojas físicas abertas. E elas estavam fechadas. *Estratégia brilhante, Alex.* Para piorar a situação, a Apple fez uma atualização de software que prejudicou nossos anúncios. O mercado estava péssimo. Nossos anúncios pagos estavam péssimos. E eu carregava o balde.

Pensei nos piores cenários possíveis. *Quanto dinheiro seria necessário para nos manter rodando? Por quanto tempo eu continuaria pagando as pessoas sem ter uma perspectiva de quando isso acabaria? Eu deveria usar minhas contas pessoais? Abrir mão de um terço das economias da minha vida? Metade? Tudo? O que isso diria sobre mim?* Eu não tinha ideia do que fazer.

Naquela manhã de sábado...

Tentei dormir o suficiente para que o despertador me acordasse, mas foi inútil. Fui ao meu escritório e verifiquei o Instagram. Tinha uma nova mensagem à minha espera:

"Ei, Alex. Cale me disse que vocês não precisam mais de vendedores, então minha oferta foi cancelada. Eu pedi demissão do meu emprego para aceitá-la. Fiquei muito honrado por você ter me considerado. Espero que você me considere novamente na próxima vez que tiver vagas."

Procurando o contexto, rolei a tela para cima. Ler nossas mensagens anteriores me deixou com um sentimento de culpa. *Fui eu quem disse a ele para se candidatar.* Ele aceitou bem a rejeição. *Um sinal de um bom vendedor.* Senti-me obrigado a responder.

"Você está online?", enviei uma mensagem.

"Sim", ele respondeu.

"Tem 5 minutos?"

"Sim"

Entramos em uma chamada. Ele parecia um pouco nervoso, mas eu percebi que ele sabia do que estava falando. *É uma pena não termos leads suficientes para esse cara...*

"Há algum tempo que queria trabalhar para você. Li o seu livro e usei os roteiros para me tornar o melhor produtor da minha empresa", disse ele.

"Isso é incrível. Fico muito feliz em saber. Que tipo de empresa?", perguntei.

"Uma empresa de software para academias."

Eu não conhecia essa empresa. "Que interessante. Como vocês conseguem leads?"

"Somos 100% contatos a frio"

"Vocês fazem ligações e enviam e-mails frios para academias e, então, vendem o software?"

"Sim, basicamente."

"Qual é o tamanho da equipe?"

"Temos cerca de trinta funcionários."

Uma equipe de 30 pessoas!? "Qual é a sua receita, se você puder compartilhar isso comigo?"

"Estamos faturando cerca de US$10 milhões por mês agora."

Inacreditável. "Só com divulgação espontânea?"

"Sim, fazemos alguns anúncios, mas ainda não fomos a fundo nisso."

"E você faz isso com uma oferta de retenção? Você nem está realmente fazendo as academias ganharem mais dinheiro?"

"Sim, definitivamente não é tão fácil vender quanto o que você faz para academias."

"Você acha que poderia usar o mesmo sistema de abordagem direta aqui?"

"Nunca montei uma equipe, mas aposto que conseguiria descobrir como fazer."

"Tudo bem. Qual foi a oferta que o Cale fez?"

"Eu ia ser um fechador, mas ele disse que vocês não precisavam mais de um."

Pensei por um momento. "Bem, considerando nosso volume atual de leads, ele provavelmente está certo. Mas, *se você conseguir seus próprios leads*, vou te dar espaço para fazer contatos frios. O que você acha?"

"Leva um tempo para começar. Vou ter que elaborar os roteiros para a sua oferta." "Sim, faz sentido. Quanto tempo você acha que vai levar?"

"Estou confiante de que posso torná-lo lucrativo em doze semanas."

"Tudo bem, combinado. Vou informar o Cale sobre o plano. Para ficar claro, espera-se que você resolva tudo isso. O software. As listas. Tudo. Vou lhe dar tempo, mas não podemos lhe dar muito mais apoio além disso."

"Entendido."

Eis o que aconteceu nos meses seguintes:

Setembro: 0 vendas. Zero. Nada. Zilch. Nada.

Outubro: 2 vendas (US$32.000 em receita). A equipe me pede para encerrar a divulgação fria.

Dezembro: 4 vendas (US$64.000 em receita). A equipe me pede para encerrar, novamente.

Janeiro: 6 vendas (US$96.000 em receita) Fevereiro: 10 vendas (US$160.000 em receita)

Março: 14 vendas (US$224.000 em receita)

Abril: 20 vendas (US$320.000 em receita)

Maio: 30 vendas (US$480.000 em receita)

Hoje: O contato frio gera milhões por mês para nossos negócios

Para que isso funcionasse, utilizamos todos os métodos (legais) de abordagem fria que conhecíamos. Ligações frias, e-mails frios, mensagens diretas frias e até mensagens de voz frias. Tudo. Mas, pouco a pouco, construímos uma máquina confiável para conquistar clientes. Eu queria algo que fosse *duradouro*.

E é isso que vou mostrar a vocês como construir.

Aprendi cinco lições importantes com essa experiência:

1) Havia outra empresa no meu ramo ganhando *muito* mais dinheiro do que a minha. Isso quebrou minha crença sobre o tamanho real do mercado.

2) Eles ganhavam todo o seu dinheiro com publicidade *privada*. Eu não tinha como saber que eles existiam, a menos que eles entrassem em contato comigo primeiro. Então, eles operavam em segredo.

3) Eles criaram uma máquina de divulgação fria muito lucrativa no *meu* setor. Se eles conseguiam fazer isso, eu também conseguia.

4) É bom ter expectativas realistas. Veteranos em abordagem fria me disseram que levaria um ano para escalar. Achei que poderíamos fazer isso em doze semanas. Eu estava errado. Levou quase um ano. A abordagem fria leva muito tempo. Pelo menos, foi assim para mim.

5) Tentamos a abordagem fria duas vezes antes e falhamos. Trabalhar com uma pessoa que já tinha feito tudo isso antes foi extremamente útil para colocar em prática. Espero ser essa pessoa para você agora.

Como funciona a abordagem fria

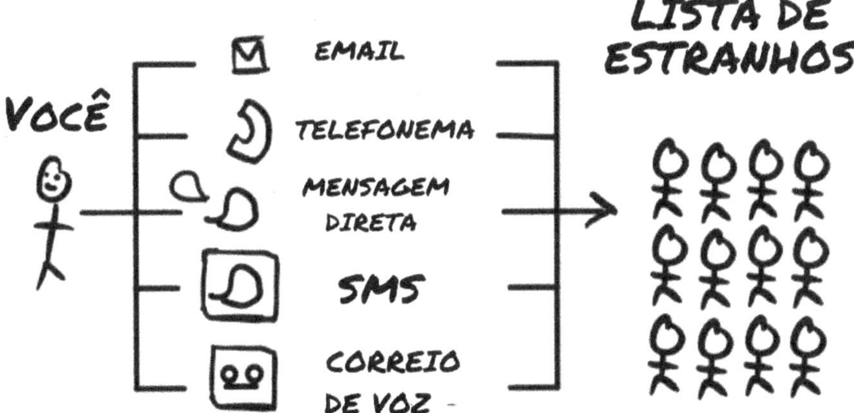

Em algum momento, você desejará uma de duas coisas. Ou você desejará crescer mais rapidamente do que está crescendo atualmente. Ou você desejará aumentar a previsibilidade do seu fluxo de leads...

Veja como podemos fazer isso. Anunciamos para pessoas que não nos conhecem. Públicos frios. E, como antes, podemos contatá-los publicamente ou em particular. Neste capítulo, vamos nos concentrar na comunicação privada individual com divulgação fria. Para contextualizar, a divulgação fria se baseia na divulgação quente. Portanto, pense nisso como uma versão mais avançada da divulgação quente, que não é mais limitada ao seu público quente.

Se você conseguir descobrir uma maneira de entrar em contato com alguém individualmente, poderá usá-la para a divulgação fria. Você bate em 100 portas. Você faz 100 ligações telefônicas. Você envia 100 mensagens diretas. Você envia 100 mensagens de voz. Todos esses são exemplos de abordagem fria que renderam bilhões às empresas. Funcionou há 100 anos. Funciona hoje. E quando as plataformas mudarem, funcionará amanhã.

A abordagem fria tem uma diferença fundamental em relação à abordagem quente: a confiança. Estranhos não confiam em você.

E, em comparação com as pessoas que nos conhecem, os desconhecidos apresentam <u>três</u> novos problemas.

1) Primeiro, você não tem como entrar em contato com eles. Óbvio.

2) Segundo, mesmo que você consiga entrar em contato com eles, eles te ignoram.

3) Terceiro, mesmo que eles lhe deem atenção, eles não estão interessados.

Deixe-me descrever como esses problemas se apresentam no mundo real.

<u>Se você está batendo de porta em porta</u>, não tem os endereços. Mesmo que tenha, eles não abrem a porta quando você bate. Se abrem, ainda assim mandam você dar o fora.

<u>Se você está fazendo ligações frias</u>, não tem os números de telefone deles. Mesmo que tenha, eles não atendem. Se atendem, desligam na sua cara.

<u>Se você está enviando e-mails frios</u>, você não tem os endereços de e-mail deles. Mesmo que tenha, eles não abrem o e-mail. Mesmo que abram, eles não respondem.

<u>Se você está enviando mensagens diretas</u>, não tem para onde enviá-las. Mesmo que tenha, eles não as leem. Mesmo que leiam, eles não respondem.

<u>Se você está enviando mensagens de voz ou mensagens de texto</u>, você não tem os números deles. Mesmo que tenha, eles não leem ou ouvem. Mesmo que leiam ou ouçam, eles não respondem.

Agora que esclarecemos isso, a ordem em que resolvemos esses problemas é:

1) Encontre uma maneira de entrar em contato com eles

2) Decida o que dizer

3) Entre em contato com eles até que estejam prontos e dispostos a ouvir

O resultado. Encontramos várias maneiras de entrar em contato com os estranhos mais qualificados. Entramos em contato com muitos deles de várias maneiras e várias vezes. Em seguida, os impressionamos com nosso valor inicial para que demonstrem interesse suficiente em seguir em frente.

Nota do autor: serão necessários alguns passos a mais do que o normal

Como regra geral, eu vendo produtos caros. Eu vendo produtos caros melhor quando faço isso em várias etapas (em vez de no primeiro contato). Portanto, minha primeira prioridade é fazer com que o cliente em potencial demonstre interesse nos produtos que vendo. Quando eles demonstram interesse, eu agendo um horário para vender. Se meu imã de lead exigir um segundo contato para ser entregue, eu faço isso. Se meu imã de lead fornecer valor por si só, então a próxima ligação é para falar sobre o valor que eles receberam. Qualquer uma das duas formas funciona.

A abordagem fria é um jogo de números. Quanto mais pessoas você abordar, mais leads engajados você obterá. Depois de descobrirmos quanto esforço é necessário para engajar um lead, só temos uma coisa a fazer... *mais*. Vamos à caça!

Como existem três novos problemas introduzidos por estranhos, dividi este capítulo em três etapas. Uma etapa por problema. Primeiro, obtemos uma lista direcionada de leads. Em seguida, precisamos saber o que dizer para que eles respondam. Em terceiro lugar, compensamos uma taxa de resposta mais baixa aumentando o volume e o tipo de nossas tentativas de contato.

Problema nº 1: "Mas como faço para entrar em contato com eles?" → Crie uma lista

Até agora, a partir de contatos quentes e publicação de conteúdo gratuito, você tinha que aceitar os leads que vinham do seu público quente. Não mais. Com o contato frio, diferente de qualquer outra forma de publicidade, podemos ser tão específicos quanto quisermos. Quer falar apenas com gestores de fundos de hedge que administram mais de US$1 bilhão? Feito. Você pode fazer isso. Quer falar apenas com proprietários de lojas de varejo de roupas de golfe com vendas acima de US$3 milhões? Feito. Quer falar apenas com influenciadores que obtêm mais de 50.000 visualizações por mês? Feito. Agora podemos escolher nossos alvos, em vez de eles nos escolherem.

Agora, você provavelmente não tem como entrar em contato com 1000 estranhos perfeitamente adequados. E se quisermos que eles comprem de nós, primeiro temos que encontrar uma maneira de contatá-los – *óbvio*. Então, vamos resolver esse problema primeiro.

Existem três maneiras diferentes de obter suas listas de leads direcionados. Primeiro, eu uso um software para coletar uma lista de nomes. Segundo, eu pago corretores para montar uma lista de leads direcionados. E se nenhuma dessas opções funcionar, eu mesmo coleto manualmente uma lista de nomes. Aqui está o processo.

o   <u>Passo 1 - Softwares</u>: eu assino o máximo possível de softwares que coletam leads de diferentes fontes. Eu os pesquiso com base nos meus critérios. O software então gera nomes, cargos, informações de contato, etc. Eu testo uma amostra representativa, digamos, algumas centenas de cada software que uso. Então, se as informações de contato estiverem atualizadas, os leads forem responsivos e forem do tipo de pessoa que o software afirma que são, bingo! Então, obtenho todos os leads possíveis que o software me fornece. Mas se não consigo encontrar o público certo, passo para a etapa dois.

o   <u>Passo 2 - Corretores</u>: Procuro vários corretores de listas e peço que me façam uma lista com base nos meus critérios de público-alvo. Em seguida, eles me enviam uma amostra. Eu testo as listas de amostra de cada um dos corretores. Se obtiver bons resultados com um ou mais corretores, fico com as listas deles. E se ainda assim não conseguir encontrar o que procuro, vou para o passo três.

o   <u>Passo 3 - Esforço</u>: Eu entro em grupos e comunidades que acredito terem meu público-alvo. Quando encontro pessoas que atendem aos meus requisitos, verifico se há maneiras de contatá-las no diretório do grupo, como links para seus perfis nas redes sociais, etc. Se houver, eu as adiciono à minha lista. Se não houver, posso entrar em contato com elas dentro da plataforma que hospeda o grupo. Prefiro encontrar informações de contato fora do grupo para não parecer alguém que está apenas tentando tirar proveito do grupo para negócios, *mas faço isso se for necessário.*

Então, eu trabalho com os leads mais acessíveis primeiro e vou avançando para os menos acessíveis. Aqui está um ponto importante. Se você pode pesquisar no banco de dados, todos os outros também podem. Mas se você mesmo montar uma lista de nomes, é menos provável que essa pessoa já tenha recebido muitos contatos frios de outras empresas. Portanto, eles são os mais novos. Desvantagem: leva mais tempo. É claro que você pode pagar alguém para fazer isso por você depois de descobrir como funciona, mas neste capítulo estamos apenas falando sobre como começar. Falaremos sobre escalabilidade na Seção IV.

Ação: encontre sua ferramenta de rastreio pesquisando "ferramenta de *scraping de leads outbound*" (ferramenta de saída para rastreio de leads) ou "rastreio de leads em banco de dados". Encontre corretores da mesma forma. Com alguns cliques, você encontrará o que procura. Reúna seus primeiros 1.000 nomes. Se você tem mais tempo do que dinheiro, pode começar pela etapa três, pois ela só custa tempo.

> **Dica profissional: os grupos de interesse são o público frio mais receptivo que você pode encontrar**
>
> Os grupos de interesse contêm os leads de maior qualidade, pois são concentrações de pessoas que procuram uma solução. Dê-lhes uma. Hoje em dia, existem softwares que podem extrair informações desses grupos. Use-os. Eles são um dos meus lugares favoritos para pescar.

Problema nº 2: "Tenho minha lista, mas o que dizer a eles?" →Personalize e, em seguida, ofereça um grande valor rapidamente

Agora que você tem sua lista de leads, precisa decidir o que dizer. Eu abordei vários roteiros na seção Contatos quentes – esta seção se baseia nela. No final deste capítulo, também incluo três exemplos de roteiros que você pode usar como modelo para ligações, e-mails e mensagens de chat não solicitados. Dito isso, há dois fatores importantes que eu enfatizo para fazer com que estranhos se envolvam: *personalização* e *grande valor rápido*. Isso é importante porque eles não nos conhecem e não confiam em nós. Temos que superar ambas as questões em questão de segundos.

a) Eles não nos conhecem → Personalize (aja como se os conhecesse). Para conseguir mais leads, queremos que a mensagem *pareça* ter sido enviada por alguém que eles conhecem. A melhor maneira de fazer isso é realmente saber algo sobre a pessoa com quem você está entrando em contato. Em essência, queremos que nosso contato *frio* pareça um contato *quente*.

...Imagine que seu telefone toca com um número e código de área desconhecidos. Você provavelmente atenderia? Provavelmente não. E se o número fosse do seu código de área? Um pouco mais provável. Por quê? Porque *poderia ser alguém que você conhece*. Então, para levar esse conceito adiante, imagine que você atende o telefone...

... A pessoa diz "*Seu nome*?" e faz uma pausa (como uma pessoa normal). Você diria: "Sim... quem é?" Agora, se essa pessoa continuasse dizendo: "É o Alex... *e faz uma pausa...* Assisti a alguns dos seus vídeos e li o post recente que você escreveu sobre treinamento de cães. Foi demais! Me ajudou muito com a minha doberman. Ela é uma fera! Aquele truque da manteiga de amendoim ajudou muito. Obrigado por isso."

Você ainda estaria se perguntando o que está acontecendo. Mas sabe o que você não faria? *Desligar.* Então você ouve: "Ah, sim, desculpe, me precipitei. Eu trabalho para uma empresa que ajuda treinadores de cães a preencher suas agendas. Gostamos de fazer parcerias com os melhores da área. Por isso, estou sempre à procura. Trabalhamos com alguém a cerca de uma hora ao norte de você... John's Doggy Daycare... já ouviu falar deles?"

Você responderia sim ou não (não importa), e eles diriam: "Sim, acabamos conseguindo 100 consultas em 30 dias usando uma combinação de e-mails de texto e alguns anúncios. Você oferece serviços semelhantes a eles?" Você provavelmente diria que sim. Então eles diriam: "Ótimo. Assim, poderíamos usar a mesma campanha no seu mercado e direcionar leads para você. Se você conseguisse muitos novos clientes dispostos a pagar bem por treinamento de cães, não ficaria chateado comigo, ficaria?" Você daria uma risada leve. "Tudo bem, ótimo. Bem... vou te dizer uma coisa... Posso te explicar tudo detalhadamente ainda hoje. Você estará disponível às 4?" E você diria "claro" ou algo do tipo. A questão é que, se essa pessoa tivesse começado a ligação com "ei, cara, quer comprar alguns serviços de marketing?", **você provavelmente teria desligado**.

A personalização é o que abre as portas para a venda. Basicamente, uma a três informações que podemos encontrar e que um amigo possa saber sobre o cliente em potencial. Então, queremos elogiá-los por isso e, idealmente, mostrar como isso nos beneficiou. As pessoas gostam de pessoas que gostam delas. Mesmo que alguém não te conheça, vai te dar mais atenção se você souber algo sobre essa pessoa.

Isso é útil para assuntos pessoais em e-mails, as primeiras mensagens em um chat ou as primeiras frases que alguém ouve. Mesmo que alguém não o conheça, vai

apreciar o tempo que você dedicou para pesquisar sobre ele antes de entrar em contato. Esse pequeno esforço faz uma grande diferença.

Ação: faça uma pequena pesquisa sobre cada lead antes de enviar uma mensagem. Podemos fazer isso sozinhos, pagar alguém para fazer por nós ou usar um software. Agrupe esse trabalho. Em seguida, use suas anotações para descobrir a primeira coisa que você dirá para *se sentir mais familiarizado.*

> ### Dica profissional: aumento de 50% na taxa de resposta por e-mail
>
> Peguei nosso modelo de contato inicial e o reescrevi para um nível de leitura equivalente ao terceiro ano do ensino fundamental. O resultado: *50% mais leads responderam.* Recomendo passar todos os scripts e mensagens por um aplicativo gratuito de nível de leitura online. Não vou recomendar nenhum, porque eles saem do ar o tempo todo, mas garanto que você encontrará um. Torne suas mensagens mais fáceis de entender e mais pessoas responderão.

b) Eles não confiam em nós → Grande valor rápido. A principal diferença entre pessoas que conhecem você e estranhos é que... os estranhos lhe dão muito menos tempo para provar seu valor. E eles precisam de muito mais incentivo para se aproximarem de você. Portanto, facilite sua vida "dando tudo de graça". Não estamos tentando despertar o interesse deles, <u>estamos tentando impressioná-los em menos de trinta segundos.</u>

Assim como nas abordagens quentes, você pode fazer sua oferta diretamente, oferecer um ímã de leads ou ambos.

Isso dá à pessoa um forte motivo para responder.

Eu especificamente chamo de "grande valor rápido" em vez de "seu ímã de leads" como um lembrete de que precisa ser um GRANDE VALOR RÁPIDO. Se não for, ou se for medíocre, você se misturará com a multidão de pessoas tentando chamar a atenção delas. E elas tratarão você da mesma forma: irão ignorá-lo. Veja o quanto isso é importante:

Os primeiros quatro meses de divulgação fria pareceram uma tortura. Oferecemos uma sessão de planejamento de jogo como nosso ímã de leads. Algumas academias aceitaram, mas a maioria não. Precisávamos de algo melhor. Testei muitas partes do nosso processo, mas trocar o ímã de leads superou tudo o mais. Trocamos o "planejamento de jogo" — código para "ligação de vendas" - oferecendo-lhes tantos serviços gratuitos quanto pudéssemos. Nossas taxas de aceitação triplicaram e o contato direto tornou-se um canal extremamente importante para nós.

Se sua oferta/ímã de leads não estiver funcionando para você, aumente a aposta. Continue oferecendo mais até que você *torne a oferta tão boa que eles se sintam idiotas em recusá-la.* Eles vão comprar de você ou terão coisas boas a dizer sobre você. Todos ganham.

Se você esquecer tudo sobre este capítulo, lembre-se de uma coisa: *o objetivo é demonstrar <u>grande valor o mais rápido possível.</u>* Facilite sua batalha oferecendo algo incrível. Ofereça algo de graça que as pessoas normalmente pagariam e elas vão querer. Observação: eu não disse "tão bom que elas deveriam pagar por isso", eu disse "coisas pelas quais elas realmente pagam". É uma grande diferença. Leve isso a sério e seus resultados vão mostrar isso.

Ação: Ofereça o maior valor possível com seu ímã de leads ou oferta. Em seguida, escreva seus roteiros. E não se preocupe, eu te ajudo nisso. Para te dar uma vantagem inicial, forneço exemplos de roteiros para telefone, e-mail e mensagens diretas no final do capítulo. Observação: os roteiros para telefone e chat nunca têm mais do que uma ou duas páginas, e os e-mails frios raramente têm mais do que meia página. Portanto, não pense demais. Não há prêmios para o roteiro mais bonito. Faça suas primeiras 100 conversas ou 10.000 e-mails antes de ajustá-lo. Faça testes. Em seguida, ajuste à medida que aprende.

Problema nº 3: "Não estou tendo oportunidades suficientes para contar às pessoas sobre minhas coisas incríveis, o que devo fazer?" → Volume

Depois de termos nossa lista de nomes, informações pessoais e nosso grande e atraente ímã de leads, precisamos fazer com que mais desconhecidos vejam isso. Fazemos isso de três maneiras. Primeiro, automatizamos a entrega na medida do possível. Em seguida, automatizamos a distribuição na medida do possível. Por fim, fazemos um acompanhamento mais frequente e de várias maneiras.

a) Entrega automatizada. Na medida do possível, automatizar a entrega abre um enorme leque de possibilidades, pois ninguém precisa comunicar literalmente a mensagem ao potencial cliente. Isso significa que você obtém mais leads engajados por unidade de tempo (mesmo que menos se engajem em termos de porcentagem geral). Lembre-se de que você tem muito mais pessoas que não o conhecem do que pessoas que o conhecem. Portanto, você não precisa se preocupar *tanto* em "esgotar o público". Veja a diferença entre a entrega manual e a automatizada.

<u>Exemplos manuais</u>: uma pessoa pode dizer um roteiro para alguém ao telefone. Você pode enviar uma mensagem de voz pessoal para cada lead. Uma pessoa pode escrever uma carta à mão para cada pessoa da lista. Se uma pessoa leva tempo para transmitir a mensagem todas as vezes, é manual.

<u>Exemplos automatizados</u>: Podemos enviar uma mensagem de voz pré-gravada para as mensagens diretas de alguém. Podemos enviar uma mensagem de voz pré-gravada para a caixa de correio de voz de alguém. Podemos enviar e-mails padronizados para uma caixa de entrada ou uma mensagem de texto padronizada para o telefone de alguém. Podemos enviar um vídeo pré-gravado. Etc. Você grava sua mensagem uma vez e depois envia a mesma mensagem para todos.

Dica profissional: use tecnologia que lhe traga mais leads engajados pelo seu tempo

Todos os dias, a inteligência artificial, os deep fakes e outras tecnologias avançam. Eles se tornam cada vez mais indistinguíveis da comunicação humana. Isso significa que seremos capazes de automatizar elementos dos quais atualmente somos forçados a gastar tempo. Adote a tecnologia à medida que ela surge para colher os frutos. Em última análise, a tecnologia tem um único objetivo: nos proporcionar mais produção por unidade de tempo. Use-a.

---

b) Automatize a distribuição. Depois de prepararmos nossas mensagens, precisamos distribuí-las. E não há prêmio para quem trabalha mais, apenas para quem obtém os melhores resultados. Embora um leve ao outro. À medida que você desenvolve suas habilidades, encontrará maneiras de automatizar partes do trabalho. Recomendo que você automatize quando for ético e possível.

<u>Exemplos manuais</u>: Discar cada número de telefone. Clicar em enviar em cada e-mail, mensagem direta, SMS, etc.

<u>Exemplos automatizados</u>: usar um robô para discar vários números ao mesmo tempo. Enviar 1.000 e-mails, mensagens de texto, mensagens de voz de uma só vez. Etc.

De modo geral, você sacrifica a personalização em prol da escala. Você obtém uma taxa de resposta mais alta com mensagens personalizadas. *Quanto menos leads você tiver, menos automação deverá usar.*

Por exemplo, se houver apenas 1.000 gestores de fundos de hedge que atendam aos seus critérios, você vai querer personalizar cada um deles. Por outro lado, se você estiver visando mulheres de 25 a 45 anos que estão tentando perder peso, há dezenas de milhões delas. Portanto, você pode se dar ao luxo de usar menos personalização. Mas... se você personalizar... você obterá ainda mais (piscadela).

Dica profissional: tecnologia de personalização

A combinação perfeita para obter o máximo de leads é a personalização máxima com o volume máximo. E com a tecnologia, você nem *sempre* precisa sacrificar a personalização em prol da escala. A cada dia, os dados se tornam mais acessíveis para encontrar dados pessoais. Se você conseguir configurar a tecnologia para alcançar ambos os objetivos — personalização e volume —, criará uma combinação extremamente eficaz para obter leads.

Ação. Adote novas tecnologias. Dedique de 10% a 20% de seus esforços a tecnologias novas e ainda não testadas. Por exemplo, se você faz ligações cinco dias por semana, experimente um novo discador ou tecnologia em um dos dias e veja como ele se sai em comparação com o seu discador padrão.

<u>c) Acompanhamento. Mais vezes. Mais maneiras.</u> Existem mais duas maneiras de obter mais da sua lista de nomes.

Primeiro, você tenta entrar em contato com eles mais de uma vez. Surpreendente. Mas quer saber uma coisa incrível? A maioria das pessoas não faz isso. Aqui está uma maneira diferente de pensar sobre isso. Imagine que você realmente precisasse entrar em contato com seus pais porque algo importante aconteceu. O que você faria? Provavelmente ligaria para eles, enviaria uma mensagem de texto, deixaria uma mensagem de voz, etc. E se eles ainda não respondessem, o que você faria? Você ligaria e enviaria uma mensagem de texto novamente (provavelmente logo em seguida). É a mesma coisa com os leads. Eles correm o risco de viver sem a sua solução. Seja um herói. Salve-os!

Quanto mais maneiras você tentar entrar em contato com alguém, mais provável será que você consiga. As pessoas respondem a métodos diferentes. Por exemplo, eu nunca respondo a ligações telefônicas. Mas respondo muito mais a mensagens diretas.

Entrar em contato com alguém várias vezes e de várias maneiras mostra que você está falando sério. E fazer isso rapidamente comunica que você tem algo importante para discutir. A curiosidade aumenta porque eles temem estar perdendo algo.

Pessoalmente, gosto de enviar um e-mail primeiro. Sabe por quê? Porque a maioria das pessoas não responde. Se alguém não responder a um dos seus métodos de contato, use isso como motivo para tentar outro método. *"Olá, estou ligando para dar continuidade ao meu e-mail."* Ou recebemos uma resposta ou um motivo real para entrar em contato novamente. Ganhamos de qualquer maneira.

E, depois de marcar uma reunião, espere mais de uma conversa. Lembre-se de que estamos entrando em contato com completos estranhos. O contato requer mais pontos de contato com pessoas que não o conhecem. Portanto, espere duas ou três conversas antes de uma venda mais alta. Tente menos, mas espere mais quando começar.

Conclusão: aja como se estivesse *realmente* tentando entrar em contato com essas pessoas, em vez de apenas cumprir uma formalidade, e você provavelmente conseguirá.

Ação: entre em contato com cada lead várias vezes e de várias maneiras.

> ### Dica profissional: não seja um idiota.
>
> Se alguém lhe pedir para não entrar em contato, não entre em contato novamente. Não porque não haja chance de dar certo, mas porque, com o mesmo esforço, você poderia entrar em contato com alguém que ainda não tenha uma inclinação negativa. É mais eficiente transformar neutros em SIM do que NÃO em SIM. Além disso, você não quer ter uma má reputação. Esse tipo de coisa te persegue. Esforce-se porque você tem um desejo genuíno de resolver os problemas deles, mas seja respeitoso.

Segundo, depois de terminar de entrar em contato com sua lista, comece novamente do início. Isso funciona por três motivos.

Primeiro, porque eles podem simplesmente não ter visto sua primeira série de mensagens. Somente um tolo pensaria que cem por cento das pessoas veem o que você publica cem por cento das vezes. Portanto, compensamos essa discrepância com um acompanhamento.

Segundo, mesmo que tenham visto, talvez não fosse um bom momento para responder. A agenda das pessoas muda todos os dias. E há momentos em que as pessoas não podem responder, mesmo que queiram. Portanto, quanto mais oportunidades você der para elas responderem, maior será a chance de que o façam.

Terceiro, as circunstâncias deles podem ter mudado. Talvez não precisassem de você naquela época, mas agora precisam desesperadamente. Imagine uma pessoa a quem você enviou uma mensagem sobre perder peso antes das férias. Naquela época, ela cabia em seus jeans "skinny", então não sentia nenhum problema. Provavelmente não responderia. Mas depois de ganhar cinco quilos durante as férias, ela pode de repente precisar desesperadamente do que você oferece. E agora, ela responde à sua tentativa de contato. A única coisa que mudou foi a circunstância dela. Portanto, tente novamente em três a seis meses e obtenha um grupo totalmente novo de leads engajados *da mesma lista*.

Tudo pode estar certo, exceto o momento. Portanto, quanto mais vezes entrarmos em contato com eles, mais provável será que os encontremos no momento em que estiverem prontos para se envolver.

Ação. Depois de tentar entrar em contato com eles várias vezes, de várias maneiras, espere de três a seis meses. Em seguida, tente novamente.

> **Dica profissional: se você é novo em uma equipe de divulgação, acompanhe o melhor membro da equipe.**
>
> Em seguida, duplique suas contribuições. Se eles fizerem 200 ligações, faça 400. Se isso significar que você trabalhará mais, tudo bem. Você será ruim antes de ser bom. Você pode compensar sua falta de habilidade com volume. O volume anula a sorte. E quando você fizer o dobro, ficará bom na metade do tempo. Depois de superar os números deles, você pode ser criativo e tentar coisas novas. Repita antes de iterar.

Três problemas que estranhos criam → resolvidos

Escrevi o livro nessa ordem para que ele se desenvolvesse. Comece com contatos amigáveis. Obtenha algumas repetições. Publique algum conteúdo para aumentar seu público amigável. Obtenha ainda mais repetições. Então, você estará pronto para contatos frios.

E agora, resolvemos os três principais problemas que o público frio cria: encontrar a lista certa de pessoas, fazer com que elas prestem atenção em você e fazer com que elas se envolvam. Vitória!

> **Nota do autor: para pessoas com produtos de baixo custo.**
>
> Tive dificuldade em tornar o contato frio lucrativo ao vender para o meu negócio direto ao consumidor. As equipes de contato frio são caras e meu ticket médio não era alto o suficiente. Mas aprendi que poderia transformar um produto de baixo valor em um produto de alto valor se vendesse muito de uma só vez. Então, passei de usar o contato frio para conseguir clientes a usar o contato frio para conseguir afiliados que me trouxessem clientes. Havia duas maneiras que funcionavam. Ou eu vendia aos afiliados muitos produtos a granel antecipadamente, e eles vendiam meus produtos aos seus clientes, ou eu usava a abordagem fria para recrutá-los, depois fazia com que vendessem meus produtos aos seus clientes e recebia uma comissão após a venda. Uma venda de afiliado pode valer milhares de clientes. Ambas as maneiras transformaram minha venda de "baixo valor" em uma venda de "alto valor", vendendo muitos produtos de uma vez. Então, os números batem. Se você tiver dificuldade em usar a abordagem fria para o seu negócio direto ao consumidor, considere buscar afiliados. Mais sobre isso no capítulo sobre afiliados, mais adiante.

     123

Referências – Como estou me saindo?

Nas duas vezes em que falhei na abordagem fria, contratei pessoas que nunca acompanharam bem as métricas. A terceira pessoa o fez. E as abordagens frias tiveram sucesso. A pessoa que o executa (talvez você) precisa conhecer as métricas do processo de vendas como a palma da sua mão. Cada estatística.

Vamos analisar os números com alguns exemplos de plataformas. Não posso dar um exemplo para cada plataforma porque levaria muito tempo. Espero que você possa generalizar o conceito para qualquer plataforma que usar.

<u>Exemplo de telefone</u>

Digamos que eu faça 100 ligações frias por dia. E digamos que eu tenha uma taxa de resposta de 20%. A partir daí, consigo que 25% das pessoas queiram aceitar minha oferta inicial. Isso significa que consegui quatro leads engajados. Se levei quatro horas para fazer essas ligações, isso significa que consegui um lead engajado por hora. Posso fazer isso no início. Quando a quantidade de leads engajados que se convertem em clientes me render mais do que o custo de pagar um representante de vendas, ensino outra pessoa a fazer isso por mim (mais detalhes na Seção IV). Assim, você sabe que está indo bem quando obtém pelo menos _três vezes_ o lucro ao longo da vida de um cliente em comparação com o custo para conquistá-lo.

<u>Exemplo de e-mail</u>

Digamos que você envie 100 e-mails personalizados por dia. Desses, 30% abrem seu e-mail. Desses, 10% respondem demonstrando interesse. Isso significa que teríamos três leads engajados (30% x 10% = 3%). Os números variam, mas <u>tente atingir 3% da sua lista convertida em leads engajados.</u> Aqui está um exemplo de uma nova campanha para uma empresa de serviços de alto valor muito específica do nosso portfólio. Ela mostra uma taxa de engajamento de leads de 4%. E, presumivelmente, um terço deles se converte em vendas. Isso nos renderia um novo cliente a cada cem tentativas de contato.

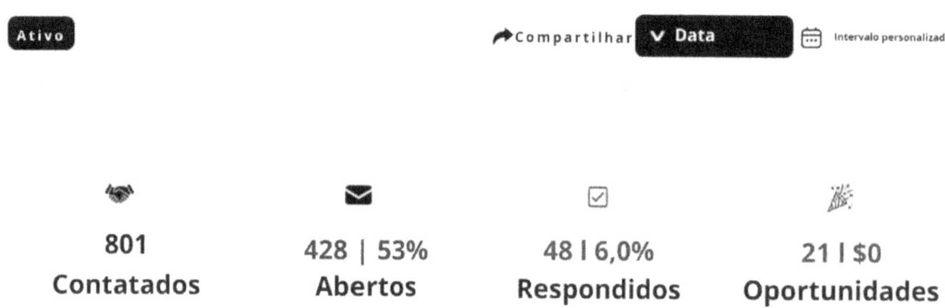

<u>Exemplo de mensagem direta</u>

Digamos que eu faça um vídeo pessoal ou grave uma mensagem de voz pessoal para cem pessoas. Eu digo o nome delas e acrescento uma frase pessoal antes de transmitir minha mensagem padrão. A partir daí, 20% das pessoas respondem. Agora temos 20 leads engajados. A partir daí, usamos o mesmo formato R-E-F da seção de abordagem quente para qualificá-los para uma ligação e assim por diante. Assim como no exemplo do telefone, você sabe que está indo bem quando o custo do contato frio é inferior a três vezes o lucro que você obtém com um cliente. Observação: você pode fazer MUITO melhor do que três vezes, esse é o mínimo necessário. Para contextualizar, a empresa do portfólio acima obtém retornos de mais de 30:1 com seus esforços de contato.

Custos

Este método é trabalhoso. Quase todos os custos são na forma de mão de obra. Para calcular nosso retorno sobre publicidade, somamos todos os custos de mão de obra e software associados às etapas um a três na penúltima seção.

Imaginemos que temos uma equipe fazendo ligações não solicitadas:

- Pagamos a eles US$15 por hora e US$50 por compromisso marcado ou "eventos".

- Temos US$3.600 em lucro por venda.

- Os leads nos custam dez centavos.

- Eles ligam para 200 leads por dia.

- Provavelmente conseguiríamos cerca de duas apresentações por dia com um representante.

- Se eles trabalhassem oito horas por dia, pagaríamos US$120 em mão de obra e US$100 em comissões por visita por representante e US$20 pelos leads.

- Isso significa que pagaríamos US$240 por duas vendas ou US$120 por venda.

- Se fechássemos 33% dos negócios, nosso custo para conseguir um cliente (excluindo comissões) seria de US$360.

- Como obtemos um lucro de US$3.600 por novo cliente, teríamos um retorno de 10:1.

É assim que funciona a abordagem fria. Depois, basta adicionar pessoas. É chato e tedioso, mas extremamente eficaz.

> **Dica profissional: dê a cada representante um número explícito de leads para trabalhar a cada semana.**
>
> Eles devem cuidar desses leads como se fossem seus filhos. Se você der muitos leads a um representante, ele os desperdiçará. Se alguém consegue trabalhar cem leads em capacidade total, eu lhe dou cerca de setenta. Dessa forma, ele tem tempo e energia para extrair tudo o que pode dos leads que recebeu. E como todos os representantes recebem a mesma quantidade de leads todas as semanas, você pode dar a eles cotas absolutas para negócios. Exemplo: eu lhe dou setenta leads. Você me dá sete compromissos. Eu lhe pago. Nenhum lead fica para trás.

Isso parece difícil, por que se dar ao trabalho?

A maioria das pessoas subestima drasticamente o volume necessário para usar a abordagem fria. Elas também subestimam o tempo que isso leva. Mas há sete *enormes* benefícios em usar a abordagem fria:

1) <u>Você não precisa criar muito conteúdo ou anúncios.</u> Você se concentra apenas em uma mensagem perfeitamente elaborada que transmite a todos os seus clientes em potencial. Seu único objetivo é melhorar essa mensagem a cada dia. Não há "fadiga publicitária" ou "cegueira de banner", pois seus leads nunca viram nada de você. Portanto, você não precisa ser um gênio do marketing para fazer isso funcionar.

2) <u>Seus concorrentes não saberão o que você está fazendo.</u> Tudo é privado. Só por esse fato, você pode continuar a operar em segredo. Você não está ensinando aos seus concorrentes como conquistar clientes. Eles não sabem o que você está fazendo, nem mesmo que você existe.

3) <u>É incrivelmente confiável.</u> Tudo o que você precisa fazer para obter mais é fazer mais. Uma determinada quantidade de esforço gera um determinado número de respostas. Torna-se como um relógio, trazendo um fluxo confiável de novos leads engajados para o seu mundo. Você pode fazer a engenharia reversa da quantidade de vendas que deseja realizar para o número de esforços no topo do seu caminho de leads. Eventualmente, você terá uma equação: para cada X pessoas contatadas, você obtém Y clientes. Então, basta resolver para X.

Exemplo: digamos que para cada 100 e-mails, eu obtenha um cliente. Se eu quiser 100 clientes, preciso enviar 10.000 e-mails. Isso significa 333 por dia. Uma pessoa pode enviar 111 e-mails por dia. Portanto, preciso de três pessoas enviando e-mails todos os dias para obter 100 clientes por mês.

4) <u>Menos mudanças de plataforma.</u> A comunicação privada raramente está sujeita a mudanças de plataforma. Já as plataformas públicas mudam regras e algoritmos todos os dias. Você precisa ficar por dentro das mudanças nas regras para continuar sendo eficaz. Em contrapartida, as regras para ligações não solicitadas, visitas porta a porta e e-mails não solicitados praticamente não mudaram em trinta anos.

5) <u>A conformidade é menos complicada.</u> Muitas plataformas têm regras rigorosas sobre as alegações que você pode fazer sobre os produtos que vende. Algumas também proíbem certos setores por completo (tabaco, armas de fogo, cannabis, perda de peso, etc.). Com a abordagem fria, você não precisa lidar com nada disso. Você ainda precisa estar em conformidade com a FTC, mas não precisa se preocupar com as regras da plataforma. Isso facilita a vida. Se você tem um telefone, pode ganhar dinheiro. Se você tem uma conta de e-mail, pode obter leads. Isso torna muito difícil para você parar.

6) <u>Sem porta-voz = negócio vendável.</u> Se um investidor pode comprá-lo de você sem se preocupar que seu negócio deixará de ter clientes se você sair... seu negócio é *muito* mais valioso. Ter uma equipe de divulgação estabelecida foi o que nos permitiu vender a Gym Launch. O negócio poderia crescer sem que eu precisasse dançar na frente das câmeras ou contar com minha aparência ridiculamente bonita (haha!). Acho que eles não teriam desejado nos comprar sem isso, ou pelo menos não por tanto dinheiro.

7) <u>Difícil de copiar.</u> Mesmo que alguém queira copiar todo o seu sistema de abordagem fria, muitas vezes precisará aprender como realizar cada etapa. E muitas etapas são invisíveis. Eles não sabem como você obtém suas listas. Não sabem como você personaliza suas mensagens. Não sabem quais softwares você usa para distribuir as mensagens, etc. Além disso, ainda precisariam aprender como contratar, treinar e operar uma equipe de pessoas capazes de realizar cada etapa. Depois que você tem uma vantagem inicial, ela se acumula com o tempo. Torna-se muito difícil alcançá-lo.

Nota do autor: Volume de quebra de crenças - escalando para 60.000 e-mails por mês

Para quebrar suas crenças sobre o que é possível, aqui está um exemplo. Para quebrar o passado.

US$ 1.000.000 por mês, automatizamos todo o processo de coleta, elaboração e envio de e-mails para uma das empresas do nosso portfólio. Um assistente virtual envia 2.000 e-mails por dia usando vários softwares. Isso gera 40 leads engajados por dia para a empresa. Observe que a taxa de resposta caiu porque removemos grande parte da personalização. A partir daí, eles conseguem vender 10% dos leads engajados. Isso significa que eles conquistam quatro novos clientes por dia. Isso os fez ultrapassar a barreira de 100 clientes por mês.

<u>Curiosidades:</u> eles começaram conosco com US$ 250.000 por mês (nosso requisito mínimo de investimento na época). A empresa fatura US$ 20.000 por cliente. Com quatro novos clientes por dia, faça as contas para saber o tamanho deles agora).

Sua vez

Se você se lembra da nossa lista de verificação de publicidade, isso dá início à sua jornada para obter mais leads engajados com abordagens frias. Você começa isso quando fica sem pessoas para anunciar ou porque simplesmente quer mais. Aqui está um exemplo.

Lista de verificação de contatos frios	
Quem:	Você mesmo
O quê:	Gancho + Ímã de Leads/Oferta principal
Onde:	Qualquer plataforma privada de comunicação
Para quem:	Listas: compiladas, compradas ou usando software
Quando:	Todos os dias, 7 dias por semana
Por quê:	Obter leads comprometidos para conseguir vender para eles
Cómo:	Chamadas ao vivo, envio de mensagens de voz, envio em massa de e-mails, envio em massa de mensagens de texto, mensagens de texto diretas, mensagens de vídeo, mensagens de voz, envio direto por correio, cartões escritos à mão, etc.
Quanto:	100 por dia
Quantos:	Dia 1 – 2x, Dia 2 – 2x, Dia 7 – 1x
Até quando:	O tempo que for necessário.

> ### Dica profissional: Conte em 100
>
> Este é um jogo de volume. Você precisará fazer um grande volume, de forma eficiente, para obter os resultados desejados. Não defina uma meta diária abaixo de 100. E não pare por pelo menos 100 dias. Se você fizer 100 contatos por 100 dias seguidos, prometo que começará a obter novos leads engajados.

Próximo passo

Agora que você definiu seu compromisso com esse método de contato frio, passamos para a última coisa que uma pessoa sozinha pode fazer para anunciar: veicular anúncios pagos.

BRINDE: Exemplos de roteiros para abordagem fria

Tive que cortar alguns roteiros para que este livro tivesse um tamanho razoável. Se você quiser usar esses roteiros como modelo, acesse: Acquisition.com/training/leads. E, se você precisar de outro motivo além de "isso vai te render dinheiro", não vai te custar nada. É grátis. Aproveite.

E, como sempre, você também pode escanear o código QR abaixo se não gosta de digitar.

#4 Veicule anúncios pagos, Parte I: Criando um anúncio

Como anunciar publicamente para estranhos

A publicidade é o único cassino onde, com habilidade suficiente, você se torna a casa.

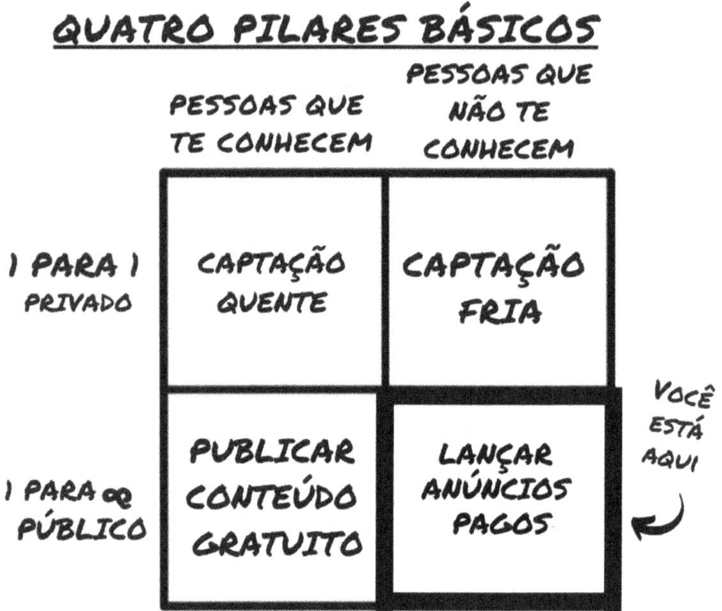

Junho de 2013.

"Vamos tentar alguns anúncios no Facebook para a academia", sugeri. Sam ergueu as sobrancelhas. "Isso não funciona. Já tentei."

Isso foi logo após eu ter deixado meu "emprego de verdade" e aberto minha primeira academia. Eu queria ganhar experiência. Então, enviei e-mails para mais de 40 donos de academias pedindo para acompanhá-los. Sam foi o único que respondeu ao meu pedido de orientação. Ele me deixou trabalhar na academia dele, *com ele*, por um salário mínimo. Sou eternamente grato por essa oportunidade.

"Prometo, acho mesmo que vai funcionar", disse eu. "Deixe-me tentar com o que aprendi naquele workshop no fim de semana passado. Farei tudo o que for preciso." *Aquele workshop consumiu a maior parte das minhas poucas economias.*

Sam recostou-se na cadeira, cruzando os braços. "Vou te dizer uma coisa. Vou te dar mil dólares para você jogar. Se você perder, terá que parar de falar sobre essa coisa do Facebook. Se ganhar mais, dividirei o lucro com você."

"Feito."

Trabalhei com um freelancer para deixar tudo pronto. Fizemos várias alterações até ficar "perfeito". Alguns dias depois, entrei no escritório do Sam para mostrar o que tinha feito.

"Está pronto", eu disse.

Ele virou o laptop para mim. "Tudo bem, Hormozi. Mostre-me o que você tem."

Coloquei o anúncio mais feio que você já viu:

PROCURO 5 MORADORES DE CHINO HILLS PARA PARTICIPAR DE UM DESAFIO GRATUITO DE 6 SEMANAS. VOCÊ DEVE NOS PERMITIR USAR SUAS FOTOS ANTES E DEPOIS EM NOSSA CAMPANHA DE MARKETING EM TROCA DO PROGRAMA. CLIQUE NO LINK PARA SE INSCREVER:
[LINK]

Sem imagens. Sem vídeos. Sem frescuras. →Apenas palavras. TUDO EM MAIÚSCULAS.

O anúncio foi publicado.

Recebemos leads em poucas horas. Liguei para todos e marquei reuniões o mais rápido possível. Também enviei mensagens de texto cerca de uma hora antes para lembrá-los da nossa reunião. E assim que eles entraram, comecei a falar sobre o nosso desafio de seis semanas. Eu não tinha nenhuma habilidade de vendas. Minha *convicção compensou minha falta de habilidade.* Eles compraram.

Vendi para 19 pessoas a US$299 cada. Ganhamos pouco menos de US$5.700 com um investimento de US$1.000. Fiel à sua palavra, Sam me passou um cheque no valor de US$2.500. Mais do que minha parte.

"Sam, isso é..."

Ele me interrompeu. "Bom trabalho, Hormozi. *Faça isso de novo.*"

***

O "desafio de 6 semanas" tornou-se a maior promoção na indústria das academias. *Durante sete anos.* Gerou pelo menos 1,5 mil milhões de dólares em receitas, e agora ainda mais. Eu ensinei isso a mais de 4.500 academias. E aposto que mais de 10.000 academias usaram versões da promoção sem licenciá-la. Talvez você tenha visto anúncios disso no seu mercado local. E sim, se você está curioso, isso ficou mais sofisticado com o passar do tempo.

Como funcionam os anúncios pagos

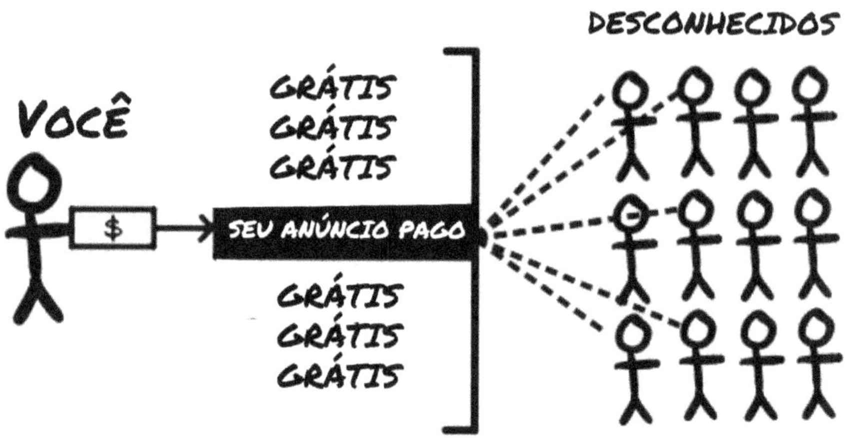

Os anúncios pagos são uma forma de anunciar de um para muitos para públicos frios. Pessoas que não o conhecem. Os anúncios pagos funcionam pagando a outra pessoa ou empresa para apresentar a sua oferta ao público *deles*. Pense nisso como alugar olhos ou ouvidos. E como você não precisa gastar tempo construindo um público, os anúncios pagos são a maneira mais rápida de fazer com que o maior número de pessoas veja o que você tem a oferecer – você troca dinheiro por alcance. Uma *vantagem considerável quando você sabe o que está fazendo.* Os anúncios são mais arriscados. Mas, quando bem feitos, podem gerar mais leads do que qualquer outro método.

Com divulgação quente e fria, temos que fazer mais coisas para alcançar mais pessoas. Para alcançar mais pessoas com conteúdo gratuito, dependemos da plataforma ou do público que o compartilha, se assim o desejarem. Anúncios pagos são diferentes. O alcance é *garantido*. Mas recuperar seu dinheiro não é. Portanto, é um jogo de eficiência, e não de alcance. Deixe-me explicar:

Em princípio, se você pagasse o suficiente, poderia fazer com que todas as pessoas do mundo vissem seu anúncio. E, se todas as pessoas do mundo vissem seu anúncio, alguém compraria. Mesmo que fosse por acaso (ha). Portanto, a questão não é "os anúncios funcionam?", mas *"como* você pode fazer com que eles funcionem *bem?".* Em outras palavras, é um equilíbrio entre quanto você gasta e quanto eles compram.

E, assim como a abordagem fria, os anúncios pagos chegam a públicos menos interessados e com menor confiança. Portanto, mesmo com boas ofertas, uma porcentagem menor de pessoas responderá. E, assim como a divulgação fria, os anúncios pagos superam esse obstáculo ao apresentar sua oferta a mais pessoas. E se um anúncio não é lucrativo, na maioria das vezes é porque as pessoas certas *nunca o viram.* Portanto, para tornar um anúncio lucrativo, as pessoas certas *precisam* vê-lo. Isso mantém nossos anúncios eficientes.

Este capítulo revela como eu crio anúncios pagos mais eficientes encontrando agulhas no palheiro. Começo com o mundo inteiro como meu público (palheiro) e depois reduzo para obter uma porcentagem maior de leads engajados (agulhas). Primeiro, escolho uma plataforma que contenha meu público ideal. Em segundo lugar, uso todos os métodos de segmentação existentes na plataforma para encontrá-los. Em terceiro lugar, elaboro meu anúncio de forma a _repelir_ qualquer outra pessoa. Por fim, digo a quem ficou para dar o próximo passo. As pessoas complicam demais. Mas é isso. É tudo o que estamos fazendo: restringindo quem vê nosso anúncio para termos a maior chance de conseguir que o tipo certo de pessoas responda.

Depois de anunciarmos de forma lucrativa para um público pequeno, expandimos para um público maior, depois para um público ainda maior e, por fim, para um público enorme. À medida que o público cresce, ele passa a incluir mais pessoas erradas, mas também mais pessoas certas. Assim, os anúncios perdem eficiência, mas, nesse ponto, você já pode arcar com isso. Em outras palavras, a relação entre o que você gasta e o quanto eles compram diminui, mas o valor total que você ganha aumenta. Então, em vez de gastar US$1.000 para ganhar US$10.000 com US$9.000 de lucro, você gasta US$100.000 para ganhar US$300.000 com 200 mil dólares em lucro. Sua taxa diminui, mas você ganha mais dinheiro. Portanto, o risco é maior porque você gasta mais. Mas a recompensa também é maior. Isso significa que queremos aumentar o público o máximo possível, sem deixar de obter lucro.

Os anúncios pagos nos apresentam quatro novos problemas a resolver. Vamos analisá-los juntos:

1) Saber onde anunciar

2) Fazer com que o público certo veja o anúncio

3) Criar o melhor anúncio para eles verem

4) Obter permissão para contatá-los

Passo 1: "Mas onde devo anunciar?" → Encontre uma plataforma onde essas quatro coisas sejam verdadeiras

As plataformas distribuem conteúdo para um público. Se você não está familiarizado com nenhuma plataforma disponível, convido-o a se juntar a mim no planeta Terra. Se você já consumiu conteúdo, o que certamente já fez, você usou direta ou indiretamente uma plataforma e foi membro do seu público. E onde quer que haja um público, geralmente é possível anunciar. Portanto, se você deseja se tornar um grande empreendedor, precisa aprender sobre elas. Aqui está o que procuro em uma plataforma na qual desejo anunciar:

- Eu já a utilizei e obtive valor dela como consumidor. Portanto, tenho uma ideia de como ela funciona.

- Posso segmentar pessoas na plataforma interessadas no que eu ofereço.

- Sei como formatar anúncios específicos para a plataforma (o que abordarei na etapa três).

- Tenho o valor mínimo necessário para publicar um anúncio.

...E sim, as plataformas mudam constantemente, mas estes princípios permanecem os mesmos.

Dica profissional: coloque anúncios onde seus concorrentes colocam anúncios (para começar)

As plataformas geralmente têm diferentes tipos de anúncios. Por exemplo, no LinkedIn, você pode enviar anúncios por mensagem ou veicular anúncios no feed. No Instagram, você pode veicular anúncios no feed ou nos stories. No YouTube, você pode veicular anúncios na barra lateral, no meio do vídeo ou como pré-roll. Então, como saber por onde começar? Observe a localização dos anúncios de outras pessoas em seu espaço e comece por aí. Se eles conseguem fazer isso funcionar, você também consegue. *Repita até dominar.*

Etapas de ação: comece com uma plataforma que atenda aos quatro requisitos. E comece a assistir, ouvir ou ler anúncios na plataforma como um primeiro passo para aprender a fazer um.

Etapa 2: "Mas como faço para que as pessoas certas vejam?" → Segmente-as

Portanto, se começarmos com o mundo inteiro, o que de certa forma fazemos, precisamos ser um pouco mais específicos. Por exemplo, se você escolher uma plataforma que tem 100 milhões de usuários, já eliminou 99% do mundo – logo de cara. E, se todos que compram de você falam inglês, você também deve *excluir* os públicos dentro da plataforma que não falam. Se isso representar metade dos usuários da plataforma, você já excluiu 99,5% do mundo. Ser específico é bom.

A mensagem certa para o público errado cairá em ouvidos surdos. Não importa o quão bons sejam seus anúncios. Se você estiver fazendo marketing para residentes da Flórida sobre uma empresa local em Iowa, provavelmente não vai funcionar. Portanto, você tem apenas um objetivo ao segmentar: fazer com que o maior número possível de pessoas que você acha que comprariam seus produtos vejam seu anúncio.

Fizemos nossa primeira rodada de segmentação selecionando nossa plataforma. Fazemos a segunda rodada *dentro* da própria plataforma. As plataformas de publicidade modernas têm duas maneiras de segmentar. Você pode usá-las separadamente ou combiná-las:

1) Segmente um público semelhante. As plataformas modernas podem exibir seu anúncio para um público semelhante e muito maior do que a lista que você fornece. Os anunciantes chamam isso de **público semelhante.** As plataformas modernas criarão públicos semelhantes para você, desde que você envie a lista mínima exigida. Quanto maior for a lista e melhor for a qualidade dos contatos, mais responsivo será o público semelhante. Comece com sua lista de clientes atuais e anteriores. Se sua lista de clientes for grande o suficiente para atender ao

mínimo da plataforma, use-a. Se não for grande o suficiente, adicione sua lista de contatos potenciais. Se ainda assim não for grande o suficiente, adicione seus leads frios para atingir o mínimo. É exatamente isso que eu faço. Forçar a lista ao tamanho certo às vezes torna o público semelhante muito amplo. E tudo bem, porque você pode...

2) <u>Segmentar com fatores de sua escolha.</u> As opções de segmentação incluem: idade, renda, gênero, interesses, horário, localização, etc. Por exemplo, se você sabe que ninguém com mais de 45 anos ou menos de 25 anos já comprou seu produto, exclua qualquer pessoa fora dessa faixa. Se você vende peças automotivas, exiba seu anúncio *durante* feiras automotivas e *em* canais automotivos. Se apenas pessoas com animais de estimação compram seu produto, inclua animais de estimação como um interesse. Os filtros básicos, além do público semelhante gerado pela plataforma, são uma maneira simples de fazer com que mais pessoas certas vejam seus anúncios. Resultado final: anúncios mais eficientes.

Dica profissional: segmentação local

Como os mercados locais já são *pequenos* em comparação com os mercados nacionais, não é recomendável adicionar muitos outros filtros. Seja o mais específico possível, mas sem exageros. O mercado local por si só já representa 0,1% de um país, então você já está bastante restrito.

Quanto mais filtros você usar, mais específica será a lista. Quanto mais específica for a lista, mais eficientes serão seus anúncios, mas mais rápido você os "esgotará". No entanto, essa especificidade permite que você obtenha mais vitórias no início. As vitórias de públicos específicos menores agora lhe dão o dinheiro para anunciar para públicos maiores e mais amplos posteriormente. *É assim que você escala.*

Etapas de ação: Reúna todas as suas listas de leads em um único lugar. Separe-as por clientes antigos e anteriores, contatos ativos e contatos inativos. Eventualmente, você terá uma lista de pessoas que interagiram com seus anúncios pagos, fornecendo informações de contato, mas não compraram. Isso será útil. Em seguida, se a plataforma permitir, use essas listas em ordem de qualidade para criar seu público semelhante. Depois, se a plataforma também permitir, adicione filtros ao seu público semelhante para segmentar uma porcentagem ainda maior de pessoas para se envolverem com seu anúncio. Se você não conseguir criar um público semelhante, comece simplesmente segmentando interesses.

Etapa 3 - "Mas o que meu anúncio deve dizer?" → Chamada + Valor + Chamada para ação (CTA)

Até hoje, não mudo de canal quando vejo um anúncio. Raramente silencio ou ignoro anúncios. Na verdade, também não tenho assinaturas premium que removem anúncios em nenhuma plataforma de mídia. Principal motivo: *quero* consumir os anúncios. *Quero* ver como as empresas fazem três coisas. 1) Como elas <u>chamam</u> seus clientes ideais. 2) Como elas apresentam os <u>elementos de valor</u>. 3) Como elas dão ao público uma <u>chamada à ação</u>. Quando vejo os anúncios dessa forma, o que antes era um incômodo diário se transforma em uma experiência de aprendizado contínuo. Consumir anúncios de propósito, com os elementos essenciais em mente, me torna um anunciante melhor. E isso também tornará você um anunciante melhor.

Vamos usar os três elementos para criar um anúncio.

1) Chamar Atenção - Preciso fazer com que eles notem meu anúncio

2) Valor - Preciso fazer com que eles se interessem pelo que tenho a oferecer

3) Chamadas para ação - Preciso dizer a eles o que fazer a seguir

1) Chamada: ***As pessoas perceberem seu anúncio é a parte mais importante do anúncio... por uma margem gigante.*** O objetivo de cada segundo do anúncio é vender o segundo seguinte do anúncio. E o título é a primeira venda**.** Como diz David Ogilvy: "Depois de escrever o título, você já gastou oitenta centavos do seu orçamento publicitário". Concentre seus esforços do início ao fim. Por mais louco que pareça (e todos os profissionais estão concordando), minha publicidade se tornou 20 vezes mais eficaz quando concentrei a maior parte dos meus esforços nos primeiros cinco segundos. Precisamos dos olhos e ouvidos do público apenas o tempo suficiente para que eles percebam "isso é para mim, vou continuar prestando atenção". <u>Essa "primeira impressão" é a parte do anúncio que eu mais testo.</u>

Imagine que você está em um coquetel em um grande salão de festas. Muitas pessoas conversando em grupos. Música alta tocando ao fundo. Em meio a todo esse barulho, um único som se destaca e você se vira. Quer saber qual é esse som? Seu nome. Você o ouve e *instantaneamente* procura a fonte.

Os cientistas chamam isso de "efeito coquetel". Em termos simples, mesmo quando há muitas coisas acontecendo, uma única coisa ainda pode chamar e manter nossa atenção. Portanto, nosso objetivo com as chamadas é aproveitar o efeito coquetel e destacar-nos em meio a *todo* o ruído. Afinal, se eles nunca perceberem seu anúncio, nada mais importa.

Um **destaque** *é qualquer coisa que você faça para chamar a atenção do seu público.* Os destaques vão desde hiper específicos - para chamar a atenção de uma pessoa - para não ser específico - para chamar a atenção de todos. Deixe-me explicar. Se alguém deixa cair uma bandeja com pratos, *todos* olham. Se uma criança grita "MÃE!", então as *mães* olham. Se alguém diz o seu nome, só *você* olha. Mas, novamente, todos recebem atenção. E eu tento fazer com que minhas chamadas sejam específicas o suficiente para chamar a atenção das pessoas certas *e* amplas o suficiente para chamar a atenção do maior número possível de pessoas. Portanto, preste muita atenção em como os anunciantes usam as chamadas, especialmente aquelas direcionadas ao seu público.

Aqui está o que procuro em chamadas verbais: *usar palavras para chamar a atenção:*

1) <u>Etiquetas</u>: Uma palavra ou conjunto de palavras *que agrupam* as pessoas. Estas incluem características, traços, títulos, locais e outros descritores. Ex: *Mães do Condado de Clark* *Proprietários de academias* *Trabalhadores remotos* *Estou procurando XYZ* etc. Para ser mais eficaz, *seus clientes ideais precisam se identificar com a etiqueta.*

    a) As pessoas se identificam automaticamente com sua área local. Portanto, com anúncios locais, quanto mais local, melhor. Um anúncio local com a chamada "ÁREA LOCAL + TIPO DE PESSOA" *ainda* é uma das minhas formas favoritas de chamar a atenção de alguém. Funcionou há duzentos anos, funciona hoje e funcionará amanhã. Então, pense: Americanos & Texanos & Residentes de Dallas & Residentes de Irving. Se você mora em Irving, pensará imediatamente que este anúncio pode afetá-lo. Portanto, ele chama sua atenção.

2) <u>Perguntas afirmativas</u>: perguntas em que, se as pessoas responderem "sim, sou eu", elas se qualificam para a oferta. Ex: *Você acorda para urinar mais de uma vez por noite? * *Você tem dificuldade para amarrar os sapatos? * *Você tem uma casa avaliada em mais de US$400.000? *

3) <u>Declarações "Se-Então"</u>: *Se* elas atenderem às suas condições, você as ajudará a tomar uma decisão. *Se você gasta mais de US$100.000 por mês em anúncios, podemos economizar 20% ou mais para você... *Se você nasceu entre 1978 e 1986 em Muskogee, Oklahoma, você pode se qualificar para uma ação coletiva... *Se você deseja XYZ, preste atenção...*

4) <u>Resultados ridículos</u>: Coisas bizarras, raras ou fora do comum que alguém poderia querer.

Estúdio de massagem com agendamento lotado para os próximos dois anos. Clientes furiosos, *Esta mulher perdeu 23 kg comendo pizza e demitiu seu personal trainer* *O governo está distribuindo cheques de mil dólares para quem conseguir responder a três perguntas* Etc.

As chamadas não precisam ser apenas palavras. Elas também podem ser ruídos ou imagens no ambiente. Voltemos à festa. Claro, uma bandeja de pratos que caiu chamaria a atenção de todos, mas o mesmo aconteceria com o tilintar de uma faca contra uma taça de champanhe. Ambos chamam a atenção de todos por motivos diferentes: um sinaliza um desastre embaraçoso e o outro sinaliza uma notícia importante... *mas, em ambos os casos, todos ainda querem saber o que acontece a seguir.* Portanto, se a plataforma permitir, bons anunciantes usam chamadas verbais e não verbais *juntas.*

Aqui está o que procuro em chamadas não verbais: *usar o cenário e o porta-voz para chamar a atenção:*

1) <u>Contraste</u>: qualquer coisa que "se destaque" nos primeiros segundos. As cores. Os sons. Os movimentos, etc. Observe o que chama sua atenção. Ex:

   a) Uma camisa brilhante quase sempre chama mais atenção do que uma camisa preta ou sem graça.

   b) Pessoas atraentes quase sempre chamam mais atenção do que pessoas comuns.

   c) Coisas em movimento quase sempre chamam mais atenção do que coisas estáticas.

2) <u>Semelhança</u>: pense *em mostrar* visualmente rótulos — características, traços, títulos, lugares e outros descrições com os quais as pessoas se identificam.

   a) As pessoas querem trabalhar com pessoas que tenham uma aparência, maneira de falar e agir que lhes sejam familiares (e você pode não ter uma aparência, maneira de falar ou agir que lhes sejam familiares). Portanto, se você atende a uma ampla base de clientes, use mais etnias, idades, gêneros, personalidades etc. em seus anúncios. Se você atende a uma base de clientes restrita (por exemplo: dispositivos médicos para idosos), use pessoas que se pareçam com eles.

      i) Faça barulho como um pato. Se você quer atrair patos, pareça um pato, ande como um pato e faça barulho como um pato. Se você quer atrair encanadores, vista-se como um encanador, fale como um encanador, esteja em um ambiente de encanamento. Mesmo com a mesma mensagem, seu anúncio terá um desempenho muito melhor se você parecer adequado (ou encontrar pessoas que pareçam).

ii) Se você vir um anúncio para médicos, observe o porta-voz. Qual é a idade dele? Sexo? Etnia? Ele está usando jaleco? Um estetoscópio? Ele está em uma instalação médica? Todas essas coisas fazem com que um tipo específico de pessoa interessada em produtos e serviços relacionados à saúde preste mais atenção do que prestaria de outra forma.

iii) Os mascotes também funcionam bem porque não envelhecem, nunca pedem mais dinheiro e nunca tiram dias de folga. Pense no Mickey Mouse da Disney. O lagarto da GEICO. Tony, o Tigre, da Kellogg's. O boneco da Michelin. etc. Um mascote é uma ótima maneira de criar um porta-voz duradouro para o seu negócio.

iv) <u>Avançado</u>: independentemente das semelhanças que você escolher usar, se não for você, a empresa se torna menos dependente de você e, portanto, mais vendável. Você também pode ser apenas um cara feio. Além disso, pessoas bonitas convertem melhor de qualquer maneira. A boa notícia é que não custa muito para uma pessoa bonita dizer coisas para uma câmera.

3) <u>A cena</u>: pense *em mostrar* as perguntas afirmativas e as declarações condicionais.

Exemplo: um anúncio com...

a) Uma pessoa se revirando na cama chama a atenção de pessoas com problemas para dormir.

b) Uma pêra ao lado de uma ampulheta pode chamar a atenção de pessoas com corpo em forma de pêra.

c) Um quarto cheio de coisas empilhadas até o teto chama a atenção de pessoas com muitos cacarecos.

d) Uma pedra batendo em uma janela chama a atenção das pessoas com janelas quebradas.

e) Um ponto de referência local. Os moradores locais pensam: *"Ei, eu conheço esse lugar!"* e prestam atenção.

Agora, esta não é uma lista exaustiva. *Longe* disso. Mostro-lhe isto para abrir o jogo. Desta forma, pode ver as infinitas maneiras como os anunciantes se destacam da multidão, para que também o possa fazer.

Dica profissional: anúncios infinitos

Aqui está uma das dicas mais rentáveis que posso dar sobre a criação de anúncios. Grave cerca de dez novos anúncios por semana. Mas grave trinta ou mais frases ou perguntas iniciais para começar o anúncio. Pense em clipes de cinco segundos. Essas são as chamadas que as pessoas consomem antes de decidirem assistir mais. Com trinta chamadas e dez anúncios principais, você pode criar trezentas variações em questão de horas. Depois de descobrir a melhor chamada, aplique-a a todos os anúncios.

Ação: Sempre fico impressionado com as maneiras inteligentes e inovadoras que os anunciantes usam para chamar a atenção de seus clientes em potencial. Então, em vez de silenciar ou clicar em "pular anúncio", *procure por esses chamados.* Torne-se um estudioso do jogo. Meu objetivo é que, pelo resto da sua vida, quando você vir um anúncio, *aumente o volume.*

Agora, uma vez que eles tenham notado nosso anúncio, isso nos leva à segunda parte do anúncio: precisamos despertar o interesse deles...

2) Desperte o interesse deles. Se as pessoas acharem que uma oferta ou isca digital tem grandes benefícios e custos mínimos, elas a valorizarão. E trocarão dinheiro ou informações de contato para obtê-la. Mas se o custo superar os benefícios, elas não a valorizarão e não a aceitarão. *Portanto, os melhores anúncios fazem com que os benefícios pareçam o maior possível e os custos o menor possível.* Isso torna uma oferta ou isca digital o mais valiosa possível e, por causa disso, atrai os leads mais engajados.

Uma boa propaganda, paga ou não, usa maneiras claras e simples de responder à pergunta: *por que eu deveria me interessar pelo seu produto?* Ela diz às pessoas por que elas deveriam querer o seu imã de lead ou oferta. Existem milhões de maneiras de fazer isso, mas vou compartilhar com você minha estrutura "O que-Quem-Quando". Essa estrutura mental depende do conhecimento *profundo* da equação de valor. Portanto, tudo o que você precisa fazer é saber oito coisas importantes sobre seu próprio produto ou serviço: como ele atende a cada elemento de valor para seu cliente em potencial e como o ajuda a evitar custos ocultos (lembra-se deles?). Pense neles como cenouras versus varas. Como sua oferta oferece mais coisas boas *e* menos coisas ruins. Em seguida, pense nas perspectivas das pessoas que teriam essas experiências (Quem). E, finalmente, em que período (Quando) elas teriam essas experiências (positivas ou negativas).

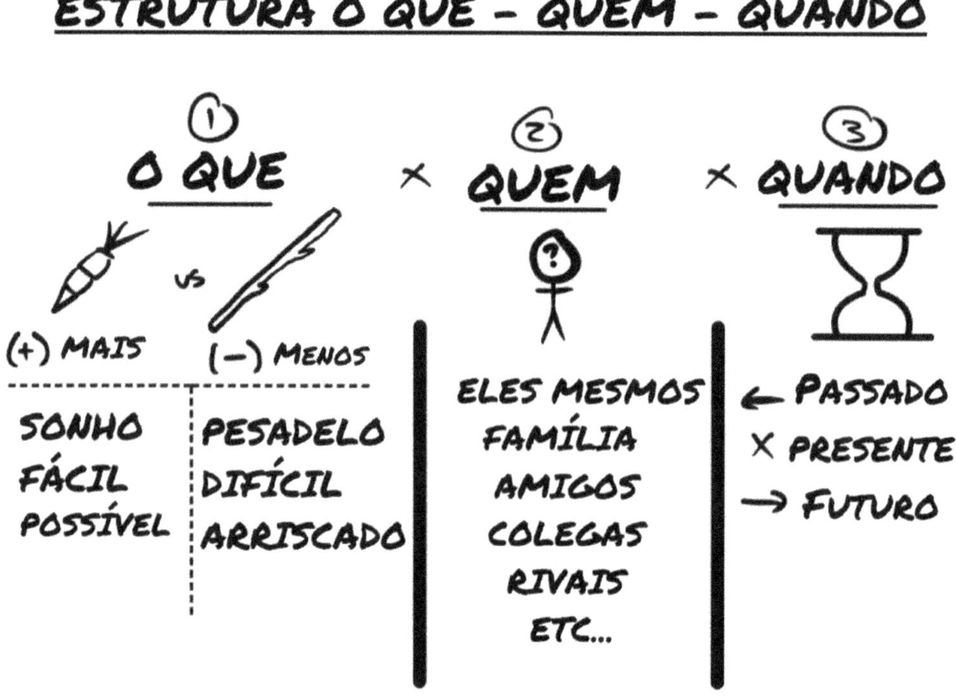

Nas palavras de David Ogilvy: "O cliente não é um idiota. É sua esposa." Então, você sabe o que isso significa? *Escreva para que ela entenda.* Os anúncios fazem com que os clientes em potencial pensem em perguntas para si mesmos. E um bom anúncio responde a essas perguntas exatamente no momento em que eles as pensam. Portanto, se você puder responder ao que eles estão pensando com seu anúncio, usando as palavras que eles usariam, você venceu.

Então, vamos começar com O quê: oito elementos-chave

- **Resultado dos sonhos**: um bom anúncio mostrará e informará o benefício máximo que o cliente em potencial pode obter usando o que você vende. Ele deve estar alinhado com o resultado dos sonhos do cliente em potencial ideal para esse tipo de produto ou serviço. Esses são os resultados que eles experimentam depois de comprar o produto.

  o **O oposto - Pesadelo**: um bom anúncio também mostrará a eles os piores aborrecimentos, dores, etc. possíveis de ficar sem a sua solução. Em resumo - as coisas ruins que eles experimentarão se não comprarem.

- **Probabilidade percebida de realização**: devido a falhas passadas, presumimos que, mesmo quando compramos, há o *risco* de não obtermos o que queremos. Reduza o risco percebido minimizando ou explicando as falhas passadas, enfatizando o sucesso de pessoas como eles, dando garantias por meio de autoridade e mostrando como o que você tem a oferecer lhes dará pelo menos uma chance maior de sucesso do que o que eles têm atualmente, etc.

    o **O oposto - Risco**: um bom anúncio também mostrará a eles como é arriscado *não* agir. Como será a vida deles se continuarem como sempre fizeram? Mostre como eles repetirão seus fracassos passados e como seus problemas ficarão maiores *e* piores...

- **Atraso**: Um bom anúncio também mostrará a eles como sua trajetória atual é lenta ou que *nunca* conseguirão o que desejam no ritmo atual...

    o **O oposto - Velocidade**: Para conseguir as coisas que queremos, sabemos que precisamos dedicar tempo para obtê-las. Um bom anúncio *mostrará* e *dirá* o quanto mais rápido eles conseguirão o que desejam.

- **Esforço e sacrifício**: um bom anúncio também mostrará a quantidade de trabalho e habilidade necessários para obter o resultado *sem* a sua solução. E como eles serão forçados a continuar abrindo mão das coisas que amam e continuando a sofrer com as coisas que odeiam. Ou pior, que eles trabalham duro e se sacrificam muito agora... e *não* chegam *a lugar nenhum.* Em outras palavras, eles desperdiçam mais tempo e dinheiro fazendo o que fazem atualmente do que se simplesmente comprassem nossa solução!

    o **O oposto - Facilidade**: Para conseguir o que queremos, sabemos que temos que mudar *alguma coisa.* Mas então presumimos que temos que fazer coisas que odiamos e abrir mão das coisas que amamos. E a facilidade vem da falta de *trabalho* ou *habilidade* necessária. Um bom anúncio refuta essa suposição. Ele diz e mostra como você pode evitar as coisas que odeia fazer, fazer mais das coisas que ama fazer, sem trabalhar duro ou ter muita habilidade, e *ainda assim* obter o resultado dos seus sonhos.

Esses são os 8 elementos-chave. Agora entendemos completamente o <u>O Quê</u> - como entregamos os quatro elementos de valor e como evitamos seus quatro opostos. Agora vamos para o próximo "Q" - <u>Quem</u>.

Quem: Os seres humanos são principalmente motivados pelo status. E o status de um ser humano vem da forma como os outros seres humanos o tratam. Portanto, se o seu produto ou serviço muda a forma como as outras pessoas tratam o seu cliente, o que de certa forma acontece, *vale* a pena mostrar como. E falar sobre os elementos de valor da perspectiva de outra pessoa mostra todas as formas como isso irá melhorar o status do seu cliente. Portanto, queremos destacar dois grupos de pessoas. O primeiro grupo é o das pessoas que ganham status, seus clientes. O segundo grupo é o das pessoas que lhes conferem status: cônjuges, filhos, pais, família extensa, colegas, chefes, amigos, rivais, concorrentes, etc.

Todas essas perspectivas nos oferecem diferentes oportunidades para mostrar como a situação do cliente potencial pode melhorar. E elas nos proporcionam uma *série* de benefícios adicionais. Por exemplo, se você perder peso, seus filhos terão um novo modelo a seguir? Seu cônjuge decidirá também levar uma vida mais saudável? Você terá mais chances de ser promovido no trabalho? A ciência diz que sim. Seu amigo-inimigo deixará de fazer aquelas pequenas provocações durante o jantar?

Vamos dar exemplos comerciais. Se eu dissesse que algo era isento de riscos, gostaria de explicar que *seus cônjuges* não os incomodariam com a compra, já que não havia riscos. Falaria sobre como seus filhos perceberiam que eles não estavam mais tão estressados ou distraídos com o trabalho. Como seus concorrentes percebem que seus telefones não tocam tanto porque todos os seus clientes estão migrando para o seu novo concorrente. Como seus amigos empresários dizem "os negócios devem estar indo bem" quando você chega com seu carro novo no campo de golfe. Você entendeu a ideia. Todos esses são benefícios adicionais para o cliente em potencial que perderíamos se olhássemos *apenas* da perspectiva dele.

E podemos aplicar cada nova perspectiva a cada impulsionador de valor. É assim que você obtém tantas histórias, exemplos, ângulos diferentes etc. para descrever os benefícios (mais incentivo e menos punição).

Isso me leva à terceira lente da estrutura O quê-Quem-Quando: o <u>Quando</u>.

Quando: as pessoas muitas vezes pensam apenas em como suas decisões afetam o aqui e agora. Mas se quisermos ser ainda mais convincentes (e queremos), também devemos explicar o que suas decisões levaram no passado *e* o que suas decisões *podem* levar no futuro. Fazemos isso fazendo com que elas visualizem sua própria linha do tempo (passado-presente-futuro). Dessa forma, as ajudamos a ver as consequências de sua decisão (ou indecisão) *no momento*.

Vamos usar o exemplo da perda de peso mencionado anteriormente *a partir da perspectiva delas*. Mostraríamos como elas eram provocadas quando crianças (passado), como lutam para abotoar seu jeans preferido (presente) ou como precisam apertar *mais* um furo no cinto (futuro). Como esse pesadelo parece para seus cônjuges? Para seus rivais? Que vergonha!

Lembre-se, também podemos analisar a mesma linha do tempo pela perspectiva *de outra pessoa*. Seu filho perguntando por que as outras crianças zombam dele (porque ele o transmitiu maus hábitos alimentares) (passado), ou como seus filhos reclamam agora que os pais das outras crianças participam dos treinos, enquanto eles não (presente), ou como o médico disse que talvez eles não possam levar a filha ao altar no casamento dela (futuro). Observação: tudo isso são *coisas ruins* que eles querem evitar. Nossos próximos elementos de texto contrastam isso com as coisas boas que poderiam acontecer (presente e futuro) *se eles comprassem nosso produto*.

Usamos ambos para destacar os aspectos positivos e afastar os negativos, combinando-os com o passado, o presente e o futuro da vida do potencial cliente para criar motivadores *poderosos* em nosso texto.

Juntando o quê, quem e quando, respondemos *POR QUE* eles deveriam estar interessados.

Se eu continuasse com a questão da perda de peso, poderia falar sobre como:

Seu cônjuge (QUEM) perceberá com que rapidez (O QUÊ) que ele serve naquele "terno que sua esposa adora, que não servia, mas agora serve" no futuro (QUANDO). Ou como seus filhos

(QUEM), *mês após mês* (QUANDO), *ficaram mais interessados em comer de forma saudável e acompanhá-los durante os treinos* (O QUÊ). *Ou como eles* (QUEM) *se viriam no espelho do shopping em alguns meses* (QUANDO) *e perceberiam que "as roupas dessa loja realmente me servem"* (O QUÊ).

Dica profissional: torne seus anúncios o mais específicos possível, mas sem exagerar.

Quanto mais específico for o seu texto, mais eficiente ele poderá ser, mas também mais longo tenderá a ficar. E se ficar muito longo para a plataforma, isso reduzirá a eficiência. Portanto, torne o *anúncio como um todo* o mais específico possível no espaço mais eficiente que você tiver. Se você tiver áudio e recursos visuais à sua disposição, use *contraste, semelhança* e a própria cena para <u>combinar com o seu texto</u> – ele se tornará mais específico sem ficar mais longo. E isso torna o seu anúncio ainda mais eficiente e lucrativo.

Quando combinamos:

- tudo o que podemos para levar o cliente em potencial *em direção* aos quatro impulsionadores de valor, ao mesmo tempo em que os *afastamos de* seus opostos

- as várias perspectivas que podemos mostrar para que ganhem status *e*

- diferentes linhas do tempo para cada um...

... Isso reforça o *motivo pelo qual* eles devem se interessar. E agora temos muitas maneiras de despertar o interesse deles! E quanto mais ângulos cobrirmos, mais interessados eles ficarão.

Além disso, já que você perguntou, a única diferença entre anúncios longos e curtos é quantos ângulos temos tempo para cobrir a partir da estrutura de redação. Anúncios mais longos usam mais. Anúncios mais curtos usam menos. Portanto, acrescente ou retire com base na plataforma, mas mantenha os chamados (os primeiros segundos) e CTAs (o que fazer a seguir) iguais.

Dica profissional: obtenha inspiração ilimitada.

Muitas plataformas têm um banco de dados de anúncios antigos e atuais. Neste momento, se você pesquisar "[PLATAFORMA] biblioteca de anúncios" em um mecanismo de busca, em poucos cliques você os encontrará. Se você vir um anúncio que fica no ar por muito tempo (um mês ou mais), presuma que ele é lucrativo. Em seguida, anote os apelos que eles usam, como ilustram os elementos de valor e suas CTAs. Procure as palavras que eles usam e como as demonstram. Analise cerca de cinquenta anúncios e você terá uma grande vantagem para criar seus próprios anúncios vencedores.

Etapas de ação: obtenha o máximo possível de ângulos de publicidade com sua oferta usando a estrutura O Quê-Quem-Quando.

O quê: Conheça as oito coisas principais sobre seu próprio produto ou serviço. Como ele atende a cada elemento de valor e como ajuda a evitar seus opostos.

Quem: Mostre como os oito pontos-chave do seu produto ou serviço podem mudar o status *do seu cliente potencial*. Em seguida, mostre como *as pessoas que eles conhecem* dão status ao cliente potencial quando compram o seu produto ou tiram status se não o fizerem.

Quando: Faça com que o cliente em potencial veja as consequências de comprar e não comprar através do seu passado, presente e futuro. Especialmente através da mudança de status com as pessoas que conhecem. Dessa forma, ajudamos a ver o valor da sua decisão (ou indecisão) neste exato momento.

> **Nota do autor: você não precisa se tornar um especialista em redação publicitária.**
>
> Eu certamente não sou. E se eu achasse que a redação fosse o limitador para a maioria, teria dedicado mais tempo a ela. Claro, empreendedores de classe mundial têm habilidades de redação. Mas redatores de classe mundial não têm necessariamente habilidades empreendedoras. *Não sacrifique um pelo outro.* Se você explicar sua oferta claramente usando a estrutura O Quê-Quem-Quando, terá habilidade suficiente para remover a redação como um limitador do seu crescimento. E isso é tudo o que você precisa fazer: tornar-se bom o suficiente para crescer. Afinal, se você atrair as pessoas certas e tiver uma oferta incrível, quase não precisará de texto para começar. *Você só precisa explicar sua oferta.* Torne-se bom o suficiente para tornar seus anúncios lucrativos, depois expanda e veja o que acontece a seguir.

Também incluí mais algumas dicas e truques de publicidade que me ajudaram muito nas lições no final do capítulo. Mas mesmo que você nunca os use, há apenas mais uma coisa de que você precisará para transformar essas pessoas interessadas em leads engajados...

3) CTA – Diga a eles o que fazer a seguir

Se o seu anúncio despertou o interesse deles, então o seu público terá uma enorme motivação... por um curto período de tempo. Aproveite. Diga-lhes *exatamente* o que fazer a seguir. Explique detalhadamente: Clique neste botão. Ligue para este número. Responda com "SIM". Acesse este site. Escaneie este código QR (piscadela). Muitos anúncios *ainda* não fazem isso. O seu público só saberá o que fazer se você lhes disser.

Torne as CTAs rápidas e fáceis. Números de telefone fáceis, botões óbvios, sites simples. Por exemplo, uma CTA comum é direcionar o público para um site. Portanto, torne seu endereço da web curto e fácil de lembrar:

Em vez de... alexsprivateequityfirm.com/free-book-and-course2782

Use... acquisition.com/training

Observação: isso vem de um cara que gastou US$370.000 em um domínio de uma única palavra, Acquisition.com. Então, talvez eu supervalorize domínios fáceis, mas não acho que seja o caso. Acho que todo mundo os subestima. É só a minha opinião.

Presuma que o público não tem ideia de quem você é, nem do que você faz, nem de como funciona, que está com pressa e que tem apenas até o terceiro ano do ensino fundamental.

Além desses princípios básicos que a maioria ainda esquece, você também pode usar todas as táticas como urgência, escassez e bônus da "Etapa 7" do capítulo "engaje seus leads" para criar CTAs ainda mais fortes. Elas se aplicam aqui e em qualquer outro lugar em que você peça ao seu público para fazer algo.

Agora podemos escolher uma plataforma para anunciar, definir o público-alvo dos nossos anúncios, criar os anúncios que eles verão e dizer-lhes o que fazer a seguir. Tudo o que precisamos fazer agora é obter as informações de contato deles.

Etapa 4 "Como obtenho as informações deles?" → Obtenha permissão para entrar em contato com eles

Depois que eles realizarem a ação, obtenha suas informações de contato. Minha maneira favorita de obter informações de contato é uma página de destino simples. Não pense demais. Quanto mais simples for sua página de destino, mais fácil será testá-la. Concentre-se nas palavras e na imagem. Aqui estão meus três modelos favoritos. Escolha um e comece a testar.

PÁGINAS DE DESTINO

E faça com que suas páginas de destino correspondam aos seus anúncios. As pessoas clicam em um anúncio porque você lhes prometeu algum benefício. Portanto, mantenha a mesma aparência e linguagem em sua página de destino. Certifique-se de que o que você prometeu em seu anúncio é o que você entrega. Isso parece simples, mas muitas pessoas se esquecem e desperdiçam dinheiro até se lembrarem disso. Você não quer acabar com uma experiência Frankenstein, em que tudo parece diferente. Você quer uma experiência contínua, do "primeiro clique ao fechamento".

Faça com que mais pessoas passem por mais etapas. Na obra seminal de Robert Cialdini, *Influência*, ele mostra que as pessoas gostam de se considerar consistentes. Portanto, se você lembrá-las da ação que acabaram de realizar (CTA) e mostrar como a próxima ação se alinha a ela, você fará com que mais pessoas realizem a segunda ação (informações de contato). Por exemplo: "Agora que você acabou de fazer A, precisa fazer B para aproveitar ao máximo A." *Ou* "Fazer A faz de você uma pessoa do tipo 'que faz A'. Pessoas que fazem A fazem B."

Para ser claro, não estamos vendendo nada. Estamos perguntando se eles estão interessados nos produtos que vendemos. E, se estiverem interessados, eles nos darão uma maneira de lhes contar mais sobre isso. E, quando o fizerem, eles se tornarão leads engajados. Uau!

Ação: crie sua primeira página de destino. Eu perdi quatro anos com medo de criar uma página de destino. Quando finalmente tentei, terminei antes do almoço. Hoje em dia, existem inúmeras ferramentas de "arrastar e soltar" para criar sites em minutos. E se você ainda estiver preocupado com isso, freelancers podem criar um site, provavelmente usando essas mesmas ferramentas de arrastar e soltar, por um preço baixo. Então, basta fazer isso.

→**Agora, você conquistou leads a partir de anúncios pagos!** Viva! Conseguimos!

Veicule anúncios pagos, Parte I: Conclusão

O que *precisa* acontecer para que a publicidade funcione? Bem, temos que mostrar nosso anúncio para as pessoas certas. Então, escolhemos a plataforma certa e direcionamos nosso anúncio para as pessoas dentro dessa plataforma que têm a maior porcentagem do nosso público. Depois de fazer isso, temos que fazer com que elas notem nosso anúncio. Quando elas o notarem, elas precisam consumi-lo para ter um motivo para agir agora, em vez de mais tarde. Fazemos isso usando a equação de valor. E demonstramos isso no passado, presente e futuro, da perspectiva delas e das pessoas que elas conhecem. E, uma vez que elas tenham um motivo para agir, elas precisam ter uma maneira de nos dar permissão para entrar em contato com elas. *Essa ação as transforma em leads engajados.* E, como essas coisas precisam acontecer, elas se tornaram, de forma lenta mas segura, os três elementos centrais de todos os anúncios que eu crio:

1) Chamadas de atenção (para que eles percebam)

2) Elementos de valor (para lhes dar um motivo para fazer algo)

3) Chamadas à ação (para lhes dar uma maneira de fazer isso)

Agora... resta apenas uma pergunta... qual é a nossa eficiência? Vamos falar sobre dinheiro.

#4 Veicule anúncios pagos, Parte II: Dinheiro

"Estou apenas tentando comprar um dólar e vendê-lo
por dois" – Proposition Joe, The Wire

Neste capítulo e no anterior, focamos na eficiência dos anúncios pagos, porque *a eficiência é mais importante do que a criatividade*. Toda publicidade funciona. A única diferença entre os anúncios é o seu grau de eficácia. Talvez as pessoas fiquem obcecadas com a criação de anúncios pagos porque eles contêm palavras como "texto", "criativo" e "mídia" e, então, se concentram excessivamente em tornar tudo isso "perfeito" (como se isso fosse possível). Você pode fazer ajustes dia e noite... até o fim dos tempos! A realidade é que os anúncios pagos, qualquer publicidade na verdade, têm tudo a ver *com o retorno do seu investimento*. E com os anúncios pagos isso fica claro como o dia, porque você investe X dólares para que as pessoas vejam o anúncio e ganha Y dólares se elas comprarem seus produtos. Portanto, se você quer uma máquina *de leads de US$100 milhões*, só precisa torná-la "boa o suficiente" para escalar. Por quê? Porque boa o suficiente é boa o suficiente.

Como a eficiência é o mais importante, queremos ser o mais eficientes possível para que possamos expandir ao máximo. Dessa forma, obtemos tantos leads quanto nosso coração desejar.

Dito isso, há nuances suficientes na expansão de anúncios pagos que achei melhor dividir esse assunto em um capítulo separado. Este capítulo responde a quatro grandes perguntas sobre anúncios, conforme eu as entendo:

- Quanto devo gastar? → Três fases da expansão de anúncios

- Como sei se estou indo bem? → Custo e referências

- Se meus anúncios não forem lucrativos, como posso corrigir isso? → Aquisição financiada pelo cliente.

- O que eu gostaria de saber antes de veicular meu primeiro anúncio pago? → Lições

"Mas quanto devo gastar em anúncios pagos?" → As três fases da expansão dos anúncios pagos

Na minha opinião, existem três fases no gasto com anúncios.

<u>Fase um</u>: acompanhar o dinheiro

<u>Fase dois</u>: perder dinheiro

<u>Fase três</u>: ganhar dinheiro

Vamos analisá-las juntos.

Fase Um: *Acompanhe o dinheiro.* Antes de gastar um centavo em anúncios, configure tudo para que você possa acompanhar com precisão seus retornos. Se você não acompanhar, vai acabar sem nada. Seria como ir a um cassino e jogar seu jogo favorito pelo tempo que você quisesse, em vez de pelo tempo que você pudesse pagar. Mas, uma vez que você tenha o acompanhamento, poderá fazer mais coisas que lhe rendem dinheiro e menos coisas que não rendem. Isso manipula o jogo a seu favor. Portanto, contrate um consultor, assista a tutoriais e configure tudo. Fim da história. Depois de ter o acompanhamento, você pode começar a perder dinheiro como um profissional (piscadela).

Fase dois: *perca dinheiro* (brincadeira). Prefiro chamar isso de "investir em uma máquina de imprimir dinheiro". Afinal, ao veicular anúncios pagos, você paga primeiro. Portanto, sua conta bancária precisa diminuir antes de aumentar.

Enfatizo isso porque prefiro prepará-lo: *você vai perder dinheiro*. Na verdade, perdi *mais* dinheiro do que ganhei com anúncios pagos. Mas toda vez que ganho dinheiro com anúncios pagos, recupero tudo o que perdi *e muito mais*. Portanto, o número de vezes que perco é alto, mas o valor que perco é baixo, porque sei quando desistir. E o número de vezes que ganho é baixo, mas o valor que ganho é muito alto, porque sei quando acelerar. Então, pense nisso dessa forma.

Imagine que eu gasto US$100 em dez anúncios - US$1.000 no total. Nove deles perdem todos os US$100. Então, um deles recupera US$500 pelos US$100 que eu gastei. Ainda estou com um prejuízo de 500 dólares. Muitas pessoas param por aqui porque veem uma perda de 500 dólares. Mas nós não. Nós vemos um vencedor. Então, agora nos preparamos e apostamos 100 vezes mais. Gastamos 10.000 dólares no anúncio vencedor e recuperamos 50.000 dólares.

Observação: ainda perdi *nove vezes*, mas na *única vez* que ganhei, ganhei muito. E isso é importante, porque você pode perder nove ou noventa e nove vezes seguidas antes de ganhar muito. Mas, para ganhar muito, você precisa identificar os vencedores e *apostar o dobro, o triplo, o quádruplo ou dez vezes mais neles*. É por isso que a publicidade paga é muito parecida com um cassino. Você frequentemente perderá no início para aprender o jogo. Mas, com habilidade suficiente, você acabará se tornando a casa. Dito isso, durante essa fase de "perda de dinheiro", você ainda pode ser inteligente. Veja como eu faço isso.

Eu reservo o dobro do dinheiro que recebo de um cliente em trinta dias (<u>não</u> LTGP) para testar novos anúncios. Desperdicei muito dinheiro deixando os anúncios rodarem por muito tempo antes de perceber que eram ruins. Mas, por outro lado, perdi ainda mais dinheiro desistindo dos anúncios antes de lhes dar uma chance. Por fim, encontrei o ponto ideal ao reservar <u>o dobro</u> do dinheiro que recebo de um novo cliente nos primeiros trinta dias para testar um novo anúncio. Por exemplo, se sei que tenho um lucro de US$100 com um cliente nos primeiros trinta dias, deixo um anúncio rodar até

US$200 antes de desativá-lo (desde que eu esteja obtendo leads). Se eu não estiver obtendo nenhum lead com um anúncio, antes de gastar o valor equivalente a trinta dias, eu o desativo (US$100 no exemplo).

Custa dinheiro construir uma máquina de publicidade. Trabalhei com uma empresa que levou um ano para tornar os anúncios pagos lucrativos. Foi difícil. Mas outras empresas no mesmo setor exibiam anúncios lucrativos, o que significava que *nós também podíamos*. Depois que se tornaram lucrativos, eles recuperaram o dinheiro "desperdiçado" durante um ano no *mês seguinte*. Custa dinheiro construir uma máquina de publicidade... e isso é *normal*. Apenas certifique-se de medir os retornos em um horizonte de longo prazo, não na próxima semana. Você consegue pensar em algo mais valioso do que uma máquina que imprime dinheiro? Não seria razoável que fosse barato (ou fácil). Quando você começar a ganhar mais dinheiro do que gasta para produzi-lo, estará na fase três.

<u>**Fase três:**</u> *imprima dinheiro.* Se você está recuperando mais dinheiro do que gasta, a resposta é simples: *gaste o máximo que puder.* Afinal, se você tivesse uma máquina mágica que lhe desse US$10 para cada US$1 que você colocasse nela, qual seria o seu orçamento? Certo. Todo o dinheiro. Mas, realisticamente, você provavelmente tem alguma outra restrição em seu negócio que o impede de receber um número ilimitado de clientes. Então, veja como eu dimensiono meu orçamento.

Em vez de perguntar "Quanto dinheiro devo gastar em um anúncio?", pergunto "Quantos clientes eu quero?" ou "Quantos clientes eu consigo atender?". Assim, quando os anúncios atingem o ponto de equilíbrio ou melhor, eu inverto meu orçamento a partir das minhas metas de vendas. Se eu só puder atender 100 clientes no próximo mês e cada cliente me custar US$100, precisarei gastar US$10.000 para conquistá-los (100 x

100 dólares). Mas como os anúncios ficam menos eficientes à medida que aumentam de escala, costumo aumentar o orçamento em 20%. Isso significa 12.000 dólares em trinta dias, ou 400 dólares por dia em gastos com publicidade. Eu inverto meu orçamento diário de publicidade a partir da minha meta de obtenção de leads. Então, *eu me comprometo com isso.* Se o número te assusta, então você está fazendo certo. Confie nos dados. É assim que você aumenta a escala. E é por isso que a maioria das pessoas nunca o faz.

"Como estou me saindo?" - Custos e retornos - Referências de eficiência

Anúncios pagos eficientes geram mais dinheiro do que custam. Se isso parece dolorosamente óbvio, ótimo. Você já está à frente da maioria das pessoas. Eu avalio a eficiência dos anúncios pagos comparando o lucro bruto ao longo da vida de um cliente (LTGP) com o custo de aquisição de um cliente (CAC). Eu expresso essa relação como LTGP em relação ao CAC.

<u>Eu avalio o LTGP em vez do "valor ao longo da vida" ou "LTV".</u>

O lucro bruto ao longo da vida é todo o dinheiro que um cliente gasta em seus produtos, menos todo o dinheiro necessário para entregá-los. Por exemplo, se um cliente compra algo por US$15 e a entrega custa US$5, seu lucro bruto é de US$10. Portanto, se esse cliente comprar dez itens ao longo da vida, ele terá comprado um total de US$150 em produtos. Mas você gastou um total de US$50 para entregar esses produtos. Isso faz com que o lucro bruto ao longo da vida seja de US$100.

O lucro bruto é importante em geral porque é o dinheiro real que você usa para adquirir clientes, pagar aluguel, cobrir a folha de pagamento e... tudo o mais para administrar seu negócio.

Portanto, se você já me ouviu dizer "Estou obtendo 3 para 1 nisso", estou me referindo à minha relação LTGP/CAC. Eu comparo quanto ganhei com quanto gastei. Portanto, se o LTGP for maior que o CAC, você tem uma publicidade lucrativa. Se for menor que o CAC, você está perdendo dinheiro.

Qual é uma boa relação LTGP/CAC? Todas as empresas em que invisto e que têm dificuldade em crescer têm pelo menos uma coisa em comum: a sua relação LTGP/CAC era *inferior a* 3 para 1. Assim que consigo que essa relação ultrapasse 3 para 1 (seja através da redução do CAC ou do aumento do LTGP), elas disparam. *Este é um padrão que observei pessoalmente, não uma regra.*

$$LTGP > CAC = \$+ \quad \smiley$$

$$LTGP < CAC = \$- \quad \frownie$$

$$\frac{LTGP}{CAC} > 3 \quad \smiley$$

Você tem duas grandes alavancas para melhorar o LTGP/CAC:

- Reduzir o CAC - Obter clientes mais baratos. Fazemos isso com anúncios mais eficientes, seguindo as etapas que acabamos de descrever.

- Aumente o LTGP - Aumente o quanto você ganha por cliente. Fazemos isso com um modelo de negócios melhor.

Para obter o máximo de dinheiro... *prefiro fazer as duas coisas.*

Por exemplo, se você ganhasse um bilhão de dólares por cliente, poderia gastar novecentos e noventa e nove milhões de dólares para conseguir um cliente e *ainda* sobraria um milhão de dólares. Você poderia gastar praticamente o que fosse necessário para conseguir um cliente. Não importa o quão ruins sejam seus anúncios, você provavelmente ainda assim teria lucro. Por outro lado, se você ganhasse um centavo por cliente, teria que conquistar cada cliente por *menos de um centavo* para que isso funcionasse. Mesmo com os melhores anúncios, você fracassaria.

Abordo este assunto porque conversamos com centenas de empreendedores todos os meses. Muitas vezes, eles acham que têm anúncios ruins (alto CAC), quando, na verdade, têm um modelo de negócios ruim (baixo LTGP). Aqui está uma descoberta que provavelmente irá surpreendê-lo tanto quanto me surpreendeu. O custo para adquirir clientes, entre concorrentes do mesmo setor, é <u>muito mais próximo do que você imagina</u>. A diferença entre os vencedores e os perdedores é *quanto eles ganham com cada cliente.*

Então, como saber se são seus anúncios ou seu modelo de negócios que precisam ser aprimorados? Eu uso o CAC médio do setor como referência. Pesquise as médias do seu setor para o custo de aquisição de clientes. Se o seu CAC estiver abaixo de 3 vezes a média do setor (bom), *concentre-se no seu modelo de negócios* (LTGP). Se o seu CAC estiver acima de 3 vezes a média (ruim), *concentre-se na sua publicidade* (CAC).

As coisas não podem ficar tão baratas. Eventualmente, você precisa ganhar mais. Pense nisso como reduzir o custo de conquistar um cliente em US$100 acabará exigindo mais trabalho do que ganhar US$100 a mais com ele. Portanto, quando seu custo estiver baixo o suficiente, concentre-se no seu modelo de negócios. Os custos só podem se aproximar de zero, mas o quanto você ganha pode chegar ao infinito. Aumentar a eficiência da publicidade além de um certo ponto é como tentar "economizar" até chegar a um bilhão de dólares. Você sente que está progredindo, mas nunca vai chegar lá.

"Meus anúncios não são lucrativos, como posso corrigir isso?" → Aquisição financiada pelo cliente

Para muitas empresas, o LTGP é maior que o CAC. Ótimo. Mas *não após a primeira compra.* Ruim. O lucro da *primeira compra* do cliente costuma ser menor do que o custo para conquistá-lo. Pode levar muitos meses para coletar o LTGP total. Portanto, você recebe seu dinheiro mais tarde, em vez de agora. Esse problema de fluxo de caixa prejudica sua capacidade de expandir os anúncios e conquistar mais clientes. Que pena, novamente.

Mas... se o seu cliente gastar mais do que o custo para você conquistá-lo *e* atendê-lo – nos primeiros 30 dias – então você terá os fundos necessários para crescer *agora* e *para sempre.* Eu chamo isso de **aquisição financiada pelo cliente.**

Escolhi trinta dias porque qualquer empresa pode obter dinheiro sem juros por trinta dias com um cartão de crédito. E se ganharmos mais do que o custo para conquistar e atender o cliente nos primeiros trinta dias, equilibramos nosso saldo. Agora, temos zero dívidas e um novo cliente com o qual podemos continuar lucrando para sempre. Então, repetimos o processo. O dinheiro não é mais seu gargalo. Essa é a chave para uma escala ilimitada. *Repito a mesma imagem acima para que você possa consultá-la.*

Vamos ver como funciona a aquisição financiada pelo cliente:

- Digamos que temos uma assinatura de US$15 por mês que nos custa US$5 para entregar. Isso nos deixa um lucro bruto de US$10.

  (Assinatura de US$15) - (Custo de US$5) = Lucro bruto de US$10 por mês

- E digamos que nosso membro médio permaneça por dez meses. Isso torna nosso lucro bruto ao longo da vida de US$100.

  (Lucro bruto de US$10 por mês) x (10 meses) = US$100 LTGP.

- Se o custo para conseguir um cliente for de US$30 (CAC = US$30), temos uma relação LTGP:CAC de 3,3:1.

  (LTGP de US$100) / (CAC de US$30) = 3,3 LTGP / 1 CAC → 3,3:1 Nossos anúncios geram receita. Excelente.

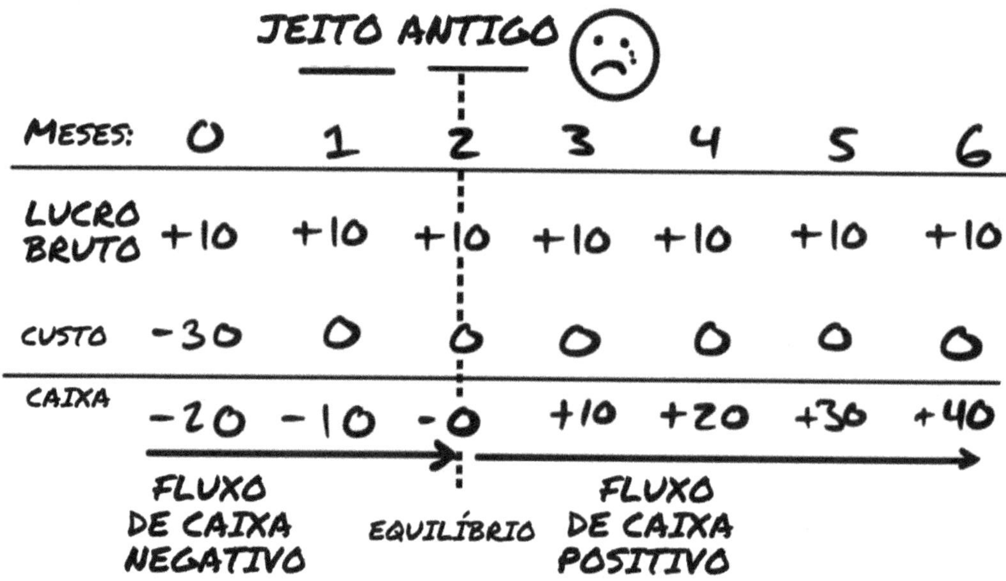

Mas espere... há um problema. Você gastou US$30 em anúncios e só recebeu US$10 de volta. Dez dólares entram aos poucos, um mês de cada vez, até que você finalmente consiga equilibrar as contas... dois meses depois. Isso é um ano difícil! Não se engane, você deve 100% fazer essa troca. Mas agora temos um problema *de fluxo de caixa*.

Aqui está como eu resolvo isso: *vendo imediatamente mais produtos a eles.*

- Se eu oferecer uma venda adicional de US$100 (com margem de 100%), um em cada cinco novos clientes aceitará. Isso adiciona US$20 de lucro bruto por cliente.

  (venda adicional de US$100) / (5 clientes) = US$20 de venda adicional média por cliente.

- Isso nos leva de US$10 para US$30 nos primeiros trinta dias (nossa janela de equilíbrio). A primeira compra é de US$10. Mas agora *a média de vendas adicionais acrescenta US$20.*

  US$10 + US$20 = US$30 de lucro bruto por cliente em menos de 30 dias.

- E como custa US$30 para adquiri-los, atingimos o ponto de equilíbrio. Ótimo!

  US$30 de CAC - US$30 em dinheiro arrecadado em trinta dias = clientes gratuitos!

Cada US$10 por mês que entra depois disso é "lucro extra". Agora, posso conseguir outro cliente enquanto continuo recebendo esse lucro de US$10 por mês durante os próximos nove meses. É assim que se ganha dinheiro. As coisas que você pode vender ou vender a mais são ilimitadas.

Se eu cobrir o custo para conseguir e atender um cliente nos primeiros trinta dias, posso pagar meu cartão e fazer tudo de novo. É assim que eu fiz todas as empresas que comecei nos últimos sete anos passarem de US$1 milhão/mês nos primeiros doze meses - sem financiamento externo. Com a eficiência fora do caminho, a criatividade é o seu único limite.

<u>Conclusão</u>: descubra uma maneira de fazer com que seus clientes paguem você nos primeiros trinta dias para que você possa reciclar seu dinheiro e conseguir mais clientes.

Lições pessoais com anúncios pagos

1) **Não confunda problemas de vendas com problemas de publicidade.** O custo para conquistar clientes não vem apenas da publicidade (embora seja a maior parte) ... Por exemplo, uma empresa na qual investi custou doze semanas e US$150.000 para veicular anúncios pagos. Eles estavam conseguindo os leads certos por telefone, mas eles não estavam comprando. O proprietário disse que a publicidade não funcionava. Mas os anúncios funcionavam bem, ótimos até, *mas as vendas eram péssimas.* O proprietário desistiu, e desistiu a poucos centímetros do ouro. Frustrante. Confundir um problema de publicidade com um problema de vendas custou-lhes cerca de US$30 milhões em valor empresarial. Se os seus leads engajados têm o problema que você resolve e o dinheiro para gastar, e não estão comprando, então seus anúncios funcionam bem – você tem um problema de vendas.

2) **Seu melhor conteúdo gratuito pode se tornar o melhor anúncio pago.** Alguns dos melhores anúncios pagos que já publiquei vieram de conteúdo gratuito. Se você criar um conteúdo gratuito que **gere** vendas ou tenha um ótimo desempenho, nove entre dez vezes ele se tornará um ótimo anúncio pago.

   a) **Conteúdo gerado pelo usuário (UGC).** Se você conseguir que seus clientes criem depoimentos ou avaliações usando seu produto, publique-os. Se eles tiverem um bom desempenho como conteúdo gratuito, muitas vezes também se tornam anúncios matadores. Ter um sistema para incentivar essas publicações dos clientes é minha maneira favorita de obter um fluxo constante de anúncios em potencial. E a melhor parte é que não dá trabalho extra.

3) **Se você disser que é ruim em algo, provavelmente será ruim mesmo.** Nunca diga "não entendo de tecnologia" ou "odeio coisas tecnológicas". Isso só faz com que você fique mais pobre do que deveria. Eu disse isso por... espere... QUATRO ANOS. Então, um dia, eu explodi porque odiava meu web designer mais do que odiava a tecnologia em si. "Se esse idiota consegue fazer isso, eu também consigo." Quatro anos de perda de tempo e dinheiro foram revertidos com quatro horas de esforço concentrado.

Sua vez

Posso te ensinar a colocar um anúncio em vinte minutos. Vai custar US$100. Vale a pena? Espero que sim. É uma habilidade importante. Não vai te render dinheiro, mas você vai aprender uma lição que vale muito mais do que cem dólares: *veicular anúncios é mais fácil do que você imagina.* Na verdade, as plataformas gastam milhões para tornar isso o mais fácil possível (para que possam ganhar mais dinheiro). Aqui está tudo o que você precisa fazer:

Pesquise "COMO COLOCAR UM ANÚNCIO NO [PLATAFORMA]". Em seguida, coloque um por US$100. Não vá até o fim e depois desista. Gaste o dinheiro. Arranque o band-aid. Assim que fizer isso, você não será mais um observador, estará no jogo.

Depois de juntar todas essas peças, é hora de enviar. Gaste dinheiro. Comece com uma quantia aceitável que você está disposto a perder por mês. Esteja preparado para perder. Você não estará ganhando, estará aprendendo.

Se você se lembra da nossa lista de verificação de publicidade, precisará selecionar cada linha para preencher seu cartão de ação. Isso dá início à sua jornada em anúncios pagos para obter leads mais engajados. Exemplo de lista de verificação de anúncios pagos:

Lista de verificação diária de anúncios pagos	
Quem:	Você mesmo
O quê:	Sua oferta
Onde:	Qualquer plataforma/público ao qual você possa comprar acesso
Para quem:	Público-alvo ou público similar
Quando:	Todos os dias, 7 dias por semana
Por quê:	Obter leads comprometidos para conseguir vender para eles
Como:	Anúncios + O quê-Quem-Quando + CTA (chamada para ação)
Quantos:	Elaboração de um orçamento e, em seguida, investi-lo em uma meta de vendas
Cuántas:	30 + chamadas de atenção x 10 Anúncios publicitários
Até quando:	O tempo que for necessário.

Veicule anúncios pagos, Parte II Conclusão

Anúncios pagos são a maneira mais rápida de aumentar o número de leads que você obtém. Passamos a maior parte deste capítulo falando sobre eficiência. Porque, uma vez que você entende como os anúncios realmente geram dinheiro, fica muito mais fácil vencer.

Tenho tido muito sucesso com anúncios pagos, mas não foi porque eu era o mais criativo ou tinha o melhor texto. Foi porque eu conhecia os números. Portanto, siga as etapas descritas.

Recomendo fazer anúncios pagos <u>por último</u> por dois motivos. Primeiro, as habilidades dos outros três métodos se transferem para este. E, segundo, anúncios pagos custam dinheiro. Dinheiro que você terá se começar pelos outros três métodos primeiro. Portanto, aprenda as habilidades e ganhe dinheiro com os outros três métodos, para que você tenha a menor curva de aprendizado neste.

E, quando tivermos tudo isso, vamos expandir. Esperamos perder mais vezes do que ganhar. E, quando ganharmos, vamos expandir ao máximo. É assim que fazemos.

Anúncios pagos são a última das quatro principais maneiras pelas quais uma pessoa pode divulgar seus produtos para outras pessoas. Mas antes de passarmos para a segunda metade do livro, quero mostrar como potencializar essas estratégias.

BRINDE: Treinamento bônus – Atalho para anúncios pagos

Veicular anúncios pagos é o caminho mais rápido. É um investimento de alto risco e alta recompensa. Gravei uma análise mais detalhada das estruturas de anúncios pagos que me ajudaram em diversos setores e faixas de preço. Você pode encontrá-la aqui gratuitamente, como sempre: Acquisition.com/training/leads. Meu presente para você: o dinheiro que você ganhará no futuro.
E, como sempre, você também pode escanear o código QR abaixo se não gosta de digitar.

Quatro pilares (potencializados) fundamentais: Mais, Melhor, Novo

"Se você não tiver sucesso na primeira tentativa, use a força."

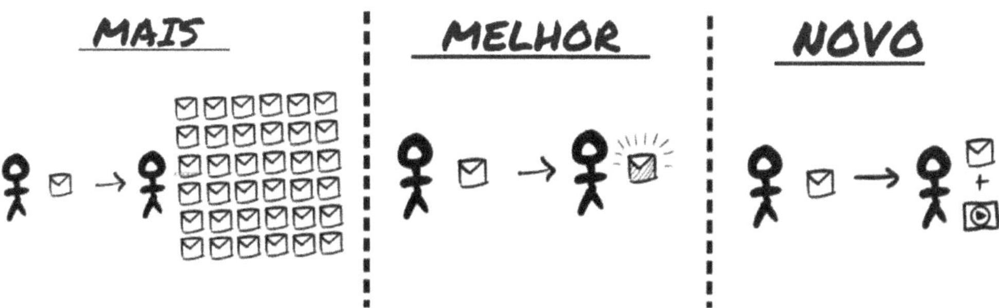

Eu examinei as cerca de cinquenta faces do grupo. Todos eram empreendedores buscando expandir seus negócios. Cada um deles ávido pelo "elo perdido" que os inundaria com leads engajados. Depois de terminar uma apresentação sobre geração de leads, *abri espaço para perguntas e respostas*:

O primeiro empresário interveio: "Sinto que saturei o mercado. Não acho que possamos crescer mais no nicho da quiropraxia do que já crescemos."

"Qual é a sua receita?", perguntei.

"US$2 milhões por ano."

"E quanto você gasta com publicidade?"

"Cerca de US$30.000 por mês no Facebook"

"Qual é a sua taxa de conversão de clique para fechamento?"

"Não sei."

"Então você não acompanha o rendimento geral?"

"Acho que não."

"Ok... Em que outras plataformas você anuncia?"

"Em nenhuma."

"Quanto conteúdo você produz para quiropráticos?"

"Nenhum."

"Quanto contato frio você faz?"

"Nenhum."

"E os US$30 mil que você gasta em uma plataforma, para um negócio de dois milhões de dólares, saturaram o setor de quiropráticos de US$15,1 bilhões? Isso parece razoável?"

Um segundo empresário interrompeu antes que ele pudesse responder: "Se ajudar, também estou no nicho de quiropráticos e gastei US$30 mil em publicidade em *quatro* plataformas *na semana* passada..."

"Você ainda acha que saturou seu nicho?", perguntei.

Ele entendeu o que eu quis dizer.

***

Tenho essa conversa diariamente com empreendedores que buscam crescer. Normalmente, eles descobriram como conseguir clientes suficientes em <u>uma</u> plataforma para atingir de US$1 milhão a US$3 milhões por ano. Ainda não é totalmente previsível. E eles têm seus altos e baixos. Mas eles têm uma ideia geral do que precisam fazer e já obtiveram algum sucesso. Então, é nesse ponto que eles esbarram em uma barreira, porque acham que não podem ganhar mais dinheiro. Eles presumem que já "exploraram" todo o seu mercado. Não estou brincando. Tive uma conversa com outro empreendedor que ganha cerca de US$3 milhões por ano no setor de perda de peso. Ele temia que aumentar seus gastos com publicidade para mais de US$40.000 por mês saturaria sua plataforma de publicidade. Para contextualizar, essa plataforma tem mais de 1 bilhão de usuários ativos diariamente. E ele estava vendendo produtos para perda de peso... nos Estados Unidos... um setor de US$60 bilhões. Bobagem.

Existem mais leads por aí do que você pode imaginar. Eu usei uma estrutura para desbloquear esses leads repetidamente e agora você também pode usá-la.

Como conseguir ainda mais leads: mais, melhores e novos

Primeiro, entre em contato com pessoas que conhecem você. Em seguida, comece a criar conteúdo gratuito. Depois, entre em contato com pessoas que não conhecem você. Por fim, comece a veicular anúncios pagos. É assim que você *executa* as quatro etapas principais para obter leads engajados. E não há realmente nada mais que uma única pessoa possa fazer *sozinha* para obtê-los.

Mas e se você estiver fazendo as quatro etapas principais e ainda assim não estiver conseguindo tantos leads engajados quanto gostaria? Bem, não se preocupe! Existem duas maneiras de impulsionar *qualquer* uma das quatro etapas principais para obter ainda mais leads engajados *por conta própria.* Eu uso essas duas maneiras sempre que quero aumentar o fluxo de leads engajados em uma empresa do meu portfólio. Elas são fáceis de lembrar: **Mais, Melhor, Novo**.

Em poucas palavras:

1) Você pode fazer *mais* do que está fazendo atualmente.

2) Você pode fazer *melhor* o que está fazendo atualmente.

3) Você pode fazer isso em um lugar *novo*.

E, assim como na história do início com o proprietário da agência, era *exatamente isso que eu estava perguntando a ele.* Você poderia anunciar mais? Você poderia anunciar melhor? Você poderia anunciar em um lugar novo?

Então, vamos começar com o que eu geralmente faço primeiro: *mais.*

Mais

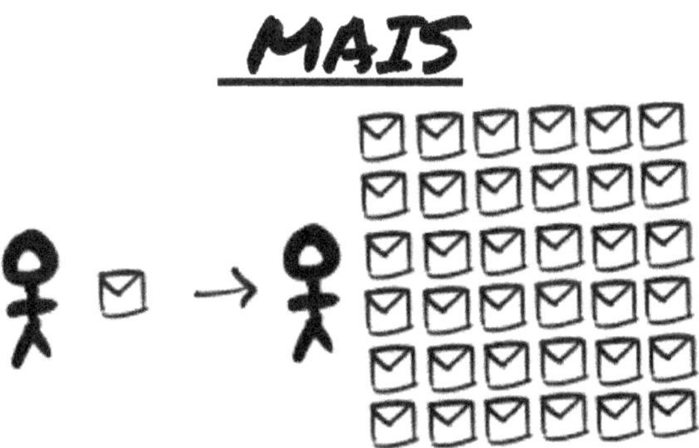

Você já fez alguma publicidade até agora. E sabe que a publicidade que faz funciona até certo ponto. Portanto, a próxima coisa óbvia que você pode fazer para obter leads mais engajados é: *mais. Muito mais.* Aumente o volume ao máximo.

Mesmo sem nenhuma melhoria, se você dobrar seus investimentos, obterá leads mais engajados. Faça o dobro de contatos, publique o dobro de conteúdo, exiba o dobro de anúncios, dobre os gastos com publicidade etc. Você não se arrependerá. A menos, é claro, que você odeie dinheiro.

Portanto, embora sempre nos concentremos em testes para nos tornarmos *melhores,* o que abordaremos em breve, os maiores aumentos geralmente vêm de *mais* publicidade.

Veja como eu faço *mais*: A regra dos 100

A regra dos 100 é simples. Você divulga seus produtos realizando 100 ações principais todos os dias, durante cem dias consecutivos. É isso. Não costumo fazer muitas promessas, mas esta é uma delas. Se você realizar 100 ações principais por dia, durante 100 dias consecutivos, obterá mais leads engajados. Comprometa-se com a regra dos 100 e você nunca mais passará fome.

Veja como isso se aplica a cada um dos quatro pilares:

Contatos quentes:

100 contatos por dia

Exemplos de ações principais: e-mail, mensagem de texto, mensagem direta, chamadas, etc.

Conteúdo publicado:

100 minutos por dia criando conteúdo.

Publique pelo menos um por dia em uma plataforma. À medida que você melhorar, publique ainda mais. Exemplos de ações principais: vídeos ou artigos curtos e longos, podcasts, infográficos, etc.

Contatos frios:

100 contatos por dia

Exemplos de ações principais: e-mail, mensagem de texto, mensagem direta, ligações não solicitadas, panfletos, etc.

Como em toda publicidade fria, espere taxas de resposta mais baixas, então use automação.

Anúncios pagos:

100 minutos por dia criando anúncios pagos

Exemplos de ações principais: anúncios de mídia de resposta direta, mala direta, seminários, spots de podcast, etc.

100 dias consecutivos exibindo esses anúncios pagos. Use o orçamento diário que calculamos juntos no capítulo sobre anúncios pagos. Tenha como objetivo a aquisição financiada pelo cliente.

Dica profissional: mais anúncios significam melhores anúncios, o que significa mais leads.

O Facebook analisou as contas de todos os anunciantes em sua plataforma. Eles descobriram algo curioso. Os 0,1% dos principais anunciantes se mostraram onze vezes mais criativos do que todos os outros. Muitas vezes, não é que você não possa dimensionar um anúncio de forma lucrativa. Você simplesmente não pode dimensionar um anúncio *medíocre* de forma lucrativa. E a única maneira de encontrar anúncios *excepcionais* é fazer onze vezes mais deles. O sucesso deixa pistas. Faça o que os 0,1% fazem para obter o que os 0,1% obtêm.

Aqui está uma inspiração de alguém da #Mozination que segue a regra dos 100:

Melhor

Melhorar faz com que você obtenha mais leads com o mesmo esforço. É isso que queremos. E você só pode melhorar fazendo uma coisa: testando. Então, você faz mais e mais... *até que algo dê errado*. Então, você *melhora*. Em outras palavras, se você fizer *mais* por tempo suficiente, seu CAC acabará ficando alto demais para ser sustentável. Então, você faz um ajuste e vê se melhora. Se melhorar, continue fazendo. Se não melhorar, descarte. Milhares desses pequenos testes separam os vencedores dos iniciantes.

Cada ação que um lead realiza antes de se tornar um cliente é um ponto potencial de "desistência". Por isso, *realizo a maioria dos testes na etapa em que há mais desistências de leads*. Chamo isso de "restrições". Restrições são os pontos em que as menores melhorias geram o maior aumento nos resultados. É por isso que são tão importantes. Obtemos o maior retorno possível pelo nosso investimento. Por exemplo, se você tem três etapas no seu processo:

30% Aceitação (fornecer suas informações de contato)

5% Inscrição ← *Esta é a restrição, pois apresenta a maior desistência*

50% Agendamento

Mas vamos ignorar a restrição por um momento. Imagine que melhoramos cada etapa em 5% individualmente.

30 + 5%→35% Aceitação = Aumento de 16% nos leads (1,16x) **5 + 5%→10%**

Aplicar = Aumento de 100% nos leads (2x) 50 + 5%→55%

Agendar = Aumento de 10% nos leads (1,1x)

Obtemos resultados muito diferentes! Melhorar a restrição também é claramente a melhor opção. Portanto, *concentre-se na restrição*. E, novamente, se você não tiver certeza de qual etapa é a maior restrição, encontre a etapa em que há mais perda de leads. Você obterá a maior recompensa pela menor melhoria.

<u>Veja como eu melhorei</u>: *eu testo uma coisa por semana por plataforma*. E faço isso por quatro grandes motivos.

1) Se você testar várias coisas ao mesmo tempo em uma plataforma, nunca saberá realmente qual funcionou.

2) As etapas afetam umas às outras. Uma *única* alteração pode afetar os resultados em outras etapas. Por exemplo, se você alterar a etapa um e mais pessoas optarem por participar, mas *menos* pessoas se inscreverem, não será bom. Mas você não saberia disso se alterasse ambas as etapas. Se você fizer uma alteração, *poderá ver o que aconteceu*. Se fizer várias alterações... boa sorte para descobrir o que funcionou (ou não).

3) Isso o força a priorizar o que lhe trará os leads mais engajados. Você pode fazer uma quantidade infinita de testes. Mas o tempo é limitado. Portanto, você deve escolher seus testes com sabedoria. Por exemplo, se você fizer apenas um "grande" teste por semana por plataforma, não o desperdice com uma mudança de cor de vermelho para vermelho brilhante.

4) Talvez o mais importante seja realizar o teste por tempo suficiente para ver se você realmente obtém uma melhoria. Se for muito curto, você não obterá dados suficientes. Se for muito longo, você perderá tempo que poderia ter usado para melhorar a próxima restrição. Com o tamanho da minha equipe e a quantidade de dinheiro que gasto em publicidade, uma semana geralmente é suficiente para mim.

Em todas as empresas que possuo, eu defino um cronograma de testes. Todas as segundas-feiras, realizamos um teste A/B por plataforma. Damos uma semana para o teste. E na segunda-feira seguinte, fazemos três coisas:

1) Analise os resultados e escolha os vencedores para cada teste de plataforma.

2) Em seguida (importante), anotamos os resultados do teste em um registro de todos os testes. Assim, da próxima vez que fizermos algo, começaremos com inúmeras melhorias, e não do zero.

3) Crie nosso próximo teste para superar nossa versão "melhor" atual. Se não conseguirmos superar a versão que estamos executando atualmente em *quatro tentativas (ou um mês)*, passamos para a próxima restrição.

Você continua se esforçando para melhorar as coisas. Mas, em determinado momento, o esforço que você dedica para melhorar traz retornos cada vez menores. Em algum momento, faz mais sentido investir seu esforço em algo que trará retornos maiores. Somente nesse momento é que tentamos algo *novo*.

 169

> ## Dica profissional: Frente > Traseira (na maioria das vezes)
>
> Em geral, as etapas com porcentagem mais baixa geralmente acontecem na frente. E as etapas com porcentagem mais alta acontecem atrás. Por exemplo, 1% das pessoas podem clicar em um anúncio e 30% fornecerão suas informações de contato. É por isso que (na maioria das vezes) você acaba se concentrando mais na frente do que atrás. E tudo bem. Essas etapas geralmente são a restrição. Elas têm os maiores retornos para as menores melhorias. A chamada. Os elementos de valor. A oferta. A CTA. O título da página de destino. O subtítulo. A imagem, etc. Siga o caminho na ordem em que o lead verá e, em seguida, fará.

> ## Dica profissional: melhor, mais, novo
>
> Quando converso com empresas com lucro inferior a US$ 1 milhão por ano, geralmente aconselho que elas façam *mais* primeiro. Elas ainda não atingiram um volume suficiente para que mudanças percentuais façam uma grande diferença. Mas, uma vez que você ultrapassa US$ 1 milhão em lucro anual, melhorar as coisas pode ser a ação de menor custo e maior retorno que você pode realizar. Portanto, quando uma empresa é grande o suficiente, eu inverto a ordem de "mais, melhor, novo" para "*melhor*, mais, novo".

Novo

Então, depois de melhorar seus esforços de marketing através de "mais" e "melhor", a única coisa que resta é "novos lugares de novas maneiras". Em *termos* simples: *novidades*. E se você acha que seu negócio não pode crescer mais, deixe-me mostrar *por que* ele pode. Em seguida, vou mostrar *como* isso é possível.

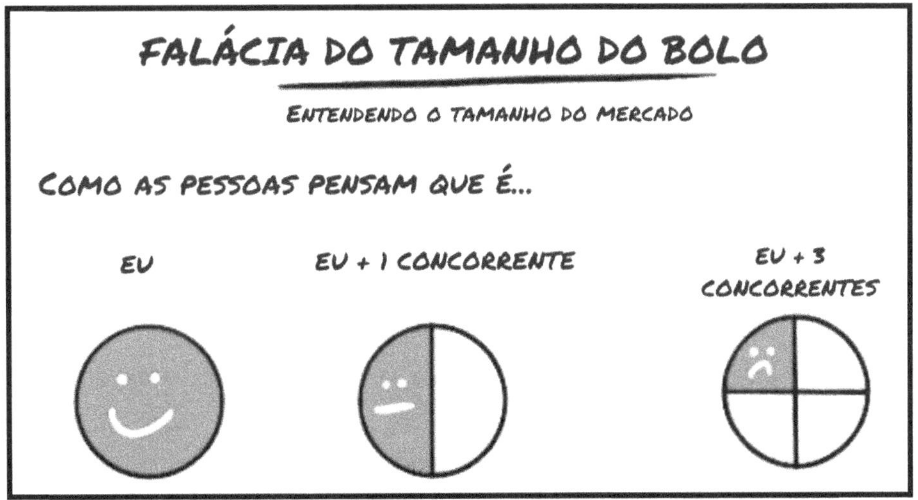

A maioria dos empresários olha apenas para a plataforma e a pequena comunidade em que comercializam. E, normalmente, existem apenas três ou quatro grandes empresas a comercializar no seu nicho. Por isso, presumem que essas empresas *devem* dividir *todo* o mercado entre si. Foi exatamente isso que o empreendedor da minha história introdutória fez. Pense por um momento sobre como isso é ridículo. Chamo a este problema: **A Falácia do Tamanho do Bolo**. Aqui está um desenho para ilustrar como o mercado é, na verdade, muito maior do que a maioria imagina.

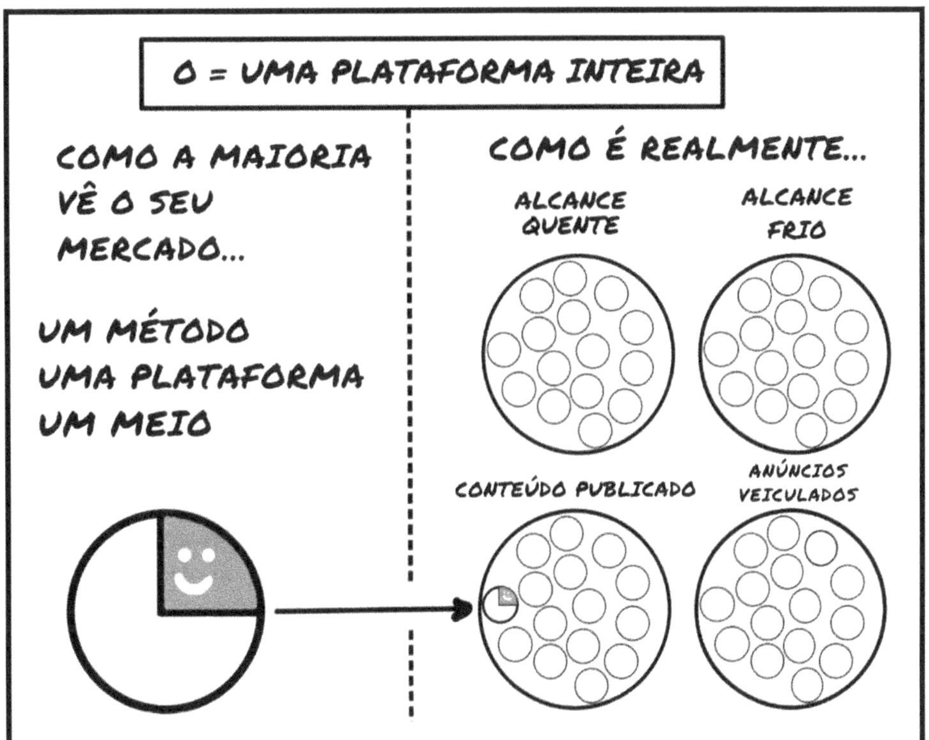

A falácia do tamanho do bolo. Uma pequena empresa usa um dos quatro principais, em uma plataforma, de uma maneira específica, com um público muito segmentado.

E nesse *mesmo* espaço, anunciando da *mesma* maneira, pode haver apenas alguns outros concorrentes.

Eles presumem erroneamente que a <u>pequena</u> fatia do universo para a qual anunciam é todo o mercado disponível! É por isso que a maioria das empresas permanece pequena. Quando atingem um patamar, pensam que não há mais clientes potenciais a conquistar. Acreditam que cresceram tanto quanto era possível. Porque, para muitos, dizer "cresci tanto quanto era possível" é muito mais fácil do que dizer "não sou tão bom em publicidade quanto pensava". Esse argumento falso mantém os empreendedores em todos os lugares mais pobres do que deveriam ser.

<u>Quando fazer *algo novo*</u>: quando os retornos que você obtém ao fazer mais e ↔ melhor são menores do que aqueles que você poderia obter com um novo posicionamento ou uma nova forma de publicidade.

Existem muitas outras fatias de atenção (e potenciais leads) *dentro do pequeno universo do "conteúdo de postagem"*. Eles poderiam adicionar <u>novos posicionamentos</u> (já que muitas plataformas têm vários lugares e formas de conteúdo). Por exemplo, no Instagram, você pode criar stories, anúncios no Messenger e postagens. No YouTube, você pode criar vídeos curtos, longos, publicações na comunidade, etc. Ou eles poderiam adicionar uma <u>nova plataforma</u>. Eles passam do Instagram Messenger para o Facebook Messenger. Passam dos vídeos curtos do YouTube para os vídeos curtos do Instagram (reels). Etc. E, depois de esgotarem essas opções, eles poderiam adicionar uma atividade <u>central</u> totalmente nova.

E se você estiver curioso, a ordem em que escolho meu próximo "novo" se resume a uma coisa: o que me trará mais leads pelo trabalho investido? Essa é a regra. E nove entre dez vezes, funciona assim:

Novas colocações → Novas plataformas → Novos quatro principais.

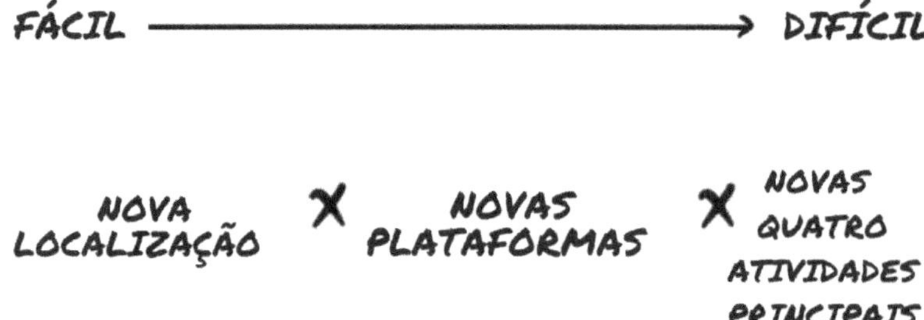

<u>Conclusão</u>: não importa como você anuncia, você pode fazer isso de novas maneiras (diferentes estilos de conteúdo) ou em novos lugares (pense em outras plataformas). Então, finalmente, faça uma nova atividade dos quatro pilares básicos. E, você adivinhou, cada uma delas nos dá o que queremos: mais leads.

Agora, isso é muito mais difícil na prática, e é por isso que eu esgoto primeiro o "mais e melhor". Mas, em determinado momento, você precisa expandir para novos posicionamentos, plataformas e atividades principais para que mais pessoas conheçam o seu produto.

Ação: Esgote primeiro o que é melhor. Quando não puder fazer nada a mais, nem melhor (ou seja, quando os retornos forem menores do que investir o mesmo esforço em uma nova plataforma), tente *algo novo*. Use esta ordem aproximada: novo posicionamento, nova plataforma, novas quatro atividades principais. Coloque em prática. Avalie seu desempenho. E amplie a partir daí, usando mais e melhor. Depois, repita o processo.

Resumo de "Mais, Melhor, Novo"

Primeiro, você faz *muito* mais publicidade que funciona até que ela "quebre". Então, *o próximo ponto de queda se torna óbvio*. Em seguida, você mantém esse nível de publicidade enquanto volta, corrige a restrição e *melhora*. Então, na verdade, trabalhar *melhor* e *mais* em conjunto funciona melhor do que trabalhar separadamente. A primeira pergunta que costumo me fazer antes de investirmos em uma empresa que precisa conquistar mais clientes é: "O que está impedindo ela de fazer dez vezes mais do que está fazendo atualmente?" Às vezes, nada — então, simplesmente fazemos *mais*. Outras vezes, precisamos apenas *melhorar* algo primeiro. Então, responda a essa pergunta e você saberá o que fazer a seguir.

Somente depois de esgotar todas as possibilidades é que os verdadeiros retornos virão com *as novidades*. Primeiro, opte por novos posicionamentos de anúncios em uma plataforma que você conhece. Em segundo lugar, opte por posicionamentos que você conhece em uma nova plataforma. Então, quando você pegar o jeito dessa nova plataforma, use novos posicionamentos nela. Depois de esgotar essa possibilidade, você pode adicionar uma nova atividade principal às quatro que você já realiza atualmente. Essa é *a* minha *maneira* simples e *prática* de usar as quatro atividades principais para obter ainda mais leads.

Conclusão

Publicidade é *o processo de divulgar*. É o que fazemos para que desconhecidos saibam sobre o que vendemos. Agora, resolvemos o problema do "produto" com o seu ímã de leads ou oferta. Mas, para que eles se transformem em leads engajados, você precisa informá-los sobre isso. Portanto, dedicamos esta seção a examinar as quatro únicas maneiras pelas quais uma pessoa pode anunciar – divulgar seus produtos para outras pessoas. E, para fazer isso, você troca tempo, dinheiro ou ambos. E, quando o faz, pode anunciar para pessoas que

   173

conhecem você (quentes) ou para desconhecidos (frios). Você pode anunciar publicamente (conteúdo/anúncios) ou privadamente (divulgação).

Quanto ao que fazer e quando? Sempre que construo um negócio, penso da seguinte forma: depois de fazer uma divulgação quente para atrair meus clientes, se tenho mais tempo do que dinheiro, passo a publicar conteúdo. Se tenho mais dinheiro do que tempo, opto por uma divulgação fria ou pela veiculação de anúncios.

Mas lembre-se, você só precisa fazer uma coisa para obter leads engajados. Então, escolha uma. Em seguida, *aproveite-a ao máximo*. Faça mais. Faça melhor. Faça algo novo. E todos os métodos de publicidade se complementam. O dinheiro, os sistemas e a experiência que você ganhou com o método anterior o ajudarão a dominar o próximo. Uma empresa que publica conteúdo gratuito e veicula anúncios pagos obterá mais de seus anúncios *e* de seu conteúdo do que uma empresa que faz apenas um ou outro. Uma empresa que faz divulgação fria e cria conteúdo obterá mais de sua divulgação fria *e* trabalhará melhor seus leads quentes do que uma que faz apenas um. Todas as combinações das quatro atividades principais de publicidade se potencializam de alguma forma.

E, como nota pessoal, eu **já fiz tudo isso.** Construí meu primeiro negócio publicando conteúdo e fazendo divulgação quente. Construí minhas academias com conteúdo gratuito e anúncios pagos. Construí a Gym Launch com anúncios pagos e divulgação fria. Construí a Prestige Labs com afiliados (que abordaremos na Seção IV). Construí a ALAN com anúncios pagos e afiliados (também na Seção IV). Construí a Acquisition.com publicando conteúdo. Existem muitas maneiras de obter leads engajados. Se você dominar uma, poderá se sustentar pelo resto da vida. *Todas elas funcionam se você fizer isso.*

Próximo passo

Se você seguir os passos deste livro, não terá tempo suficiente no dia. Você não conseguirá fazer mais nada, nem melhor... muito menos acrescentar algo novo! Portanto, você precisará de ajuda em sua jornada para a terra das oportunidades infinitas. Você precisará de aliados. Esses aliados vêm em quatro tipos diferentes. E como eles são mais numerosos do que você, eles são a chave para chegar lá. Então, vamos buscá-los.

BRINDE: Treinamento bônus - Mais, melhor, novo

Este é um dos meus temas favoritos sobre o crescimento das empresas. Os CEOs do nosso portfólio citam-no como uma das estruturas mais impactantes que lhes apresentei. Se quiser ver uma versão em vídeo onde explico este tema, pode encontrá-la gratuitamente, como sempre, em: Acquisition.com/training/leads. E, como sempre, também pode digitalizar o código QR abaixo, se não gostar de escrever.

Seção IV: Obtenha geradores de leads

Contrate pessoas que lhe tragam mais leads

"Dê-me uma alavanca longa o suficiente e um ponto de apoio para colocá-la, e eu moverei o mundo."
- Arauimedes

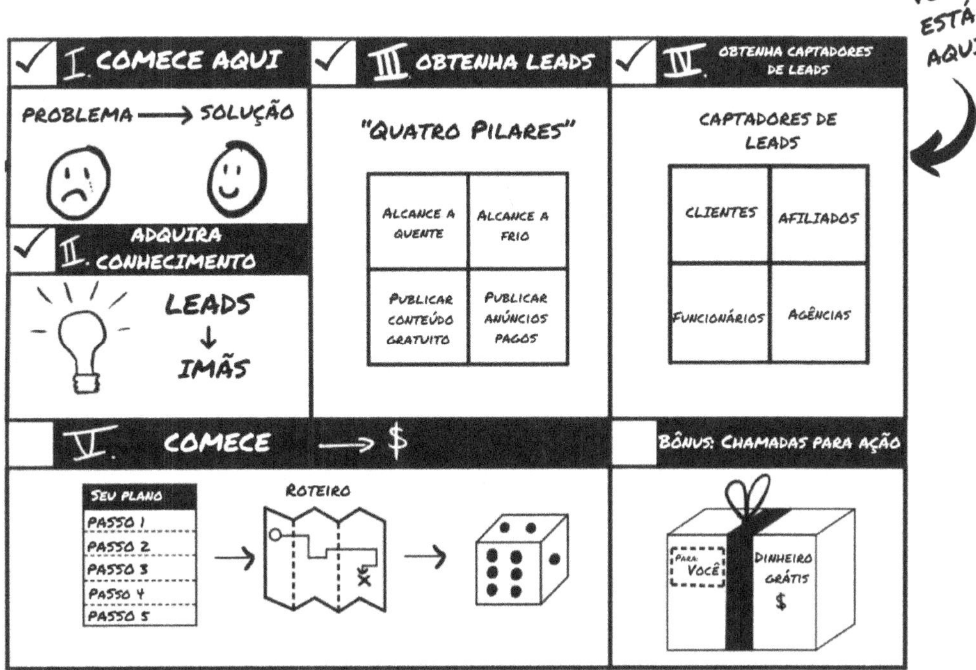

Construir uma máquina de leads de US$100 milhões tem tudo a ver com alavancagem

Uma senhora idosa pode levantar um caminhão com uma alavanca longa o suficiente. O homem mais forte do mundo, sem uma alavanca, *não consegue*. O comprimento da alavanca determina o quanto alguém pode levantar. Isso é alavancagem. Podemos usar o princípio da alavancagem na publicidade. Deixe-me explicar:

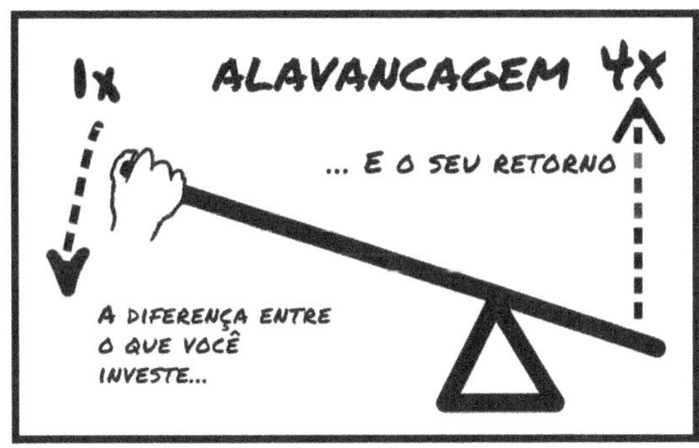

Alguém com internet pode enviar uma mensagem para milhões de pessoas ao mesmo tempo. Alguém que escreve cartões postais à mão *não consegue*. A internet nos permite alcançar mais pessoas pelo mesmo tempo gasto. Portanto, é uma alavancagem maior.

Isso significa que a alavancagem se resume ao quanto ganhamos pelo tempo que gastamos para obtê-la. Portanto, queremos usar atividades de maior alavancagem para conseguir o que queremos. Mais coisas que queremos. Menos tempo para obtê-las. Ótimo.

E queremos *leads. Muitos leads.*

Dica profissional: não confunda alavancagem com velocidade

Uma pessoa só pode agir com uma determinada rapidez. Uma pessoa que está 1000 vezes à sua frente não está agindo 1000 vezes mais rápido. Ela *não pode*. Ela está fazendo coisas diferentes. Portanto, o futuro que parece tão distante, com alavancagem, está mais perto do que você imagina.

Os geradores de leads lhe dão alavancagem

As pessoas podem descobrir sobre os produtos que vendemos a partir de duas fontes. Podemos informá-las usando os quatro principais pilares, vistos no capítulo anterior. Ou *outras pessoas* podem informá-las usando os quatro principais pilares. Eu chamo essas outras pessoas **de captadores de leads**. Quando outras pessoas fazem isso por nós, economizamos tempo. Isso significa que obtemos leads mais engajados com menos trabalho. Aproveite, meu amigo.

Imagine quatro cenários:

Cenário nº 1: você _é_ o captador de leads. Você faz os quatro passos básicos todos os dias, sozinho. Você consegue leads suficientes para pagar as contas.

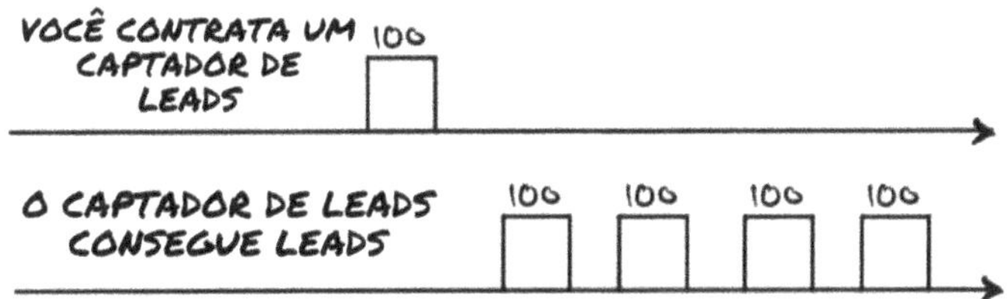

Trabalho: ALTO. Leads: BAIXO. Alavancagem: BAIXA.

Cenário nº 2: Você <u>contrata</u> um captador de leads. Você contrata um captador de leads para realizar as quatro tarefas principais em seu nome. Agora, o captador de leads traz leads suficientes para pagar as contas sem que você precise anunciar. Você trabalha menos do que no cenário nº 1 e obtém o mesmo número de leads.

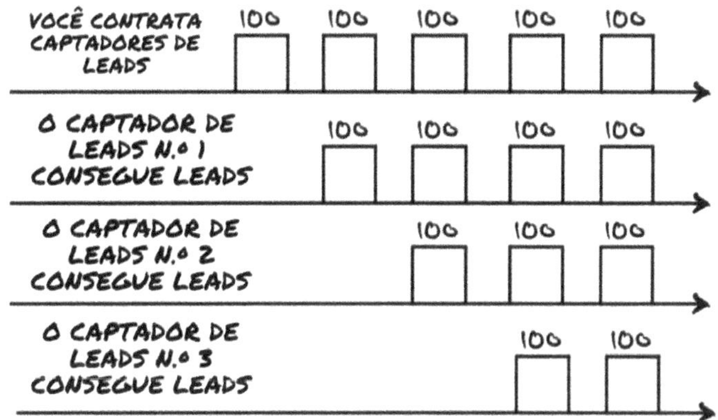

Trabalho: BAIXO. Leads: BAIXO. Alavancagem: ALTA.

Cenário nº 3: Você consegue muitos captadores de leads. Você passa todo o seu tempo procurando outros captadores de leads. Seus leads aumentam cada vez que você consegue outro. Você trabalha o dia inteiro, todos os dias, mas consegue muito mais leads do que quando era só você. Você trabalha mais do que no cenário nº 2, mas consegue _muito_ mais leads.

Trabalho: ALTO. Leads: ALTO. Alavancagem: MAIS ALTA.

Cenário nº 4: Você contrata um captador de leads que contrata outros **captadores de leads.** Você recruta alguém que recruta outras pessoas para anunciar em seu nome. Eles conseguem mais captadores de leads a cada mês. Você só precisou trabalhar para conseguir o primeiro captador de leads, *uma vez*, mas os leads dele continuam aumentando sem que você precise trabalhar. Você trabalha menos do que no cenário nº 3 e consegue mais leads a cada mês.

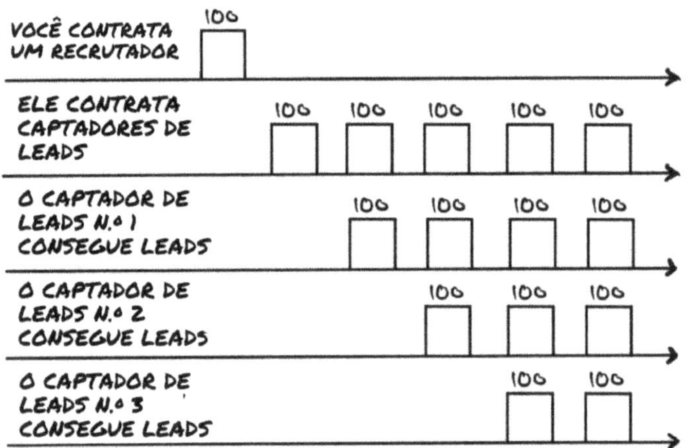

Trabalho: BAIXO. Leads: ALTO. Alavancagem: MAIS ALTA.

Agora você tem os ingredientes para uma máquina *de leads de US$100 milhões*.

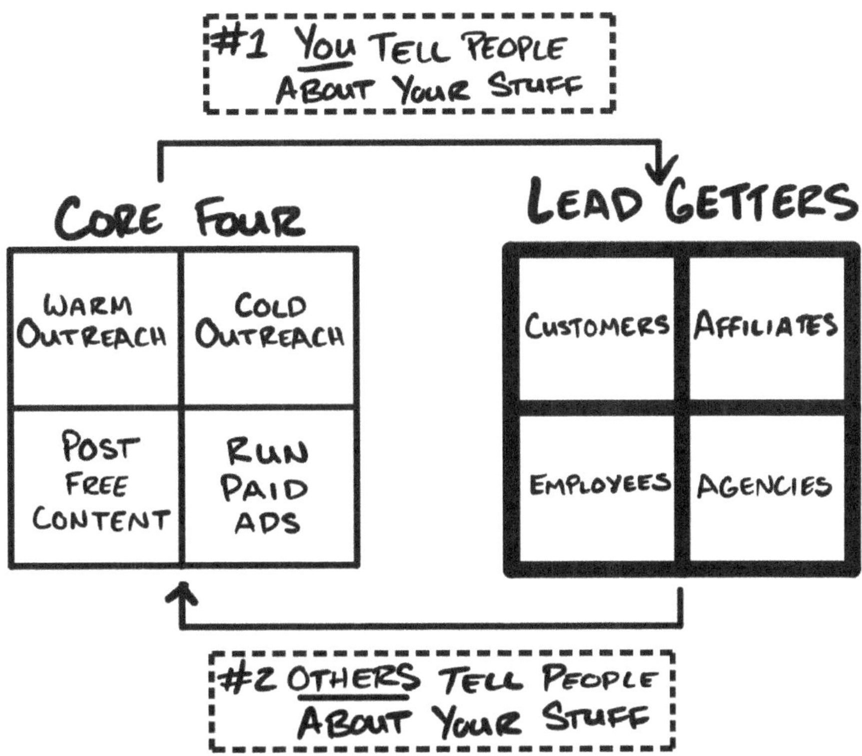

Resumo da seção "Geradores de leads"

Os captadores de leads não fazem parte dos "quatro pilares principais" porque não são coisas que você faz. Você não "faz" afiliados, nem "faz" indicações de clientes, nem "faz" agências, nem "faz" funcionários. Mas *você precisa fazer os quatro pilares principais para obtê-los*. Eles vêm de contatos quentes, contatos frios, publicação de conteúdo e veiculação de anúncios pagos. E, uma vez que você os obtém, *eles* fazem isso por você.

Portanto, os quatro principais se acumulam. Uma vez para obtê-los e uma segunda vez para quando os geradores de leads obtêm leads engajados em seu nome. Mas não precisa terminar aí. Na verdade, não deve. O processo se repete. Os geradores de leads podem ir atrás de outros geradores de leads! Então, fazemos algo uma vez e os geradores de leads podem fazer isso para sempre.

Mas espere, eu pensei que este livro fosse sobre como conseguir leads? Então, estou tentando conseguir leads? Ou quero pessoas que consigam leads? Resposta: Sim. As pessoas que conseguem leads começam como leads, depois se interessam pelo que você vende e se tornam leads engajados como qualquer outra pessoa. A diferença é que elas fazem com que outras pessoas também se interessem pelo que você vende! E, idealmente, cada lead se torna uma pessoa que consegue leads.

　　181

Os capítulos a seguir explicam, em detalhes, *como fazer com que outras pessoas anunciem para você*. E, se você quiser chegar a mais de US$100 milhões, precisa entendê-los:

#1 Clientes - eles compram seus produtos e depois contam a outras pessoas sobre eles para lhe trazer leads.

#2 Funcionários - pessoas em sua empresa que lhe trazem leads.

#3 Agências - empresas com serviços que lhe trazem leads.

#4 Afiliados - empresas que divulgam seus produtos ao público para lhe trazerem leads.

*Todos os quatro tipos de geradores de leads divulgam *seus* produtos para outras pessoas. Em outras palavras, todos os quatro têm um impacto maior do que se você fizesse isso sozinho.

Depois de compreender os quatro fatores para obter leads, você poderá criar uma máquina de geração de leads para todas as empresas que abrir ao longo da vida. Vou explicar como uso os quatro fatores para obter leads. Como cada um deles é diferente. Como trabalhar com eles. Quando usá-los. Melhores práticas. E como medir seu progresso ao longo do caminho. Ao final desta seção, você compreenderá como fazer com que outras pessoas lhe tragam mais leads do que você poderia imaginar.

E como já usamos os quatro principais para obter clientes, vamos começar com algo que podemos fazer agora mesmo: fazer com que esses clientes indiquem mais clientes.

BRINDE: Bônus avançado — Faça com que as pessoas façam isso por você

Esse pode ter sido um dos meus capítulos favoritos do livro. Levei muito tempo para descobrir como recombinar tudo em um modelo simples. Se você quiser ainda mais treinamento sobre como fazer com que outras pessoas lhe tragam leads e como isso se aplica à escalabilidade, acesse: Acquisition.com/training/leads. E, como sempre, você também pode escanear o código QR abaixo se não gosta de digitar.

#1 Indicações de clientes - Boca a boca

"A melhor fonte de novos trabalhos é o trabalho que está na sua mesa" - Charlie Munger

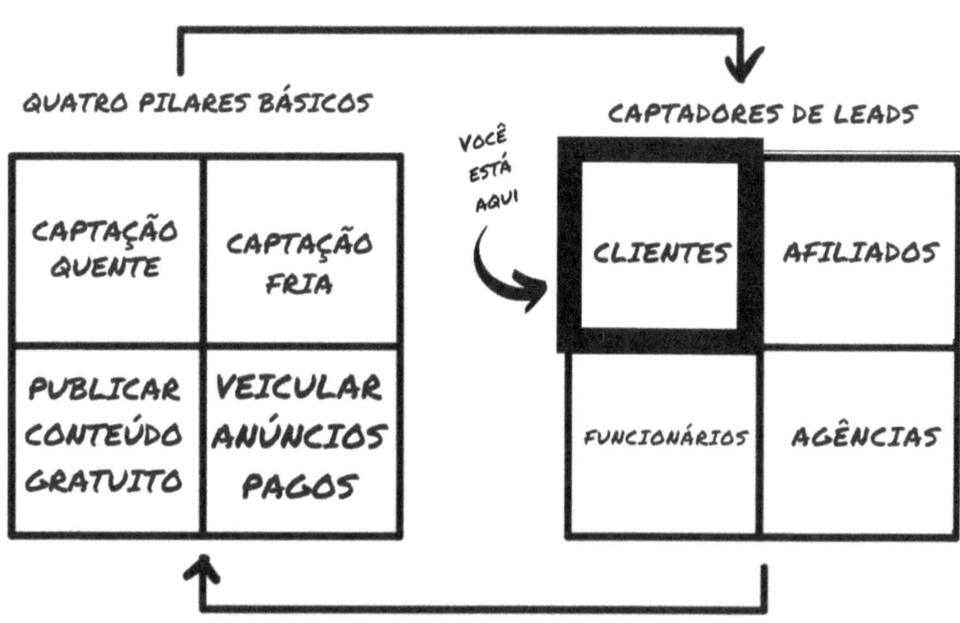

Outubro de 2019.

Leila e eu sentamos juntos no sofá da sala dos pais dela. O mesmo sofá em que ela assistia filmes quando era criança. As bordas desgastadas da mesa de centro nos convidavam a colocar os pés para cima. Equilibramos nossos laptops nas coxas. Cabos de extensão serpenteavam ao redor do sofá até as tomadas no fim do corredor. Sua madrasta fazia barulho na cozinha. *Não* era um ambiente de trabalho. Mas nos viramos.

Dois anos antes, eu havia perdido tudo e conhecido os pais dela *no mesmo fim de semana...*

Ei, pai, conheci um cara na internet. Ele perdeu tudo e não tem dinheiro. Mas não se preocupe, eu larguei meu emprego e fui morar com ele para ajudá-lo com sua próxima grande ideia de negócio. A propósito, podemos ficar aqui por um tempo?

...Ótima primeira impressão, Alex.

Mas muita coisa mudou desde então. Agora éramos multimilionários. Ganhávamos o suficiente para comprar a casa da infância dela à vista. *Toda semana.*

Leila analisava os relatórios dos chefes de departamento. Ah, sim, agora também tínhamos executivos.

"Ei, os números de vendas parecem um pouco fracos esta semana", disse ela.

"Sério? Quantos fechamos?"

"Quinze. E as vendas começaram a cair na semana passada também. Há alguma coisa diferente do seu lado?"

"Não sei. Deixe-me verificar." Entrei no portal de publicidade do Facebook. Notificações de rejeição em vermelho enchiam a tela.

"Bem, isso explica tudo", eu disse.

"O quê? O que aconteceu?" "Todos os anúncios foram desativados."

"Bem... isso é um problema. Quando você acha que poderá colocá-los de volta no ar?"

"Vai levar um ou dois dias para iniciar uma nova campanha."

Olhei atentamente para a tela. Algo ainda mais alarmante me chamou a atenção. *O Facebook rejeitou os anúncios há duas semanas.* Eu agi como se nada estivesse errado.

"Então, fechamos 15 esta semana, e quantos na semana anterior?", perguntei.

"21."

"Bem, tenho boas e más notícias."

"Uhh... Ok..."

"A má notícia é que os anúncios foram desativados há duas semanas, o que explica a queda. A boa notícia é que nosso produto é tão bom que ainda estamos faturando US$500.000 por semana apenas com o boca a boca.

"Você ignorou os anúncios por duas semanas?" Ela tinha uma expressão de *"oh, não, você não fez isso"* estampada no rosto.

Eu dei de ombros com um sorriso tímido. "Você ainda me ama, certo?" Nós caímos na gargalhada com o absurdo de tudo isso.

Esses dois anos foram loucos. A quantidade de dinheiro que estávamos ganhando não fazia sentido. Só compreendemos o quanto anos depois. Estávamos apenas gratos por estarmos fazendo isso juntos, com todas as nossas falhas. E esse período acidental sem anúncios pagos deixou algo muito claro: *nossos clientes estavam contando para seus amigos.*

Alguns meses depois

Eu subi ao palco e olhei para a plateia de mais de 700 proprietários de academias. Todos pagaram US$42.000 para estar lá. Todos vestiam camisetas pretas com os dizeres "Gym Lord" e bigodes adesivos. Era uma loucura.

Eu estava no meio da apresentação, explicando como um serviço excelente gera leads através do boca a boca. Durante todo o tempo, fiquei obcecado em saber se o dinheiro que ganhamos durante duas semanas sem veicular anúncios pagos foi um acaso. Sentindo-me confiante, pausei a apresentação. *Era hora de descobrir:*

"Muito bem, só para mostrar como isso é importante, quem aqui soube do Gym Launch por meio de outro proprietário de academia? Levantem a mão." Assim que as palavras saíram da minha boca, senti um arrependimento imediato. *E se ninguém levantasse a mão? E se nosso crescimento fosse todo forçado? Sou um idiota.*

Olhei ao redor da sala com o braço levantado como um macaco. A sala ficou em silêncio. *Oh não.*

Então... alguns proprietários de academias levantaram as mãos. *Não parecia muito bom, mas poderia ser pior.*

Então, mais. *Graças a Deus.* Então, mais. Então, uma *onda* de mãos. *Nossa Senhora.* As pessoas olharam para os lados e para trás. *Era quase toda a sala.* Deixei o momento ser absorvido por todos nós. Nunca vou esquecer. Eu sabia que tínhamos um bom boca a boca, mas não *tão* bom assim.

"Isso", eu disse, "é o poder do boca a boca".

***

  185

Sei que você não estava presente quando Leila e eu percebemos que estávamos ganhando mais de US$500.000 por semana com o boca a boca. Sei que você não estava presente para ver US$30 milhões em clientes dizerem que alguém os indicou. A primeira vez que percebi o poder das indicações *foi por acaso*. Vendo o quanto isso me rendeu, estudei o que tinha dado certo. Queria ter certeza de que poderia recriar isso *de propósito*. Para transferir essa habilidade para você, preciso transferir as crenças que a criaram. E essas experiências formaram essas crenças. *É por isso que as compartilho.*

As pessoas copiaram nossas ofertas, anúncios e iscas digitais. Copiaram nossas páginas de destino, e-mails e roteiros de vendas. Copiaram tudo o que puderam, mas tiveram pouco sucesso. Elas acham que se trata de "publicidade", e é verdade. Mas a *melhor* publicidade é um cliente satisfeito. Um produto incrível transforma cada cliente em um captador de leads.

O mundo perde confiança a cada segundo. Todos os dias, mais clientes fazem suas pesquisas. Eles se munem de informações para tomar decisões de compra. E é assim que deve ser. Portanto, para jogar em níveis mais altos, precisamos que nosso produto não apenas cumpra o que promete, mas também *encante*. Os clientes devem obter *tanto valor* que se sintam compelidos a contar a outras pessoas sobre nós. A boa notícia é que, uma vez que você sabe como fazer isso, é mais fácil do que você imagina.

Neste capítulo, explico como obter os leads de menor custo, maior lucro e melhor qualidade que existem: as referências.

Como funcionam as indicações

Uma indicação ocorre quando alguém, um indicador, envia um lead engajado para sua empresa. Qualquer pessoa pode indicar, mas as melhores indicações vêm de seus clientes. Portanto, este capítulo se concentra em obter mais indicações de seus clientes.

Como as indicações fazem sua empresa crescer

As indicações são importantes porque fazem sua empresa crescer de duas maneiras:

1) **Eles valem mais (LTGP mais alto).** Os clientes indicados compram produtos mais caros e compram com mais frequência. Eles também tendem a pagar em dinheiro adiantado. Ótimo.

2) **Eles custam menos (CAC mais baixo).** Se um cliente lhe enviar outro cliente porque gosta dos seus produtos, esse novo cliente não lhe custará nada. E clientes gratuitos são mais baratos do que clientes que custam dinheiro. Portanto, clientes gratuitos = bom.

Mas o que isso realmente significa? Veja só... imagine que você tenha uma relação LTGP/CAC de 4 para 1. Isso significa que custa 25% do seu lucro bruto ao longo da vida de um cliente para conseguir outro. Nada mal. Mas agora *imagine se cada cliente trouxesse mais dois clientes.* Você teria agora uma relação LTGP/CAC de 12 para 1 – você usaria pouco mais de 8,3% do seu lucro bruto ao longo da vida para conseguir um novo cliente. Então, você ganha três clientes pelo preço de um. Agora sim. Viva! Que negócio! Além disso, *as indicações são exponenciais.* Deixe-me explicar.

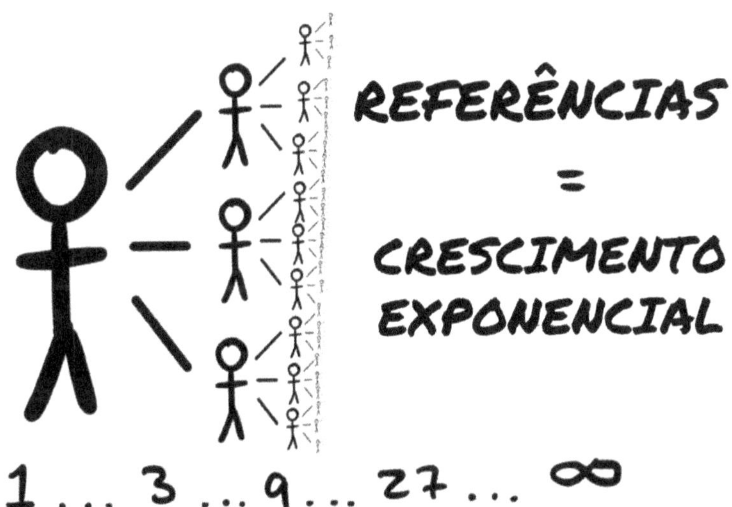

O número de leads engajados que você obtém dos quatro principais depende do *quanto* você faz e as entradas e saídas têm relações bastante lineares. Se você fizer 100 contatos, obterá leads engajados. Se dobrar esse número, seus leads praticamente dobrarão. Se você gastar US$100 em anúncios, obterá leads engajados. Se dobrar esse valor, seus leads praticamente dobrarão. Portanto, não importa o quão bem você anuncie, o quanto você obtém depende do quanto você faz. E isso é ótimo. Mas com o boca a boca, podemos fazer ainda melhor. Com o boca a boca, um cliente traz dois. Dois trazem quatro. Quatro trazem oito. E assim por diante. Não é linear, é *exponencial.*

Nada cresce tanto quanto o boca a boca. Quer saber por que tão poucas pessoas crescem por meio do boca a boca? Elas perdem clientes mais rápido do que os conquistam. Veja a equação de crescimento por indicações para entender como isso funciona. Indicações (entrada) menos clientes perdidos (saída).

EQUAÇÃO DE CRESCIMENTO POR REFERÊNCIAS

- Se as indicações forem maiores do que a rotatividade: você cresce sem qualquer outro tipo de publicidade (ótimo!)

- Se as indicações forem iguais à rotatividade: você precisa de outra publicidade para fazer seu negócio crescer (ah…)

- Se as indicações forem menores que a rotatividade: você precisa anunciar para empatar (que pena - a maioria das pessoas)

Isso fica complicado quando você analisa as porcentagens. Se a porcentagem de indicações mensais for maior do que a porcentagem de clientes que saem, seu negócio cresce a cada mês. Você teria que gastar muito mais dinheiro em anúncios, fazer muito mais contatos ou publicar muito mais conteúdo apenas para manter esse crescimento. Eventualmente, você chegaria a um impasse. Mas, com as indicações, você pode manter o crescimento, *não importa o tamanho que sua empresa alcance.* É assim que empresas como PayPal e Dropbox explodiram e se tornaram negócios multibilionários. Analisarei suas estratégias exatas mais adiante neste capítulo.

Por outro lado, as pequenas empresas mal conseguem sobreviver porque têm aproximadamente o mesmo número de clientes saindo e entrando. Uma roda de hamster da morte. E aqui está o motivo...

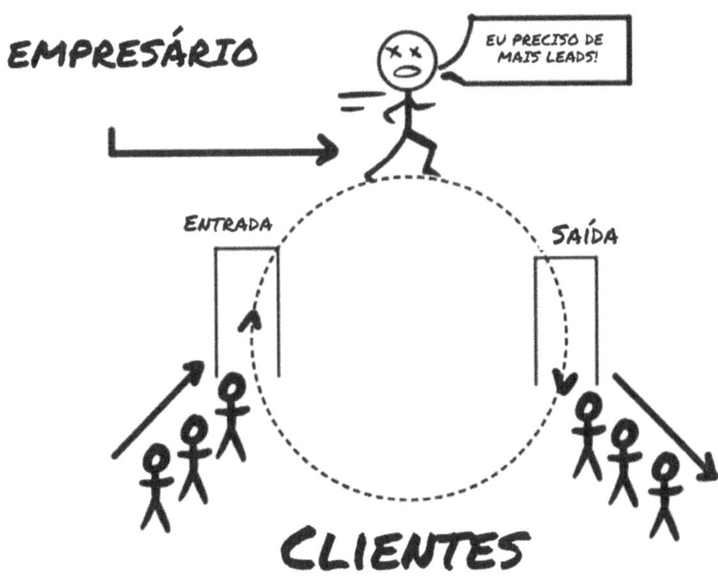

Duas razões pelas quais a maioria das empresas não recebe indicações

A maioria das empresas não recebe indicações por dois motivos. Primeiro, seu produto não é tão bom quanto elas pensam que é. Segundo, elas não pedem por indicações.

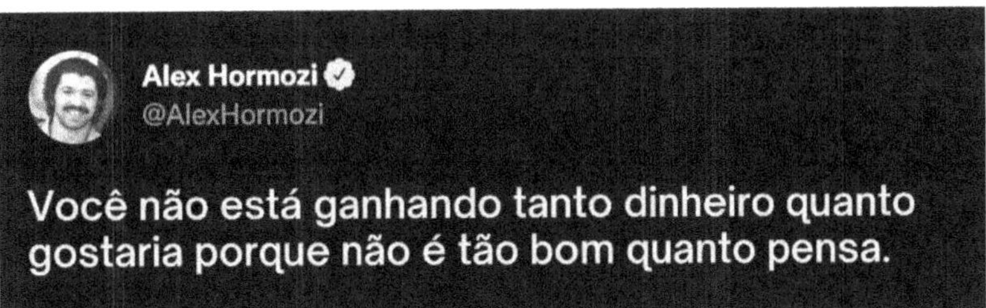

<u>Problema nº 1: o produto não é bom o suficiente</u>

"Todo mundo adora nossos produtos, só precisamos divulgar!" — dizem todos os pequenos empresários com um produto que não é tão bom quanto eles pensam.

Vou tirar meu chapéu de cara legal por um segundo. Se o seu produto fosse excepcional, as pessoas já saberiam dele e você teria mais negócios do que poderia lidar. Portanto, se você vende diretamente aos consumidores e eles não estão trazendo mais clientes, seu produto tem espaço para melhorar.

Gosto de me perguntar: "Por que meus clientes têm vergonha de contar a todos que conhecem sobre meu produto?" Ele pode ser bom, mas é *comum*, ou seja, não vale a pena comentar.

Na verdade, a maioria das coisas pelas quais pago não presta. O meu técnico da piscina esquece-se das coisas metade das vezes. Os meus jardineiros fazem muito barulho nas piores horas. Os meus empregados domésticos colocam regularmente as minhas roupas no armário da minha esposa (acho que é o que recebo por ter camisetas extra grandes). A lista continua.

Os empresários se perguntam por que não recebem indicações. A resposta está bem diante deles. *Eles simplesmente não são bons o suficiente.* Deixe-me mostrar como penso sobre isso:

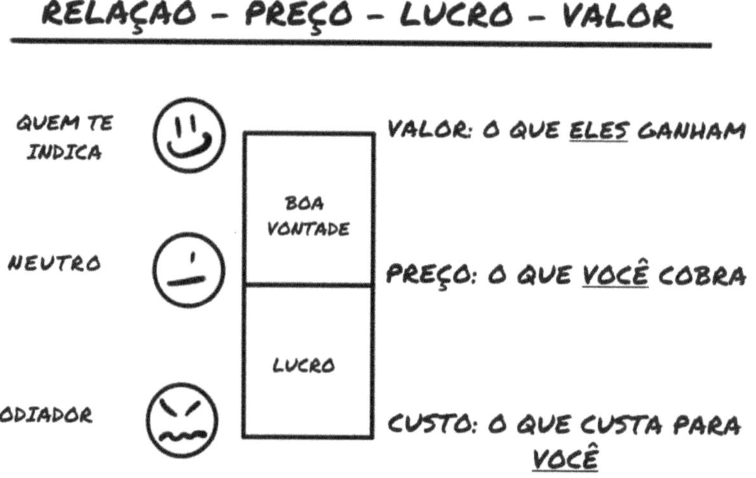

Preço é o que você cobra. Valor é o que eles recebem. <u>A diferença entre preço e valor é **a boa vontade**</u>.

Isso significa que o preço não apenas comunica o valor, mas também é como *julgamos* o valor. Os especialistas em economia chamam isso de "excedente do cliente". Mas eu vou chamá-lo apenas de boa vontade. Você quer muita boa vontade. Muita boa vontade gera propaganda boca a boca. Propaganda boca a boca significa indicações.

Existem duas maneiras de criar boa vontade com seus clientes. Você pode reduzir o preço ou oferecer mais valor. Afinal, se você reduzir o preço do seu produto o suficiente, as pessoas farão fila para comprá-lo. Mas você provavelmente perderia dinheiro. Portanto, reduzir o preço é, na melhor das hipóteses, uma solução temporária. Você só pode reduzir o preço até certo ponto e por um determinado período. E, como diz a lenda do marketing Rory Sutherland, *"qualquer idiota pode vender algo por menos"*.

Portanto, para criar boa vontade e obter indicações, a questão não é como reduzir o preço, mas como oferecer mais valor.

Seis maneiras de obter mais referências oferecendo mais valor

Existem seis maneiras de obter indicações oferecendo mais valor. E isso coincide com as partes de um anúncio. Que legal.

1) Chamadas de atenção → Venda para melhores clientes

2) Resultado ideal → Defina melhores expectativas

3) Aumentar a probabilidade percebida de realização → Obter melhores resultados para mais pessoas

4) Diminuir o tempo de espera → Obter resultados mais rápidos

5) Diminuir o esforço e o sacrifício → Continuar melhorando seus produtos

6) Chamada à ação → Diga a eles o que comprar em seguida

1) **Chamadas → Venda para melhores clientes.** Queremos vender para melhores clientes porque eles obtêm o máximo valor dos nossos produtos. Os clientes que obtêm o máximo valor têm a maior boa vontade. E os clientes que têm a maior boa vontade são os mais propensos a indicar a empresa. Sim, é simples assim. Deixe-me dar um exemplo da vida real:

Temos uma empresa em nosso portfólio que fazia relações públicas para pequenas empresas genéricas. Eles tinham muitas vendas, mas também tinham muita rotatividade. Então, eles estagnaram. Não cresceram durante anos.

Para ver o que poderíamos fazer, analisamos os clientes com menor rotatividade para ver se eles tinham algo em comum — e tinham. Todos estavam em um nicho específico e procuravam para levantar fundos de investidores. Então, a solução parecia óbvia:

conseguir mais deles! Mas o fundador tinha uma grande preocupação: esses clientes representavam apenas 15% do seu negócio. Se ele mudasse seu foco e isso falhasse, perderia 85% do seu negócio (!). Mas o negócio não estava crescendo de qualquer maneira. Uma situação difícil para qualquer empreendedor. Mas, depois de analisar os dados várias vezes, ele concordou em *mudar os apelos publicitários para se adequar a esse cliente mais restrito e "perfeito".*

Os resultados: a empresa superou seu patamar. Ela cresceu pela primeira vez em anos e agora está a caminho de adicionar *milhões por mês*. Além disso, seu custo com publicidade — uma despesa enorme para seus negócios estagnados — diminuiu. Eles conseguiram *leads ainda mais baratos*, pois podiam ser mais específicos em suas mensagens. Mas não só isso: os leads mais baratos obtiveram ainda mais valor do produto, pois *ele era feito para eles*. E esses clientes, por terem mais boa vontade em relação à empresa, começaram a indicar novos clientes com regularidade.

Ação: *Aumente a qualidade do lead e você aumentará a qualidade do produto.* Descubra o que seus clientes mais bem-sucedidos têm em comum. Use essas semelhanças para atingir um novo público que tenha mais chances de obter o máximo valor. Em seguida, venda <u>apenas</u> para pessoas que atendam a esses novos critérios. Prepare-se para construir mais boa vontade. Mais boa vontade significa mais indicações.

2) **Resultado ideal → Estabeleça melhores expectativas:** a maneira mais rápida, fácil e barata de tornar seu produto notável é torná-lo melhor do que eles esperam. E isso é mais fácil do que você imagina, porque *você* define as expectativas.

Dica profissional: conselho sobre namoro

Nos primeiros encontros, gosto de definir o padrão o mais baixo possível, admitindo todas as minhas falhas.

Depois de contar à minha (agora) esposa todos os meus defeitos, brinco: a partir de agora, só posso melhorar!

Você já teve a experiência de um desconhecido lhe dizer que um novo filme era incrível? Então você vai assisti-lo e pensa: "Não foi tão bom quanto eu esperava". Por outro lado, você já teve a experiência de alguém lhe dizer que um filme era péssimo, mas você acabou assistindo mesmo assim e pensou: "Não foi tão ruim quanto eu esperava". Nossas expectativas em relação a uma experiência podem afetar *drasticamente* a experiência em si. Podemos aumentar a boa vontade reduzindo as expectativas. Isso nos dá espaço para superar as expectativas.

No início, prometia tudo e mais alguma coisa para que as pessoas comprassem.

Cumprir tudo isso se tornou um pesadelo. Então, comecei a reduzir minhas promessas gradualmente, mantendo a qualidade. Isso me deu mais espaço para superar as expectativas e obtive um grande benefício: indicações. As expectativas dos clientes são inconstantes. É por isso que definimos as expectativas para eles. E, se definirmos essas expectativas, podemos superá-las.

Ação: Reduza gradualmente as promessas que você faz ao apresentar ofertas. Continue reduzindo-as até que suas taxas de fechamento diminuam. Nesse ponto, pare. Isso maximiza o número de clientes que você conquista *e* a boa vontade que você constrói com eles. Maximizar os clientes e aumentar a boa vontade significa mais indicações.

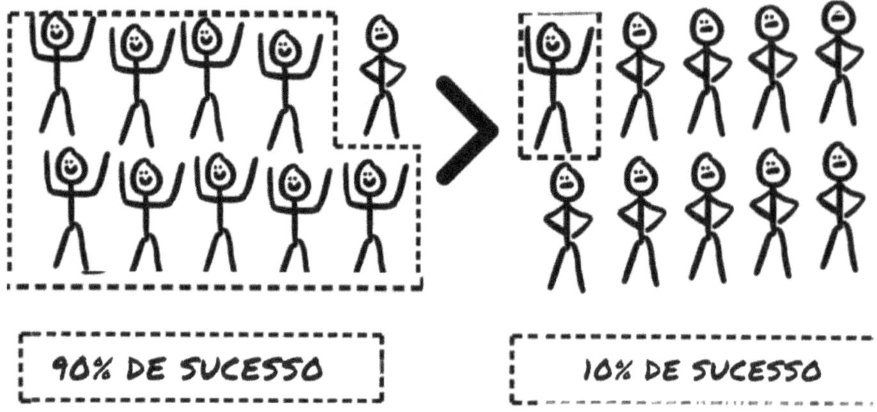

3) Aumente a probabilidade percebida de sucesso → Obtenha melhores resultados para mais pessoas:

Os clientes com os melhores resultados obtêm o máximo valor do seu produto. Descubra o que eles fazem para obter o máximo valor e você poderá ajudar seus outros clientes a fazer o mesmo. Duas etapas atrás, para vender melhor aos clientes, descobrimos quem _eram_ os melhores. Agora, para que todos obtenham os melhores resultados, descobrimos o que os melhores _fizeram_.

Deixe-me mostrar como foi o Gym Launch. Começamos acompanhando as atividades dos clientes. A rapidez com que lançaram seu primeiro anúncio pago. A rapidez com que fizeram sua primeira venda. Sua participação nas chamadas. Etc. Em seguida, comparamos as atividades dos nossos clientes _médios_ com as atividades dos nossos _melhores_ clientes. Descobrimos algo importante. Se o proprietário de uma academia publicava anúncios pagos e fazia uma venda nos primeiros sete dias, seu LTGP _triplicava_. Quando percebemos isso, nos concentramos em fazer com que _todos_ lançassem anúncios e fizessem vendas nos primeiros sete dias. Os resultados dos nossos clientes médios dispararam. Mais clientes, mais depoimentos e mais indicações se seguiram.

Este é o processo que utilizo para obter melhores resultados para mais pessoas:

Passo 1: Pesquise os clientes para encontrar aqueles que obtiveram os melhores resultados.

Passo 2: Entreviste-os para descobrir o que eles fizeram de diferente.

Passo 3: Observe as _ações_ que eles tinham em comum.

Passo 4: Faça com que os novos clientes repitam as ações que obtiveram os melhores resultados.

Passo 5: Avalie a melhoria nos resultados médios dos clientes (velocidade e resultado).

Passo 6: <u>Combine as condições da sua garantia com as ações que obtêm os melhores resultados para que mais pessoas as realizem.</u>

Dica profissional: torne as atividades de sucesso as condições da sua garantia

<u>NÃO FAÇA ISSO SE VOCÊ NÃO GOSTA DE DINHEIRO E DE AJUDAR AS PESSOAS</u>:

assim que você começar a obter resultados para os clientes, anote o que eles fizeram. Em seguida, comece a garantir esses resultados aos novos clientes. Mas faça isso com a condição de que eles *façam o que os melhores clientes fizeram*. A garantia atrai mais pessoas. As condições proporcionam melhores resultados. Você ganha. Eles ganham.

Passos de ação: Descubra o que as melhores pessoas fizeram. Em seguida, faça com que todos façam o mesmo. Faça suas garantias em torno das ações que geram mais sucesso. Mais sucesso. Mais boa vontade. Mais indicações.

4) **Diminua o atraso → Obtenha vitórias mais rápidas:** Eu defino uma "vitória" como qualquer experiência positiva que um cliente tenha. Vitórias mais rápidas aumentam a percepção de velocidade, aumentam a probabilidade de eles permanecerem e aumentam a confiança que depositam em você. Três vitórias. Para fazer com que as vitórias *pareçam* mais rápidas, nós as proporcionamos *com mais frequência*.

Imaginemos que você tem um produto que leva uma semana para ser entregue. O cliente pode obter uma vitória no final dessa semana ou vitórias diárias com atualizações diárias do progresso. O mesmo progresso, sete vezes mais vitórias. Além disso, se alguém disser que sete coisas vão acontecer e todas as sete acontecerem, eu confio ainda mais nessa pessoa. Indicar um amigo agora é um risco menor, pois sete promessas foram feitas e todas as sete foram cumpridas.

Aqui estão cinco maneiras pelas quais eu consigo resultados mais rápidos no mundo real:

1) Se tenho sete pequenas tarefas a realizar, as realizo em intervalos mais curtos, em vez de todas de uma vez.

2) Atualizações são vitórias. Se for um projeto maior, compartilho atualizações do progresso com a maior frequência possível. Você nunca pode dar boas notícias demais a alguém. E atualizações regulares, com progresso ou não, são melhores do que deixar seus clientes na expectativa.

3) Os clientes formam sua impressão duradoura de uma empresa nas primeiras 48 horas após a compra. Cause uma boa impressão. Obtenha o máximo de vitórias possível nesse período. Crie muitas expectativas. Atenda a muitas expectativas. Repita.

4) Eles devem sempre saber quando terão notícias suas novamente. Um amigo meu, CEO de uma empresa de capital aberto, me ensinou uma frase inteligente: BAMFAM: Book-A-Meeting-From-A-Meeting (Marque uma reunião a partir de uma reunião). Mais uma vez, nunca deixe um cliente no limbo. Eles devem sempre saber o que vai acontecer... *a seguir.*

5) Nunca espere que os clientes o perdoem. Nunca. Então, aja de acordo. Por exemplo, você pode entregar antes do prazo, mas nunca depois. Eu adiciono 50% ao meu prazo para sempre entregar antes do tempo. Isso faz com que "no prazo" para mim *seja antes do tempo* para eles.

Ação: Divida os resultados em incrementos tão pequenos quanto possível. Comunique-se com a frequência razoável (mesmo que não haja progresso, atualize-os). Estabeleça prazos com margem de manobra. Entregue antes do prazo. Mais clientes conquistados significam mais boa vontade. E mais boa vontade significa mais indicações.

VALOR EM CURSO

$$\$.....\$.....\$.....\$.....\$.....$$

5) **Diminua o esforço e o sacrifício → Continue melhorando seus produtos:** se o cliente precisar fazer menos coisas que odeia para se beneficiar do seu produto, você o tornou melhor. Se o cliente abrir mão de menos coisas que ama para se beneficiar do seu produto, você o tornou melhor. E não existe produto perfeito. Você *sempre* pode melhorá-lo. E quanto mais fácil você tornar para eles se beneficiarem, mais boa vontade você ganha e mais provável será que eles indiquem seu produto. Aqui está o meu processo para continuar melhorando meus produtos.

Passo 1: Use dados do atendimento ao cliente, pesquisas e avaliações para identificar o problema mais comum do seu produto.

Passo 2: Descubra a solução. Para começar com vantagem, peça feedback aos clientes que utilizaram o seu produto apesar do problema que ele apresenta.

Passo 3: Use esse feedback para melhorar seu produto.

Passo 4: Entregue a nova versão a um pequeno grupo de seus clientes (que enfrentam dificuldades).

Passo 5: Obtenha sua próxima rodada de feedback. Se você resolveu o problema original, lance-o para todos os clientes. Se não resolveu, volte ao passo 2.

Passo 6: Passe para o próximo problema mais comum e repita o processo.

Faça isso até o fim dos tempos.

Ação: Continue melhorando seus produtos. Faça pesquisas. Faça alterações. Implemente. Avalie. Repita. Eu executo esse processo todos os meses. Defina isso como um processo mensal recorrente. Um produto que exige menos esforço e menos sacrifícios significa mais boa vontade. E mais boa vontade significa mais indicações.

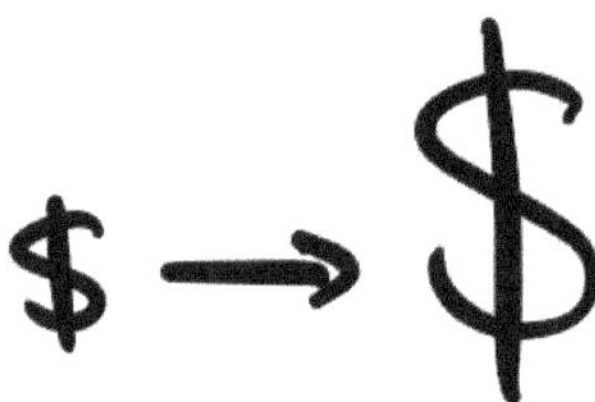

6) **Chamada para ação → Diga a eles o que comprar em seguida:** se você tem um produto incrível, eles vão querer mais. Você precisa satisfazer o desejo deles de comprar. Se não o fizer, eles ainda vão comprar... mas *de outra pessoa*. Não deixe isso acontecer. Venda para eles novamente. Você pode vender um produto novo ou mais do produto que eles acabaram de comprar. Em ambos os casos, você ganhará ainda mais boa vontade e prolongará a vida útil do cliente. Além disso, quanto mais produtos eles puderem comprar, mais produtos poderão indicar para seus amigos.

Por exemplo, em uma empresa de perda de peso que conhecemos, muitos clientes indicaram um produto de primeira linha para seus amigos. Mas alguns não o fizeram. Muitos dos clientes que não indicaram o primeiro produto, quando compraram um produto mais caro, indicaram-no para seus amigos! Portanto, você precisa continuar vendendo.

Na minha experiência, as pessoas ficam obcecadas com suas ofertas iniciais. E isso faz sentido. Mas então elas negligenciam todo o resto *e os clientes acabam se afastando*. E os clientes que se afastam do seu produto provavelmente não o indicarão — então continue vendendo para que isso não aconteça.

Ação: Trate cada cliente como se fosse a primeira vez que você estivesse vendendo para ele. Certifique-se de que sua próxima oferta seja mais atraente do que a primeira. Lembre-os de comprar mais após cada grande conquista. Mais coisas para comprar significam mais oportunidades de agregar ainda mais valor. Mais valor significa mais boa vontade. E mais boa vontade significa, você adivinhou, mais indicações.

<u>Uma pergunta acima de todas as outras.</u>

Vamos consolidar essas seis etapas em um experimento mental. Recomendo que você experimente com sua equipe. Aqui está:

Você perdeu todos os seus clientes, exceto um. Os deuses da publicidade proíbem você de fazer as quatro etapas principais e decretam:

- Todos os clientes devem vir deste único cliente.

-Viole nossos termos e destruiremos seu negócio, e todos os outros negócios que você iniciar, para sempre.

É difícil, mas a questão permanece: como você trataria esse cliente? O que você faria para tornar a experiência dele tão valiosa que ele indicaria todos os seus amigos? Que tipo de resultados ele precisaria obter? Como seria a integração dele? Que tipo de cliente você escolheria? Pense nisso. Escreva. *Seu negócio depende disso.* Então... *faça isso :)*

Comece a agir como se os deuses da publicidade fossem revogar seus quatro privilégios principais a qualquer momento. Em breve, você verá que não tem escolha a não ser começar a agregar mais valor para obter mais indicações de clientes.

Agora que abordamos isso, você quer saber como pode obter ainda *mais* indicações?

→ Peça por elas.

Indicações: peça por elas

Você sabe por que as empresas têm tão poucas indicações em comparação com o que poderiam ter? Elas nunca pedem por elas. Seus clientes, como qualquer público, só sabem o que fazer se você lhes disser.

Eu tentei várias estratégias de indicação. A maioria falhou. E eu lutei até ter essa epifania: pedir indicações só funciona quando você trata isso como uma oferta. *As indicações vêm quando você mostra o valor que o cliente obtém ao indicar seus amigos.* Vou apresentar dois estudos de caso rápidos para mostrar o poder de pedir indicações:

Estudo de caso nº 1: o Dropbox ofereceu armazenamento gratuito aos clientes *e* aos amigos que eles indicaram. O programa de indicações se tornou viral e eles <u>multiplicaram seus negócios em 39 vezes em quinze meses.</u>

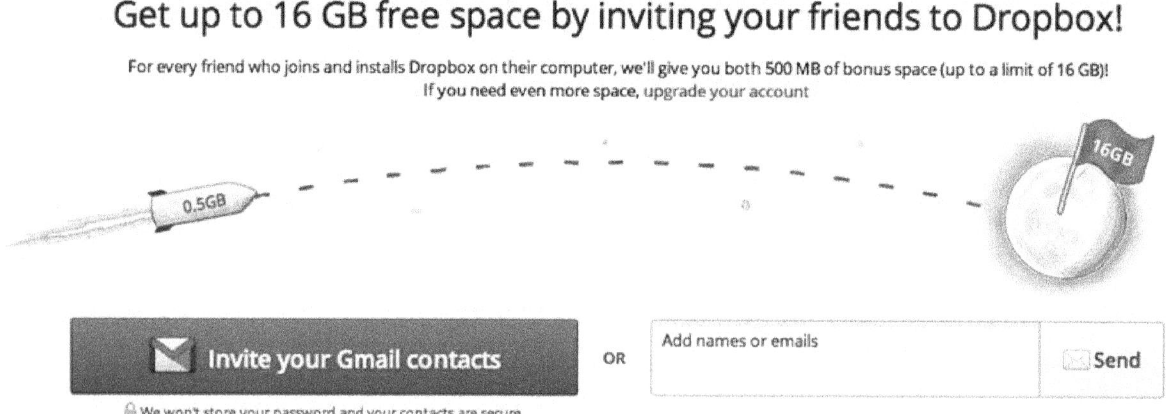

Estudo de caso nº 2: o Paypal deu US$10 em crédito aos clientes *e* US$10 aos amigos que eles indicaram. Em dois anos, o programa os ajudou a atingir um milhão de usuários e, seis anos depois, eles atingiram 100 milhões de usuários. Eles ainda usam isso hoje.

Então, como podemos aproveitar o mesmo crescimento viral em nossas pequenas empresas? Fazemos o que eles fizeram. Pedimos por isso.

<u>Sete maneiras de *pedir* indicações</u>

Há três componentes em um programa de indicações: como você oferece o incentivo, com o que você incentiva e como você pede. Em vez de dar centenas de variações que podem ou não funcionar, aqui estão as sete combinações que funcionaram melhor para mim:

1) <u>Benefício de indicação unilateral</u>: prefiro pagar aos clientes do que a uma plataforma, em qualquer dia da semana. Pague o custo médio de aquisição de um cliente (CAC) ao indicador ou ao amigo. Informe-os sobre o incentivo.

   Exemplo: imagine que custa US$200 para conquistar um novo cliente. Peça ao cliente atual para fazer uma apresentação tripartida a um amigo – por telefone, SMS ou e-mail. Não apenas um nome e um número. Além disso, peça para que ele faça isso assim que comprar... não espere. Em seguida, emita um cheque no valor de US$200 quando o amigo se inscrever <u>OU</u> dê ao amigo um desconto de US$200.

   Exemplo: isso funciona muito bem para cônjuges, porque ambos basicamente obtêm o benefício. Sempre pergunte sobre o cônjuge e ofereça um desconto para a família.

2) <u>Benefícios de indicação bilateral</u>: é o que o Dropbox e o PayPal usavam. Pagamos nosso CAC para ambas as partes. Metade vai para o indicador (em crédito ou dinheiro) e metade vai para o amigo (em crédito). Dessa forma, *ambos* se beneficiam.

Exemplo: vendemos programas de US$500. Nosso custo para conquistar um cliente é de US$200. Para cada amigo que alguém indicar, damos US$100 em dinheiro e US$100 de desconto na inscrição do amigo. Válido para até três amigos. Isso funcionou muito bem para minhas empresas locais.

Dica profissional: exiba seus anúncios pagos gratuitamente

Em nossos negócios de serviços, normalmente obtemos um aumento de 25% a 30% nas inscrições por meio de indicações. *Isso se solicitarmos uma indicação no momento da inscrição.* Portanto, se inscrevermos 100 clientes para uma promoção, normalmente obteremos outros 25 a 30 clientes por meio de indicações. E como sempre operamos acima de 3:1 LTGP:CAC, o dinheiro proveniente das indicações geralmente cobre o custo dos anúncios (e ainda sobra). Bingo!

---

3) <u>Peça uma indicação logo no momento da compra</u>: no contrato de venda ou na página de checkout, peça alguns nomes e números de telefone de *pessoas com quem eles gostariam de fazer isso*. Mostre a eles como obterão melhores resultados quando fizerem isso com um amigo.

Exemplo: Um novo vendedor entrou em uma das empresas do meu portfólio e quebrou todos os recordes de vendas para um evento que estava por vir. Não sabíamos o que estava acontecendo. Então, liguei para ele e perguntei: *como você está vendendo mais ingressos do que todos os outros?* Ele deu de ombros e disse: "Estou fazendo a mesma coisa que todos os outros. Só me certifico de perguntar a eles quem mais eles gostariam de levar com eles. Depois, peço que me apresentem." <u>Metade</u> das vendas dele eram por indicação. Tão simples, e ainda assim <u>ninguém faz isso</u>.

Exemplo de roteiro: *as pessoas que fazem nosso programa com outra pessoa tendem a obter resultados três vezes maiores. Com quem mais você poderia fazer este programa?*

Dica profissional: não "se", mas "quem"

Quando alguém se tornar cliente, seja mais direto com sua pergunta. Não pergunte *SE* a pessoa conhece alguém, pergunte *QUEM* ela conhece.

---

4) <u>Adicione referências como moeda de troca</u>: além disso, você pode pedir referências como forma de negociar um preço mais baixo. Em outras palavras, se alguém quiser pagar US$400 e seu preço for US$500, você pode dar um desconto *em troca* da apresentação a três amigos. Você pode cobrar um preço diferente pela mesma coisa de forma ética, pois alterou os termos da venda.

   Exemplo: "Não posso aceitar menos do que US$500, mas se você enviar uma mensagem de texto para três amigos agora mesmo, ficarei feliz em reduzir essa taxa de inscrição."

   E para responder à pergunta que você não fez - se um cliente que pagou o preço integral descobrir que você deu desconto a outra pessoa (o que já aconteceu comigo), basta dizer o seguinte: *"Sim, a Stacy ganhou US$100 de desconto porque indicou três amigos. Ficarei feliz em lhe dar US$100 se você me indicar três amigos. Quem você tem em mente?"* Ou eles desistem ou indicam três amigos. Todos saem ganhando.

5) <u>Eventos de indicação</u>: onde as pessoas ganham pontos, créditos, dinheiro ou até mesmo o direito de se gabar por trazer amigos dentro de um período de tempo específico. Os eventos de indicação geralmente duram de uma a quatro semanas. Sempre que você realizar um desses eventos, venda a todos os benefícios de trabalhar com outras pessoas. Use algumas estatísticas (internas ou externas) para mostrar altas taxas de sucesso e os benefícios egoístas de trazer amigos. Eu uso nomes como:

   Promoção "Traga um amigo"

   Promoção "Desafio do cônjuge"

   Promoção "Amigo responsável"

   Promoção "Desafio do treinador", na qual você cria equipes com seus funcionários e clientes. Isso funciona bem em negócios do tipo coaching.

6) <u>Programas de indicação contínuos</u>: em vez de realizar uma promoção de indicação por tempo limitado, você fala sobre os benefícios de fazer coisas com outras pessoas o tempo todo. Pense nisso: em seu conteúdo gratuito, divulgação, anúncios pagos, etc. Depois que um amigo fez isso, ele viu um aumento de 33% no *total* de inscrições. Para contextualizar, ele teve 1.000.000 de clientes comprando ingressos para seu evento virtual e 250.000 deles foram indicados... isso funciona.

7) <u>Bônus por indicação desbloqueáveis</u>: crie bônus para pessoas que 1) indicarem e 2) deixarem um depoimento. Alguns exemplos: desbloqueie bônus VIP, cursos, tokens, status, treinamento, mercadorias, níveis de serviço, suporte premium, horas adicionais de serviço, etc.

Os bônus por indicação desbloqueáveis funcionam bem se você não gosta de pagar em dinheiro. Os bônus também podem ser para *ambas* as partes, se você quiser (já que custam menos do que dinheiro). Visite a seção de iscas digitais para obter mais inspiração. Como sempre, quanto mais louca for a oferta, mais pessoas irão indicar. Se você quer que elas indiquem, torne a oferta tão boa que seria burrice não fazê-lo.

Você só está limitado pela sua criatividade

Veja como fica a combinação de algumas das estratégias acima em uma promoção de indicação matadora.

Dê a todos um cartão-presente no valor de um terço do custo do programa. Diga que eles podem dá-lo a um amigo se ele se inscrever junto com eles. Dê ao cartão-presente uma data de validade entre sete e quatorze dias a partir da data em que você o entregar → isso os forçará a usá-lo. Isso dá a eles o status de indicador quando o entregam ao amigo. Em vez de dizer "ei, inscreva-se no meu programa com um desconto de US$2.000", eles dizem: "Ganhei este cartão-presente no valor de US$2.000. Você quer? Não quero desperdiçá-lo". Isso é visto como um negócio muito melhor para eles e para você.

Você ainda pode usar a apresentação tripla com essa tática. Em seguida, envie uma foto do cartão-presente por mensagem de texto. Ganhe pontos extras se escrever o nome do amigo nele antes de enviar a foto. Isso faz com que pareça personalizado e lhe dá um motivo legítimo para pedir o nome do amigo dele (piscadela).

PS: você também pode vender os cartões-presente com 90% de desconto como presentes adquiríveis (apenas para amigos de clientes). O indicador parece ter gasto muito dinheiro e <u>você é pago para conseguir novos clientes</u>. Não consigo pensar em uma maneira melhor de ganhar dinheiro. Novamente, o único limite é a sua criatividade.

> **Dica profissional: combine o que você oferece com o que você vende.**
>
> Se você não quiser dar dinheiro, tente combinar o incentivo de indicação com o produto principal que você vende. Por exemplo, se você tem uma empresa de fabricação de camisetas, dar camisetas de graça faz muito sentido. Porque seu incentivo atrairá pessoas que realmente querem camisetas. E elas têm mais chances de se tornarem clientes pagantes. (Dica: é por isso que o cartão-presente funciona tão bem).
>
> Por outro lado, se você der uma camiseta incrível de edição limitada para sua empresa de serviços de TI, isso pode ou não atrair pessoas que querem serviços de TI. Portanto, tente combinar o que você oferece com o que você vende.

Conclusão

As indicações não são um método de publicidade que você pode "fazer". Não se trata de um truque ou dica (embora tenhamos aprendido alguns deles). *É uma forma de fazer negócios*. E começa com *você*.

Afinal, indicar é sempre um risco para o cliente. Ele arrisca *sua* boa reputação com o amigo *na esperança* de ganhar mais ao mostrar algo legal (seus produtos). Portanto, os clientes *só* indicam quando acham que é muito provável que seus amigos tenham uma boa experiência. Em outras palavras, quando os benefícios para eles pessoalmente superam o risco de prejudicar o relacionamento com seus amigos. Por isso, adicionamos benefícios para eles e seus amigos com incentivos e reduzimos o risco construindo boa vontade (mostrando que cumprimos nossas promessas). E fazemos isso usando as seis maneiras de oferecer mais valor aos seus clientes. Não me interpretem mal, construir boa vontade é fantástico para conseguir indicações por si só. Mas se formos inteligentes, o que somos, capitalizamos essa boa vontade para conseguir ainda mais indicações, usando as sete maneiras de pedi-las. Ufa!

Portanto, dê mais do que recebe e você nunca mais passará fome. *É assim que tratamos nossos clientes*. Faça isso e você poderá monetizar *a boa vontade* para sempre. Para manter isso em perspectiva, sempre me lembro: *sou recompensado amanhã pelo valor que ofereço hoje.*

Ações a serem tomadas

Calcule suas porcentagens de indicações e de rotatividade para definir uma linha de base. Implemente as seis etapas para "agregar valor" e construir boa vontade. Em seguida, aproveite essa boa vontade, usando uma ou mais das sete maneiras de solicitar indicações.

Próximo passo...

Agora precisamos descobrir como expandir uma equipe. Parece que teremos que entrar em contato com possíveis colegas de equipe, mostrar a eles o valor de se juntar à equipe e, então, convidá-los a participar. Espere... isso me parece familiar. Mas, falando sério, se você realmente quer uma máquina de leads de US$100 milhões, prepare-se. O capítulo mais valioso do livro está por vir: *os funcionários*. Sério, este não é um capítulo chato, e você vai precisar deles se quiser ganhar *muito dinheiro*.

BRINDE: BÔNUS - Frenesi de indicações de clientes

Se você deseja saber mais sobre como usar a forma mais lucrativa e eficaz de conquistar clientes, criei um treinamento especialmente para você. Você pode obtê-lo gratuitamente aqui: Acquisition.com/training/leads. E, como sempre, você também pode escanear o código QR abaixo se não gosta de digitar.

#2 Funcionários

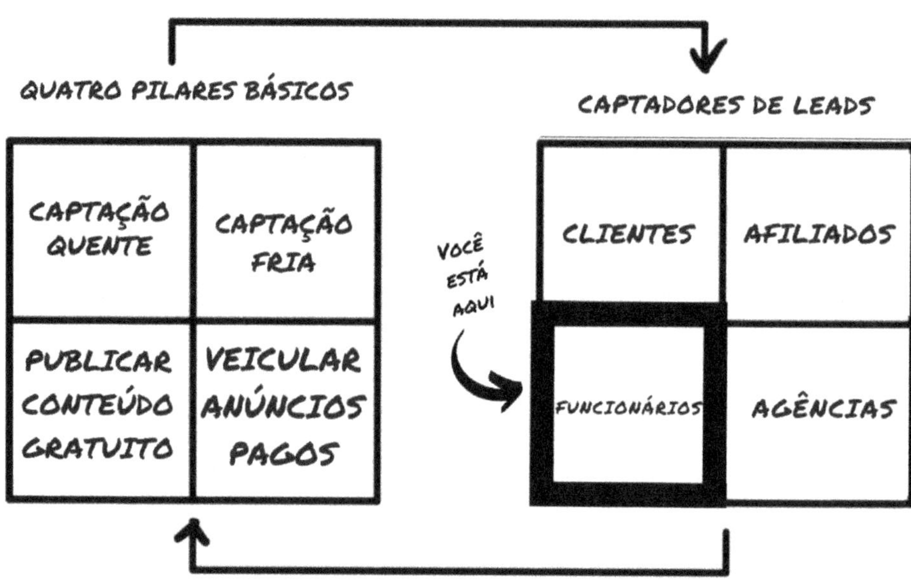

Junho de 2021.

O novo diretor de vendas disse: "Sei que ficamos abaixo da nossa meta novamente, mas não acho que precisamos mudar nada, vamos atingi-la neste trimestre".

Os olhos percorreram a sala e olharam em todas as direções, menos na minha. O silêncio foi longo o suficiente para que o assistente executivo marcasse o tópico abordado e seguisse em frente. Não é de se admirar que tenhamos perdido nossa meta de divulgação fria pelo segundo trimestre consecutivo... ninguém contestou o fracasso. *O que, agora achamos que à terceira é será a vez?*

"Esperem", eu disse. Agora *todos* olhavam na minha direção. "Gostaria de saber por que não atingimos essa meta por dois trimestres consecutivos. Sei que podemos vender, então, se queremos fazer mais vendas com abordagem fria, *precisamos fazer* mais abordagem fria. Qual é o problema?"

"Perdemos um representante a cada quatro semanas", disse o diretor de vendas. *Aha.*

"Ok... Por que nossa rotatividade é tão alta?".

"Eu estava me perguntando a mesma coisa, mas o RH diz que, na verdade, estamos abaixo da média de rotatividade do setor para essa posição." Ele continuou: "Mas, quando contratamos e integramos um, outro sai."

Vi o diretor de RH concordando com a cabeça. *Estava ficando mais perto.*

"OK, então o problema é a contratação", eu disse. "Então, como está a situação das contratações?"

"Contratamos um em cada quatro candidatos que o RH nos indica."

"Então, se eles saem tão rápido quanto os contratamos, e você contrata apenas um em cada quatro, isso significa que você recebe apenas um candidato por semana?"

"Sim, mais ou menos isso." *Estava quase lá.*

"Entendi." Agora olhei para a diretora de RH: "Como está a situação da triagem?" "Conseguimos um candidato qualificado a cada dez entrevistas de triagem, mais ou menos", disse ela.

"Então, são necessárias *quarenta* entrevistas para conseguir um único trabalhador de linha de frente com pouca qualificação?"

"Acho que sim." *Bingo.*

"Tudo bem, precisamos mudar as coisas", eu disse. "Estamos com um gargalo na seleção individual. Comecem a fazer entrevistas em grupo e procurem os malucos lá. Enviem todos os outros com boa ética de trabalho e habilidades sociais básicas para o setor de vendas. Podemos ensinar o resto. Concordam?" A equipe assentiu.

Em seis semanas, as contratações superaram as demissões. Nossas vendas por abordagem direta aumentaram na mesma proporção. No final do trimestre, as vendas por abordagem direta haviam dobrado e representavam mais da metade do nosso faturamento total.

O problema não era nosso método de abordagem fria, nossas habilidades ou nossa oferta. Simplesmente não tínhamos pessoas suficientes *fazendo* abordagens frias.

***

Se você usar os métodos deste livro, verá um fluxo maior de leads engajados em seu negócio. Mais leads engajados significam mais clientes. Mas, à medida que você cresce, sua carga de trabalho também aumenta. Com o tempo, será necessário mais trabalho do que uma única pessoa pode realizar. E você pode resolver o problema do excesso de trabalho para uma única pessoa *contratando mais pessoas*. Em resumo, para anunciar mais, você precisará de mais funcionários. E este capítulo mostrará como os funcionários trabalham, por que eles o tornam rico, como contratá-los e o método que utilizo para transformá-los em geradores de leads.

Como os funcionários trabalham

Funcionários que geram leads são pessoas que trabalham na sua empresa e que você treina para obter leads. Eles obtêm leads exatamente da mesma forma que você obteve seus próprios leads no início. Eles podem veicular anúncios, criar e publicar conteúdo e fazer divulgação. Eles podem fazer qualquer tipo de publicidade *que você os treinar para fazer*. Portanto, mais funcionários que geram leads significam mais leads engajados para sua empresa. Isso também significa menos trabalho para você obter os leads. Mais leads e menos trabalho? Quero participar! Mas espere... Não tão rápido...

Não me interpretem mal – *os funcionários dão trabalho*. Eles apenas exigem menos tempo e trabalho do que fazer tudo sozinho. Na minha experiência, se você trocar quarenta horas de trabalho por quatro horas de gestão, você trabalha trinta e seis horas a menos. Brilhante. E a melhor parte é que você pode fazer essa troca repetidamente. Você pode trocar 200 horas de trabalho por semana por vinte horas de gerenciamento. Em seguida, você troca as vinte horas de gerenciamento por um gerente, que custa quatro horas por semana para liderar. O que resta são quatro horas de trabalho por 200 horas de liderança. Boom.

<u>Conclusão</u>: os funcionários criam uma empresa totalmente funcional que cresce *sem você*.

Por que os funcionários fazem você ficar rico

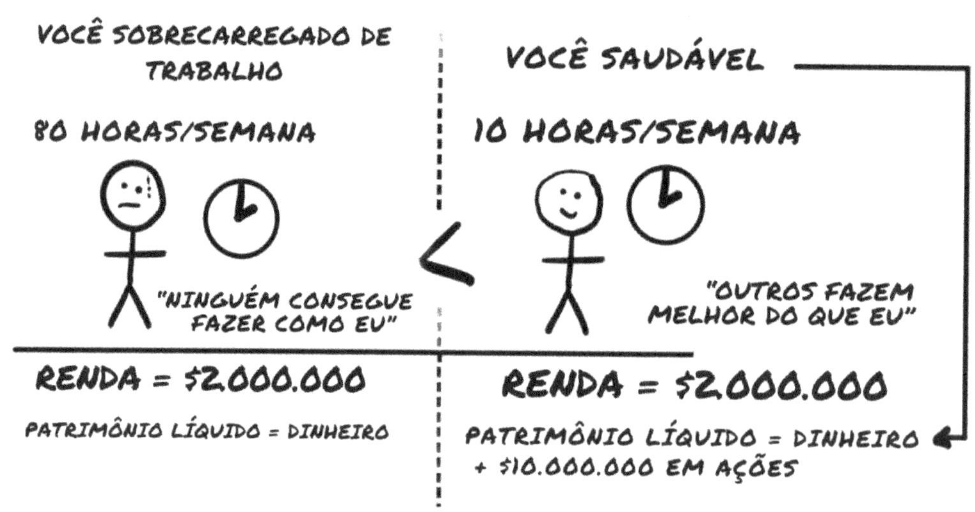

Para que seu negócio funcione sem você, outras pessoas precisam administrá-lo.

<u>Cenário nº 1</u>: Imagine que você tem um negócio que gera US$5 milhões por ano em receita e US$2 milhões em lucro. E, para obter esse lucro, você precisa trabalhar sem parar.

Nessa situação, você basicamente tem um emprego bem remunerado. Mas digamos que você não se importe em trabalhar o tempo todo e saiba que seu negócio iria à falência se você tirasse férias. Afinal, férias são para perdedores (brincadeira *tosse* mais ou menos...). Ainda temos outra coisa importante a considerar...

Claro, você ganha um pouco de dinheiro, mas seu negócio *não vale muito*. Se o negócio só dá lucro com você nele, então é um *mau investimento para* qualquer *outra pessoa*. Isso pode não parecer grande coisa agora, mas vamos considerar uma alternativa.

Cenário nº 2: seu negócio gera a mesma receita de US$5 milhões e o mesmo lucro de US$2 milhões. Mas há uma grande diferença: o negócio funciona *sem você*. Isso traz duas vantagens muito legais. Primeiro, transforma o que costumava ser um trabalho arriscado em um ativo valioso. E, segundo, torna você *muito* mais rico. Veja como:

Primeiro, você recupera seu tempo, então pode usá-lo para investir em sua empresa, comprar outras empresas ou tirar suas merecidas férias. Segundo, você fica muito mais rico porque sua empresa agora tem *valor para outra pessoa*. Você transformou um *passivo* que dependia de você em um *ativo* no qual você pode confiar.

Se você tem um ativo que gera milhões de dólares *sem você*, isso significa que outra pessoa poderia usá-lo para ganhar milhões de dólares *sem ela*. Em outras palavras, seu negócio agora é um *bom investimento*. Então, investidores em busca de ativos, como a Acquisition.com, por exemplo, comprariam parte ou todo o seu negócio. E seu lucro de US$2 milhões por ano, especialmente se estiver aumentando, poderia facilmente valer mais de US$10 milhões *agora*. Portanto, seu negócio passou de quase *zero* valor para US$10 milhões. Portanto, aprender como fazer com que outras pessoas façam isso por você faz uma diferença de US$10 milhões no seu patrimônio líquido. Eu diria que vale a pena aprender como fazer isso.

Lembrete: *você fica rico com o que ganha. Você fica rico com o que possui.* E levei anos para perceber isso porque, não muito tempo atrás...

Tudo o que eu achava que sabia sobre funcionários estava errado

Você já ouviu falar...

Se você quer que seja bem feito, faça você mesmo.

Ninguém consegue fazer como eu faço.

Ninguém pode me substituir.

Eu disse tudo isso. Eu vivi tudo isso. Durante anos, sempre que contratava alguém, comparava o que essa pessoa era capaz de fazer com o que eu era capaz de fazer. Na minha cabeça, sentia que era "eu contra eles". Para, de alguma forma, provar que eu era o mais "capaz". Com a minha própria equipe! E essa crença, essa forma de "liderar" pessoas, nunca me rendeu mais dinheiro.

Nos negócios, "ninguém consegue fazer isso além de mim" e "se você quer algo bem feito, tem que fazer você mesmo" não são fatos... são mentiras. Alguém fez coisas semelhantes antes de você chegar. E alguém continuará fazendo alguma versão disso depois que você se for. De uma forma ou de outra, todos são substituíveis. Pode ser por várias pessoas, pela tecnologia mais tarde, mas *todos* podem ser substituídos. Minha sugestão: substitua a si mesmo assim que puder. Assim, você poderá se tornar útil em outro lugar. Muitas outras pessoas descobriram isso. E você também pode.

No início, sempre que eu começava um negócio, eu conseguia fazer as coisas melhor do que as pessoas que eu contratava. Minha força de trabalho sempre acabava parecendo um grupo heterogêneo de desajustados que conseguiam fazer *uma* das muitas coisas que eu sabia fazer. Isso me ajudou a começar, mas caí na armadilha de acreditar que era melhor do que todos os outros. Eu oscilava entre me gabar por ser melhor do que eles e reclamar porque eles não eram tão bons quanto eu. E, por alguma razão, nunca me ocorreu que *era* eu quem os contratava e treinava. Quem eu estava enganando? A realidade era dupla: primeiro, eu não tinha as habilidades necessárias para treinar ou liderar uma equipe adequadamente. Segundo, eu era muito pobre e, depois (quando tinha um pouco de dinheiro), muito mesquinho para contratar alguém melhor. Em outras palavras, eles serem ruins era *minha* culpa. Opa.

Quanto mais eu tentava superar meus funcionários, mais distraído ficava e pior ficava meu negócio. Claro, naquela época, *talvez* eu pudesse fazer *qualquer coisa* melhor do que *qualquer* um dos meus funcionários. Mas... eu não podia fazer *tudo* melhor do que *todos* os meus funcionários. E quando finalmente percebi isso, comecei a adotar crenças melhores sobre o talento:

"Se você quer que algo seja bem feito, peça a alguém para dedicar todo o seu tempo a isso."

"Se eu consigo fazer, outra pessoa consegue fazer melhor."

"Todos são substituíveis, especialmente eu."

Essas novas crenças sobre o talento não só criaram uma cultura muito mais saudável nas minhas empresas, como também trouxeram efeitos colaterais muito lucrativos. Confiar no sucesso dos meus funcionários tornou o *meu* tempo e a minha atenção *muito* mais valiosos.

Se outra pessoa pode fazer isso, por que eu faria? Se outra pessoa pode treiná-los, por que eu faria? Se eu posso aprender outras coisas para fazer a empresa crescer enquanto a minha equipe mantém tudo sob controle, faz *muito* mais sentido fazer isso. Então, vamos fazer isso.

Como obter leads de funcionários: os quatro pilares internos

Lembra-se dos quatro pilares? Bem, eles também funcionam para conseguir funcionários. Imagine isso. Ao mudar a perspectiva de "divulgar seus produtos para clientes em potencial" para "divulgar seus produtos para funcionários em potencial", isso se transforma *imediatamente* em algo que você já sabe fazer. Mas algumas pessoas também têm o problema oposto: elas já sabem como conseguir funcionários, mas ainda têm dificuldade para conseguir clientes. *Funcionários são apenas outras pessoas a quem você divulga seus produtos.* Então, faça a mesma coisa!

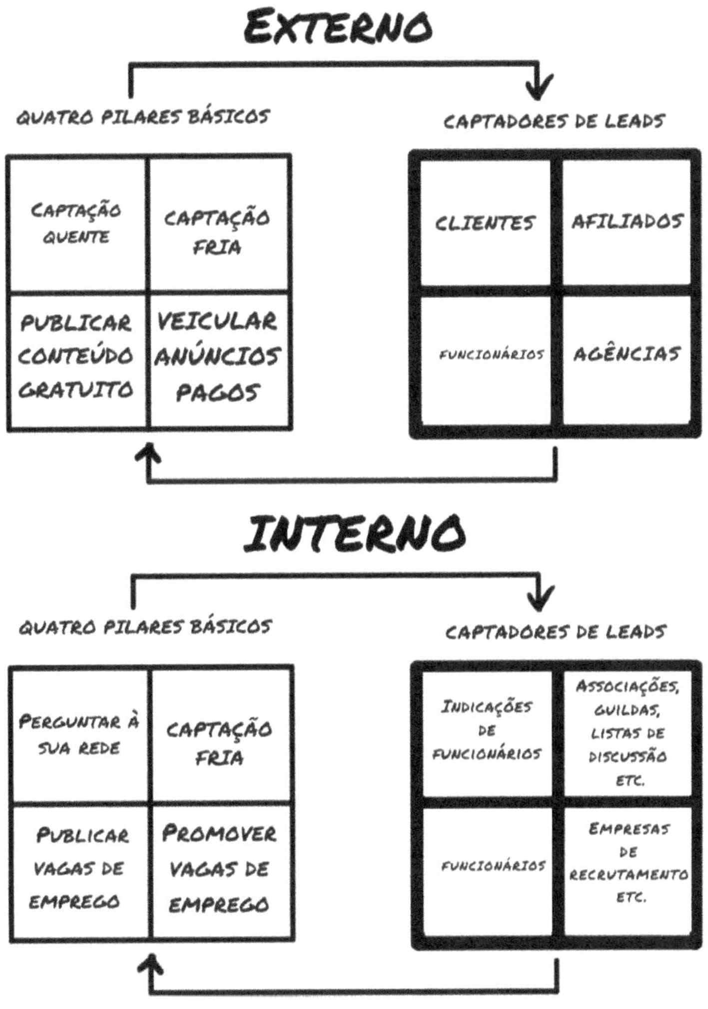

Alinhe as ações para conquistar funcionários com as ações para conquistar clientes. É a mesma coisa!

<u>Clientes → Funcionários</u>

Captação quente → Perguntar à sua rede

Contato frio → Recrutamento

Publicar conteúdo → Publicar vagas de emprego

Anúncios pagos → Promover vagas de emprego

Indicações de clientes → Indicações de funcionários

Afiliados → Associações, guildas, listas de discussão etc.

Agências → Empresas de recrutamento etc.

Funcionários → Funcionários (sem alteração)

As formas de obter leads de funcionários e seus captadores de leads têm equivalentes às formas de obter leads de clientes e *seus* captadores de leads. Portanto, quando você precisa de novos talentos, basta anunciar para obtê-los. E quando você precisa de mais, você faz mais. Assim como criar um processo confiável para obter clientes, você também pode criar um processo confiável para obter funcionários. E você precisará <u>*de ambos*</u> para crescer.

Como fazer com que os funcionários lhe tragam leads

Agora você contrata alguém que lhe custa dinheiro todos os meses. Ótimo. Vamos garantir que você recupere esse investimento, *e* o mais rápido possível.

Observação: algumas pessoas que procuram emprego já sabem como conseguir leads. Essas pessoas são incríveis. Você também pode contar com elas para custar mais. E se você está começando, talvez não tenha condições de pagá-las. Portanto, sua segunda melhor opção é treiná-las. Felizmente, você tem um livro inteiro sobre como conseguir leads ao seu alcance. Portanto, o próximo passo é treinar seus funcionários sobre como realizar essas atividades de obtenção de leads. Eu penso e, na verdade, abordo o treinamento com este modelo mental 3Ds: *documentar, demonstrar, duplicar*. Veja como funciona.

Primeiro passo - Documentar. <u>*Faça uma lista de verificação*</u>. Você já sabe como fazer a tarefa. Agora, basta anotar os passos exatamente como você os executa. Você também pode pedir a outras pessoas de confiança que observem você e documentem o que você faz. Ganhe pontos extras se gravar a si mesmo realizando a tarefa de várias maneiras e em vários turnos. Dessa forma, você pode se observar *como um observador,* em vez de interromper seu fluxo para fazer anotações enquanto trabalha. Depois de colocar tudo na lista de verificação, use-a no seu próximo bloco de trabalho e siga *apenas* essas etapas. Você consegue fazer um trabalho nota 10 seguindo *exatamente* as *suas* instruções? Se conseguir, você tem o <u>primeiro rascunho</u> da sua lista de verificação para o trabalho.

Passo dois – Demonstre: *faça isso na frente deles.* Assim como seus pais lhe ensinaram a amarrar os sapatos. Sente-se e guie-os passo a passo pela lista de verificação. Isso pode demorar um pouco, dependendo de quantos passos são necessários para concluir a tarefa. Se eles o interromperem ou retardarem para entender algo, ajuste sua lista de verificação de acordo. Agora você tem o <u>segundo rascunho</u> pronto para eles experimentarem.

Passo três – Duplique: *eles fazem isso na sua frente*. Agora é a vez deles. Eles seguem a mesma lista de verificação que você seguiu. Só que, desta vez, eles são os que estão fazendo e você é o que está observando. Queremos apenas que eles *reproduzam* o que fizemos. Assim, se a lista de verificação estiver correta, o resultado será o mesmo. E se a lista de verificação estiver errada, você descobrirá rapidamente! Corrija sua lista de verificação até que esteja correta. Em seguida, peça que eles a sigam até que acertem. E quando eles conseguirem, você terá um verdadeiro captador de leads em sua equipe. Parabéns!

Dica profissional: dê um prazo curto para as pessoas provarem seu valor.

A maioria dos trabalhos de publicidade de nível básico não é complexa. É preciso mais determinação do que habilidade. Se você treinou alguém adequadamente e essa pessoa ainda está abaixo das expectativas após três semanas, dispense-a.

Depois de treinar seus primeiros funcionários dessa maneira, você terá resolvido os problemas desse trabalho e tudo correrá bem a partir daí. Pelo menos a parte do treinamento. Pense da seguinte maneira: se você desaparecesse amanhã, um estranho conseguiria obter os mesmos resultados que você se apenas seguisse sua lista de verificação? Esse é o nível de clareza que você deve buscar.

   213

Algumas observações úteis sobre o treinamento:

- Uma maneira útil de ver esse estilo de treinamento é: *se eles errarem ou ficarem confusos, então nós erramos ou tornamos isso confuso.* Se tivermos que explicar o que uma etapa significa, então a etapa é muito complicada. Ou, mais provavelmente, tentamos colocar várias etapas em uma só.

- Se eles só parecem "entender" após uma longa explicação ou várias demonstrações, então, mais uma vez, temos trabalho a fazer. Os empresários que ignoram isso enfrentam problemas crônicos de treinamento. E, para ser sincero, você provavelmente pode forçar uma lista de verificação inferior a funcionar, mas isso se transforma em um *pesadelo* quando outra pessoa assume o seu treinamento.

- Há uma diferença entre competência e desempenho. Em outras palavras, eles podem saber exatamente o que fazer e *ainda não ser tão bons nisso.* Se for esse o caso, então suas instruções estão corretas e *eles só precisam praticar.* Usando uma analogia do mundo do fitness, pense em "devagar, depois suave, depois rápido". Você não precisa mudar nada, eles só precisam de mais repetições.

- *Concentre-se na capacidade do seu funcionário de seguir instruções, mais do que se ele obtém o resultado certo.* Isso é muito importante porque, se você treinar seus funcionários para seguir instruções, então... eles seguirão instruções. E, se eles seguirem instruções e obtiverem o resultado errado... *então você saberá que são as instruções.* Isso é bom. Você tem muito mais controle sobre isso.

- Sempre que eles realizarem uma etapa *com sucesso, informe-os de que fizeram corretamente.* E se eles responderem aos elogios, elogie-os! E se eles cometerem um erro, tudo bem também. É para isso que serve o treinamento. Não assuma o controle quando eles errarem, simplesmente faça uma pausa, dê um passo atrás e deixe-os tentar novamente. Ciclos rápidos de feedback fazem com que as pessoas aprendam *mais rápido.*

- Se seguirem suas instruções *à risca* e obtiverem o resultado errado, elogie-os por seguirem as instruções. Elogie-os e, em seguida, faça as correções em sua lista de verificação na hora.

- Evite punições ou penalidades de qualquer tipo por erros cometidos durante o treinamento. Como regra geral, recompense as coisas boas que você quer que eles façam mais e eles farão mais delas. Aprender uma nova habilidade já é punitivo o suficiente, não precisamos adicionar mais nada.

- É difícil corrigir várias coisas *quando você nunca fez algo antes*. Dê feedback uma etapa de cada vez. Dê um feedback de cada vez. Pratique até que eles acertem. Em seguida, passe para a próxima etapa.

- Sempre que houver uma queda significativa no desempenho normal, treine novamente a equipe. Eles pararam de fazer uma etapa importante do processo (muitas vezes porque não sabiam que era importante). Depois de descobrir a etapa, recompense as pessoas por segui-la daqui para frente.

Como calcular o retorno dos funcionários que geram leads

Excluindo o custo da veiculação de anúncios pagos, o custo da publicidade (divulgação, conteúdo etc.) com os funcionários é quase inteiramente baseado na quantia que você paga a eles para fazer isso. Simplificamos isso comparando apenas quanto dinheiro gastamos com a folha de pagamento com quanto dinheiro os leads engajados que eles geram trazem:

- Folha de pagamento total / Total de leads engajados = Custo por lead engajado.

    o   Ex.: US$100.000 / 1000 leads = US$100 por lead engajado

- Se um em cada dez leads engajados se tornar cliente, nosso CAC será de US$1.000

    o   (US$100 por lead engajado) x (10 leads engajados por cliente) = US$1.000 CAC

- Se cada cliente tiver um LTGP de US$4.000, então você terá um LTGP: CAC de 4:1

    o   (LTGP de US$4.000) / (CAC de US$1.000) = 4:1

Por exemplo: no momento em que escrevo este artigo, recebo cerca de 30.000 leads engajados por mês no Acquistion.com. Não veiculo anúncios pagos e não faço divulgação. Mas a equipe responsável pela criação do conteúdo que gera esse interesse custa cerca de US$100.000 por mês. Isso significa que me custa aproximadamente US$3,33 por lead engajado (US$100.000 / 30.000 leads) em folha de pagamento para gerá-los. Ganhamos muito mais do que US$3,33 por lead, então somos lucrativos. Você pode aplicar a mesma matemática a qualquer método de publicidade que usar.

<u>Como saber em quais funcionários se concentrar para maximizar o retorno</u>

Como aprendemos em Veicule anúncios pagos, Parte II, se o seu custo para conquistar um cliente estiver dentro de 3 vezes a média do setor, você está indo *bem*. A partir daí, concentre-se em aumentar seu LTGP.

Se o seu CAC for mais de 3 vezes a média do setor, você tem um problema de vendas ou de publicidade. Diagnosticamos isso com uma única pergunta:

Os meus leads engajados têm o problema que eu resolvo e o dinheiro para gastar?

- Se não, então eles não são qualificados – isso é um problema de publicidade.

- Se sim, então eles são qualificados e:

    o Estão comprando, mas você não tem um número suficiente deles – problema de publicidade.

    o Eles são qualificados, mas não estão comprando – problema de vendas.

Não demita seu vendedor se você tiver problemas de publicidade. Da mesma forma, não demita seus funcionários de publicidade se você tiver um problema de vendas. Essa pequena pergunta pode ajudá-lo a identificar em quais funcionários você deve se concentrar.

Mas, fundamentalmente, você só precisa calcular todos *os* custos envolvidos na conquista de um cliente. E, desde que eles representem pelo menos um terço do lucro que você obtém ao longo da vida útil, você está em boa situação.

Conclusão

O objetivo deste capítulo foi *mudar sua perspectiva*. É seu trabalho divulgar e vender a visão da sua empresa. Você a divulga publicamente *e* em particular para funcionários *e* clientes. Esse é o trabalho. E quando você se torna bom nisso, você se torna imparável.

Digo isso porque acredito que qualquer pessoa pode ser ensinada a fazer trabalhos "básicos" para qualquer empresa – publicidade ou outros. Portanto, quem você escolhe não é tão importante quanto a forma como você treina aqueles que você escolhe.

Como já disse ao longo do livro e vou repetir aqui, não é preciso ser um gênio para fazer publicidade. Eu diria até que isso é prejudicial. De qualquer forma, temos muito mais pessoas com força de vontade do que gênios. Lembre-se, não se trata de inteligência, mas de coragem. E embora algumas pessoas possam ter nascido gênios, *ninguém* nasce com uma determinação inabalável (afinal, todos nós nascemos chorões). Tudo isso para dizer <u>que ter coragem é uma habilidade</u>. E isso significa que *qualquer pessoa* pode ter coragem *se aprender como*. Portanto, se você tem uma determinação inabalável, e como empreendedor provavelmente tem, não demorará muito para perceber que a adquiriu com suas experiências de vida. Você pode passar essas experiências como lições para qualquer pessoa que se importe o suficiente para ouvir. Assim, elas poderão se apoiar em você e ter mais chances de sucesso na vida.

E você não pode realmente saber nada até treiná-los bem e dar a eles uma chance de lutar para ter sucesso na área. Além disso, para trabalhos de baixo nível, você nunca terá falta de mão de obra. Seja exigente quando tiver que fazer investimentos massivos em funcionários hiper especializados, com salários de seis dígitos, também conhecidos como "funcionários sofisticados".

Acho que, nesta fase, é realmente melhor usar o tempo para contratar e treinar qualquer pessoa *disposta*. Então, <u>quando</u> você encontrar os vencedores, e com este método você os encontrará: trate-os bem, não os esgote e dê a eles o que merecem.

Em um mundo repleto de oportunidades, você precisará de aliados. Os funcionários estão entre os aliados mais poderosos. Falamos sobre: como eles o tornam rico, como eles trabalham, como conseguir que eles trabalhem, como obtê-los, como fazer com que eles lhe tragam leads, como mantê-los trazendo leads e como saber que você está fazendo um bom trabalho. E depois de construir um sistema para conseguir pessoas que lhe tragam leads (fazendo as quatro tarefas principais em seu nome), você só precisa fazer mais.

Nota do autor: Uma palavra sobre funcionários sofisticados

Deixei explicitamente de fora os funcionários de nível diretivo e superior, porque é fácil se qualificar para a Acquisition.com sem eles. E, uma vez que você se torne uma empresa do portfólio, nós fazemos isso por você.

O próximo captador de leads...

A próxima parada em nossa jornada publicitária nos leva às agências. Sim, você pode pagar pessoas para encurtar seu caminho. Paguei milhões de dólares a agências e acredito que finalmente *deciframos* o código de como criar uma situação vantajosa para todas as partes. Para nós, para que não dependamos delas para sempre. Para elas, para que possam obter mais lucro e oferecer mais valor aos seus clientes. Elas têm sido fundamentais para muitos avanços que tive, então você não vai querer pular o próximo capítulo...

BRINDE: TUTORIAL BÔNUS - Construir ou comprar - O roteiro do talento

Quanto mais tempo trabalho, mais me pergunto "quem" em vez de "o quê" e "como". Este treinamento pode ser um dos mais táticos e importantes, porque não importa o que você queira construir, você vai precisar de ajuda. Como é tão importante, criei um treinamento que aborda este conteúdo com mais profundidade, com alguns downloads, etc. Você pode assisti-lo gratuitamente em Acquisition.com/training/leads. Como sempre, você também pode escanear o código QR abaixo se não gosta de digitar.

#3 Agências

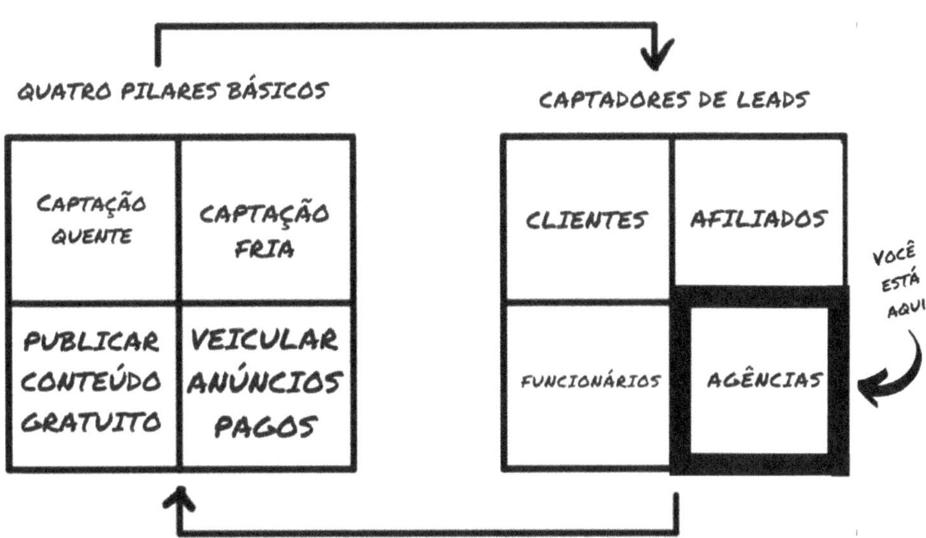

Verão de 2016.

Eu não era um especialista em tecnologia. Eu era um especialista em fitness que havia aprendido alguns truques de marketing e vendas ao construir minhas academias. Mas agora eu tinha cinco e estava lançando a sexta. Era hora de subir de nível. O Facebook havia acabado de lançar alguns novos recursos: redirecionamento, grupos de interesse, pixels, etc. E eu não entendia nada disso. Comprei alguns cursos, mas acabei mais confuso do que quando comecei.

Perguntei a alguns amigos se conheciam alguém que pudesse ajudar. Recebi duas indicações. Ambas eram agências. Fiquei com medo. Nunca tinha usado uma antes. Só tinha ouvido histórias horríveis sobre agências de publicidade. Principalmente que custam uma fortuna e nunca funcionam. Mas então percebi que, mesmo que funcionassem, eu *precisaria* delas para sempre. Elas teriam meu negócio nas mãos! Minhas expectativas não estavam muito erradas. Elas se ofereceram para veicular meus anúncios, mas por um preço exorbitante. Um valor que eu não poderia justificar gastar com minhas margens baixas. Mas, por outro lado, meus custos com publicidade estavam me matando. E, nesse ritmo, em poucos meses, eu não conseguiria manter meu negócio aberto. Estressante.

Recusei a primeira agência porque não tinha condições financeiras para contratá-la naquele momento. A segunda ligação começou da mesma forma. Comecei a entrar em pânico. *Como vou resolver isso?* Em uma tentativa desesperada de permanecer no mercado, pedi ao proprietário da segunda agência o que *realmente queria...*

"Você poderia me mostrar em algumas horas como você veicularia anúncios na minha conta?"

"Não", ele respondeu. "Meu tempo não está à venda."

Preocupado, mas ainda esperançoso... "Que tipo de acordo poderíamos fazer?"

Ele pensou por um momento. Então, sua sobrancelha se ergueu e um sorriso malicioso apareceu.

"Tudo bem. 750 dólares por hora." *Engoli em seco.* Sua tática de intimidação funcionou. Mas pelo menos eu sabia que seu tempo estava à venda... então eu queria saber mais.

"E por US\$750 por hora *você* vai se sentar *comigo* e *me* mostrar como *você* administraria *meus* anúncios?"

"Sim."

"E eu seria o único a fazer tudo? Tipo, você me orientaria sobre o que fazer e ficaria observando enquanto eu faço, depois explicaria por que faz dessa maneira?"

"Sim."

"E você está confiante de que pode tornar meus anúncios mais lucrativos? ... e me mostrar as coisas mais avançadas também, certo?"

"Sim. Quer dizer. Se você quiser me pagar US\$750 por hora, podemos fazer o que você quiser. O dinheiro é seu", disse ele, meio rindo. Soou mais como *"O funeral é seu"*.

Eu fiz uma pausa. "Tudo bem. Eu aceito. Vamos nos encontrar uma vez por semana. Você me dá o dever de casa e eu estudo entre as ligações. Tudo bem?"

"Por mim, tudo bem. Mas você tem que pagar as primeiras quatro horas adiantadas."

Então foi isso que fiz. Apostei três mil dólares na palavra desse cara, que dizia saber o que estava fazendo. *Caramba.* Mas, todas as semanas depois disso, eu apareci. E, como um bom aluno, chegava com anotações e perguntas preparadas. Também gravei e assisti novamente a todas as chamadas, porque não queria perder nada.

Nas duas primeiras reuniões, ele assumiu o comando e eu observei. Nas reuniões três e quatro, ele me colocou no lugar do motorista. Nas reuniões cinco e seis, tudo fez sentido. Eu entendi como ele tomava decisões e quais dados ele acompanhava. Na sétima e na oitava, percebi que não precisava mais da ajuda dele. Eu havia aprendido a veicular anúncios pagos, pelo menos no Facebook, como um profissional. E, se tivesse que dar um palpite, diria que foi porque aprendi com um profissional.

Neste capítulo, exploramos uma maneira não tão óbvia, mas muito melhor, de usar agências para obter mais leads. Vamos começar.

Como as agências querem que você pense que elas funcionam

As agências de publicidade são empresas de serviços de obtenção de leads. Você às paga para veicular anúncios pagos, fazer divulgação ou empacotar e distribuir conteúdo.

Por exemplo, digamos que você queira publicar conteúdo de vídeo gratuito. Mas você não sabe nada sobre como criar conteúdo de vídeo ou como distribuí-lo. Você precisaria aprender a escolher os temas dos vídeos, gravá-los, editá-los, criar miniaturas e escrever títulos. Ou precisaria contratar pessoas que soubessem fazer isso. É aí que entra a agência. Eles dizem que já contrataram e treinaram pessoas para fazer isso. Portanto, prometem resultados mais rápidos, melhores e mais econômicos do que você conseguiria sozinho. E, assim que tive dinheiro suficiente, achei a proposta bastante atraente.

Após minha primeira experiência com uma agência, que mencionei anteriormente e que correu muito bem, decidi usar mais. Mas minha experiência com as dez agências seguintes foi *diferente* porque as usei "da maneira certa". Cada uma delas foi mais ou menos assim:

Passo 1: Elas me deixaram animado com todos os novos leads que trariam.

Passo 2: Eu passava por um processo de integração que parecia valioso (e às vezes era).

Passo 3: Eles designavam seu "melhor" representante sênior para minha conta.

Passo 4: Eu vi alguns resultados.

Passo 5: Transferiram o meu representante sênior para o cliente mais recente...

Passo 6: Um representante júnior começou a gerenciar minha conta. Meus resultados foram prejudicados.

Passo 7: Eu reclamei.

Passo 8: O representante sênior voltava de vez em quando para me fazer sentir melhor.

Passo 9: Os resultados continuaram a piorar. E eu acabei cancelando.

Passo 10: Eu procurava outra agência e repetia o ciclo de insanidade.

Passo 11: *Pela milionésima vez*, comecei a me perguntar por que não estava obtendo os mesmos resultados da primeira vez.

Para ser claro, como mostra a introdução deste capítulo, as agências *podem* desempenhar um papel valioso no crescimento dos negócios. Mas não da maneira *que elas* querem que você faça. Não quero que mais ninguém caia na mesma armadilha. Na verdade, espero que todo o dinheiro que desperdicei também ajude a pagar o seu imposto da ignorância. Então continue lendo.

É francamente ridículo que eu tenha levado tantos anos para descobrir que, na verdade, usei uma agência da *maneira certa... na primeira* vez! Mas agora, depois de jogar o jogo deles tantas vezes, sinto que decifrei o código de "como usar uma agência". E isso não vem de jogar o jogo deles. Vem de jogar um jogo diferente. E este capítulo divide tudo em três etapas:

1) Contratar uma agência versus fazer você mesmo

2) Como eu uso as agências atualmente. E como você também pode fazer o mesmo.

3) Como escolher a agência certa

Contratar uma agência versus fazer você mesmo

Primeiro, vamos esclarecer isso. Boas agências custam dinheiro. Portanto, se você não tem dinheiro, as agências estão fora de questão. Você terá que aprender por tentativa e erro. E isso não é grande coisa. *Todos nós começamos assim.* Mas se você tem algum dinheiro, sugiro usar agências para duas coisas: aprender novos métodos e aprender novas plataformas.

Se eu quiser aprender novas maneiras de criar conteúdo, divulgar ou fazer anúncios pagos, contrato agências que oferecem novas maneiras de fazer isso. Elas já cometeram os grandes erros. Então, em vez de perder tempo tentando descobrir sozinho, vou direto para a parte de "ganhar dinheiro". Gosto da parte de "ganhar dinheiro".

Também recorro a agências quando quero começar a anunciar em uma plataforma que não conheço. Ganho dinheiro mais rápido porque elas fazem a configuração inicial e a manutenção para mim e porque peço que me ensinem como fazer isso.

Contratar uma agência significa investir em habilidades importantes que você não pode aprender em nenhum outro lugar. A menos, é claro, que você passe por *todo* o processo de tentativa e erro para aprender por conta própria. E se você fizer isso, perderá tempo e a atenção que poderia ter usado para aprender outras coisas importantes que fazem seu negócio crescer. E fazer seu negócio crescer é o objetivo principal.

Ação: assim que tiver dinheiro suficiente para contratar uma boa agência, comece a procurar. Se seguir o restante das etapas deste capítulo, você recuperará todo o investimento... e ainda ganhará mais.

Como eu uso agências agora. E como você também pode usar.

Tornei-me um pouco mais sofisticado do que a história que contei no início. Aqui está como utilizo as agências atualmente. Em vez de acreditar na mentira de que "nunca terei de aprender isto porque eles podem fazê-lo", início todas as relações com agências com um objetivo e um prazo para o cumprir. Começo por dizer:

"Quero fazer o que você faz no meu negócio, mas não sei como. Gostaria de trabalhar com você por 6 meses para aprender como você faz isso. Além disso, pagarei um extra para que você explique por que toma as decisões que toma e as etapas que segue para tomá-las. Então, depois de ter uma boa ideia de como tudo funciona, começarei a treinar minha equipe. E quando eles estiverem aptos a fazer isso bem, gostaria de mudar para um acordo de consultoria de custo mais baixo. Dessa forma, você ainda poderá nos ajudar se encontrarmos problemas. Você se opõe a isso?"

Na minha experiência, a maioria das agências *não* se opõe a isso. E se não funcionar para elas, tudo bem. Basta passar para a próxima agência. Mas, antes de começar a dispensar todo mundo, esteja disposto a negociar. Por um determinado preço, vale a pena para ambos. Viva o capitalismo!

É assim que eu uso as agências agora. Quando eu quis aprender a usar o YouTube, contratei *duas* agências. A primeira, para me manter comprometido com a produção de vídeos enquanto eles faziam o trabalho braçal na plataforma. A segunda (por um preço quatro vezes maior), para realmente nos ensinar as ideias por trás da produção do melhor conteúdo possível. E quando nossos vídeos superaram os deles, passamos a contratar apenas consultoria.

Eu usei esse método várias vezes. Eu contrato uma agência "boa o suficiente" para aprender os fundamentos de uma nova plataforma. Depois, contrato uma agência mais especializada para aprender como maximizá-la — *e eu recomendo muito essa estratégia.*

Se você for sincero sobre suas intenções e a agência concordar, você terá o melhor dos dois mundos. Você obterá melhores resultados a curto prazo porque eles (provavelmente) sabem mais do que você. E você obterá melhores resultados a longo prazo porque aprenderá a fazer isso sozinho ou sua equipe aprenderá a fazer isso por você. *Você também passará o máximo de tempo possível com os melhores representantes deles.*

Lembre-se de que você recebe apenas uma *fração* da atenção da agência, então os resultados pioram sempre que eles conquistam novos clientes. Enquanto isso, sua equipe fica cada vez melhor, pois permanece focada em você em tempo integral. Portanto, compare os resultados da sua equipe com os da agência até superá-los. Em seguida, cancele o contrato e invista o dinheiro em expandir tudo o que você acabou de aprender.

Ação: quando você encontrar uma agência para trabalhar (próxima etapa), defina os termos com ela e os prazos para você mesmo. Use o modelo acima como guia. E sinta-se à vontade para negociar um pouco para que tudo dê certo.

Nota do autor: sim, há espaço para agências

Para ser claro, ainda tenho participação acionária em um software de agência, o ALAN. Portanto, não sou contra as agências. Apenas compartilho como tive sucesso com elas. Existem empresas gigantes que usam grandes agências de publicidade? Claro. Mas não é para elas que estou escrevendo. Para a maioria das pessoas, gastar US$ 10.000, US$ 50.000 ou US$ 100.000 em uma agência é um custo significativo. Então, é assim que obtive o melhor retorno ao trabalhar com elas. Além disso, algumas pessoas nunca querem aprender e, para essas pessoas, as agências são ótimas. Pessoalmente, sempre quero aprender, e é por isso que uso as agências dessa maneira.

Como escolher a agência certa

Depois de trabalhar com várias agências ruins e algumas boas, criei uma lista do que todas as boas tinham em comum. Agora, não é a última palavra sobre o que torna uma agência boa, mas são coisas úteis que funcionaram para mim.

Aqui está o que procuro:

1) Alguém que eu conheço obteve bons resultados trabalhando com elas. Se você só conhece uma agência por meio de anúncios pagos ou divulgação fria... elas provavelmente não são tão boas quanto aquelas que dependem exclusivamente do boca a boca (e as melhores são assim).

2) Empresas de destaque obtiveram bons resultados trabalhando com elas. Posso não conhecer as empresas pessoalmente, mas se as reconheço, é um bom sinal.

3) Uma lista de espera. Quando a demanda por um serviço excede a oferta, é provável que ele seja muito bom.

4) Um processo de vendas claro que se preocupa em definir expectativas <u>realistas</u>. Sem truques.

5) Sem soluções de curto prazo. Eles mantêm a conversa focada na estratégia de longo prazo. Eles também fornecem cronogramas claros para configuração, dimensionamento e resultados.

6) Eles me dizem exatamente o que precisam de mim, quando precisam e como vão usar.

7) *Eles* sugerem um cronograma regular de reuniões e oferecem várias maneiras de me manter atualizado sobre o progresso deles.

8) Eles fornecem atualizações em termos simples e têm maneiras claras de acompanhar, para que eu saiba como os custos se comparam aos resultados.

9) Fazem uma boa oferta:

a) <u>Resultado ideal</u>: o que eles prometem é o que eu quero?

b) <u>Probabilidade percebida de realização</u>: quantas outras pessoas como eu eles já ajudaram a chegar lá?

c) <u>Tempo de espera</u>: quanto tempo levará?

d) <u>Esforço e sacrifício</u>: o que eles exigem de mim ao trabalhar com eles? O que terei que abrir mão? Conseguirei manter isso por muito tempo?

10) São caras. Todas as boas agências são caras... mas nem todas as agências caras são boas. Por isso, converse com quantas forem necessárias. E use esta uma lista como guia para encontrar as boas.

... se uma agência preencher esses requisitos, vale a pena considerá-la.

Dica profissional: converse com mais agências para ser um cliente melhor

Ser um cliente informado *ajuda a todos*. Portanto, antes de comprar, informe-se. Converse com cinco ou dez agências para saber como elas funcionam. No início, você aprenderá muitas coisas novas. Mas, com o tempo, a diferença entre as melhores e as piores se tornará óbvia. *Agora*, você pode tomar uma decisão informada.

Se a agência não atender às minhas necessidades, mas eu gostar das pessoas, pedirei que me indiquem outra agência. Uma boa agência que oferece uma especialidade irá encaminhá-lo a outras boas agências que oferecem o que você deseja. Essas são algumas das minhas indicações favoritas.

Ação: mesmo que uma agência concorde com seus termos, converse com mais algumas antes de tomar uma decisão. Compare-as usando a lista de verificação acima e escolha a melhor para você.

Conclusão

Embora esse não seja o modelo "tradicional" de agência, *ambas* as empresas se beneficiam. Elas ganham um cliente que, de outra forma, não teriam. E nós ganhamos uma habilidade para ganhar dinheiro para o resto da vida. Na história no início do capítulo, levei oito horas e gastei US$6.000 para aprender uma habilidade que *me rendeu milhões*. Você acha que valeu a pena? É melhor que valha.

E para que esse método funcione em grande escala, você precisa contar com um bom tempo em que pagará à agência e à sua equipe *para fazerem as mesmas coisas*. Você precisa se dar um tempo para obter resultados da agência, aprender o que eles fazem *e* treinar sua equipe nisso... tudo ao mesmo tempo. Sim, isso custa muito dinheiro. E sim, vale totalmente a pena quando você acerta.

E você pode fazer isso direito. Depois que as agências colocaram um funcionário de baixo escalão na minha conta pela milionésima vez, finalmente percebi. Isso não pode ser *tão* difícil. No início, levei cerca de um ano para tornar minha equipe melhor do que uma agência. À medida que fui melhorando, esse tempo diminuiu para dez meses, depois para oito. E agora, eu dominei isso. Consigo deixar minha equipe tão boa ou melhor do que a agência em menos de seis meses. E sempre que quero aprender um novo método ou plataforma, repito o processo.

Quanto melhor você fica, mais barato fica e mais dinheiro você ganha. Engraçado, isso parece muito com uma propaganda.

Próximos passos:

1) Decida se usar uma agência faz sentido para você neste momento.

2) Converse com várias agências para ter uma ideia do mercado. Não seja mesquinho.

3) Use a estrutura de contrato que descrevi.

4) Estabeleça um prazo claro para forçar você (e sua equipe) a aprender as habilidades.

5) Use as duas equipes até que a sua vença a deles regularmente.

6) Mude para consultoria com desconto até sentir que está ensinando a eles, em vez de eles ensinarem a você... então dispense-os.

Agora que sabemos como lucrar no mundo de alto risco das agências, exploramos o gerador de leads que me rendeu mais dinheiro. Recrutamos um exército de empresas que podem nos trazer ainda mais leads - *afiliados*.

BRINDE: O que procurar em uma agência - lista de verificação

Se você quer saber a melhor maneira de usar as agências, em vez de ser usado por elas, eu fiz um treinamento gratuito para você. Você pode assistir gratuitamente em: Acquisition.com/training/leads. Ele tem arquivos *swipe* e alguns outros extras. Como sempre, você também pode escanear o código QR abaixo se não gosta de digitar.

#4 Afiliados e parceiros

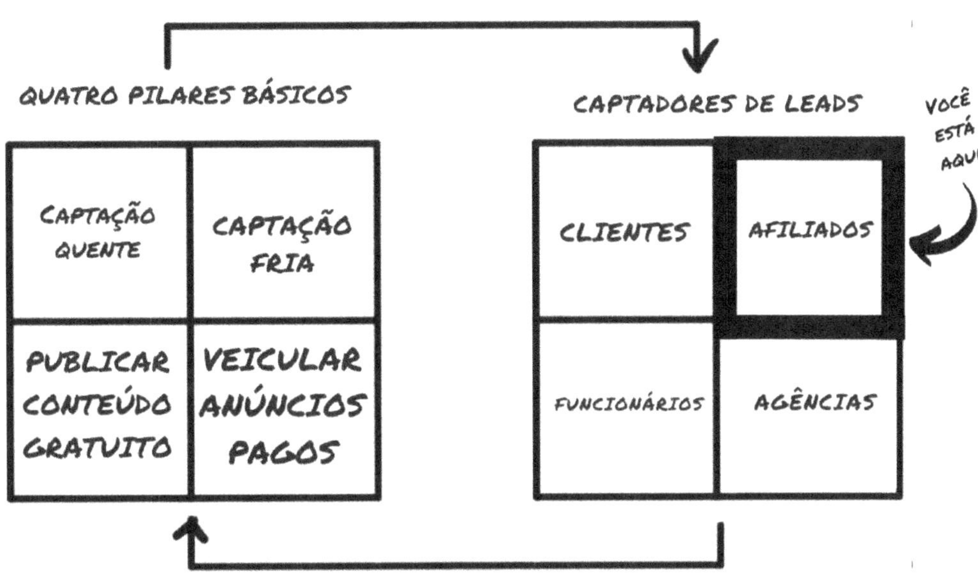

1º de dezembro de 2018

Eu não tinha ideia de como seria o lançamento da Prestige Labs. Não sabia se nossos clientes iriam gostar. Não sabia se a tecnologia que criamos funcionaria. Não sabia se os pagamentos seriam feitos em dia. Não sabia se nosso depósito iria confundir os pedidos.

Mas eu sabia que mais de um ano de preparação foi necessário para este lançamento. Nós colocamos tudo o que tínhamos para criar um produto de primeira linha. Gastamos mais de US\$1 milhão na criação de um software de afiliados personalizado e em treinamento. E compramos US\$3 milhões em estoque para vendas que talvez nunca acontecessem. Usei *todas* as minhas habilidades empresariais para tornar a Prestige Labs uma realidade. E, em apenas algumas horas, iríamos lançá-la para nossos afiliados proprietários de academias. Eu me sentia como uma criança na véspera de Natal. E se não desse certo, *não seria por falta de esforço.*

> ## Nota do autor: The Game Podcast Episódio 98 "I Remember" (Eu me lembro)
>
> Se você quiser voltar no tempo, pode ouvir o "eu jovem" falar sobre meus pensamentos/preocupações na noite anterior ao lançamento. Você pode estar lá comigo. É o episódio 98 do meu podcast <u>The Game with Alex Hormozi</u>, intitulado "I Remember" (Eu me lembro). Isso foi antes de eu saber o sucesso que ele se tornaria. Para encontrá-lo, basta acessar o local onde você costuma ouvir podcasts, pesquisar "Alex Hormozi" e ele aparecerá.

O Jogo com Alex Hormozi

Alex Hormozi

Dia do lançamento...

Terminei a apresentação de duas horas encharcado de suor. *Está feito.*

Eu "vendi" a oportunidade de vender minha linha de suplementos nas academias deles. Eu *treinaria* os novos afiliados para promover a Prestige Labs nas academias deles. Para que isso funcionasse, eles teriam que passar pelo treinamento *e* colocá-lo em prática. Mas, se o fizessem, todos lucrariam. Eu não tinha ideia se isso funcionaria.

Três semanas depois...

Fizemos US$150.000 em vendas *totais*. Enquanto isso, US$3.000.000 em produtos ficaram parados em um depósito com ar-condicionado... *Não funcionou.*

A esse ritmo, incluindo custos operacionais e pagamentos aos afiliados, levaria cinco anos para *empatar*. Mesmo que conseguíssemos aguentar, nosso produto premium expiraria bem antes disso. Estávamos praticamente ferrados. Eu me sentia miserável. Era terrível. *Quem sou eu para pensar que venderíamos tudo isso? Acabei de desperdiçar MILHÕES. Como pude ser tão estúpido?*

Mas... na quarta semana... algo incrível aconteceu...

BOOM! US$100.000 na segunda-feira.

BOOM! US$110.000 na terça-feira.

BOOM! US$92.000 na quarta-feira.

Nós fizemos mais de US$450.000 em vendas na quarta semana *sozinhos*. E o ritmo se manteve. 429.000 dólares... 383.000 dólares... 411.000 dólares... 452.000 dólares. Tivemos uma média de mais de 300 pedidos por dia em mais de 400 afiliados ativos. Os pedidos continuavam chegando. Confira abaixo um resumo do nosso relatório interno. Ele mostra, da esquerda para a direita, a receita por *semana*. Eu não conseguia acreditar nos resultados. Às vezes, ainda não consigo.

Receita bruta	$429 112	$383 717	$411 848	$404 838	$452 204
Receita líquida	$407 164	$358 073	$391 197	$384 119	$429 982
Reembolsos	$21 948	$25 644	$20 651	$20 719	$22 222
Contagem de pedidos	2 266	2 052	2 084	2 124	2 367
Tamanho médio do pedido	$189	$187	$198	$191	$191
Afiliados ativos	428	409	416	437	444

A melhor parte é *que eu não anunciei nem vendi nenhum dos produtos*. Sem anúncios pagos. Sem equipe de vendas. Nada. Os afiliados fizeram tudo – e a máquina de afiliados que eu construí ainda gera dinheiro até hoje. Então, se isso parece algo que lhe interessa, fique ligado, porque vou mostrar exatamente como eu a construí.

Como funcionam os afiliados

Um **afiliado** é um captador de leads. Trata-se de uma empresa independente que incentiva seu público a comprar *seus* produtos. Os afiliados parecem ser referências externas, mas são muito diferentes por trás dos bastidores. Primeiro, eles têm seus próprios negócios e fazem sua própria publicidade. Segundo, eles concordam em oferecer *seus* produtos aos *seus* leads engajados em troca de dinheiro, produtos gratuitos ou ambos.

Agora, você consegue afiliados através da publicidade e, em seguida, fazendo-lhes ofertas, *tal como faria com os clientes*. Mas os afiliados exigem um tipo de oferta único. Em vez de oferecer o seu produto, você oferece uma maneira rápida, simples e fácil de ganhar comissões promovendo-o. E isso pode significar literalmente milhões de leads engajados para o seu negócio. Isso torna os afiliados um dos meios mais eficazes para obter leads.

Por que você quer um exército de afiliados

Cada afiliado que você consegue adiciona outro *fluxo* de leads e clientes. Portanto, recrutar, ativar e integrar um exército de afiliados causa um crescimento rápido e impressionante. Isso é bom. É o que queremos.

Compare estes dois cenários:

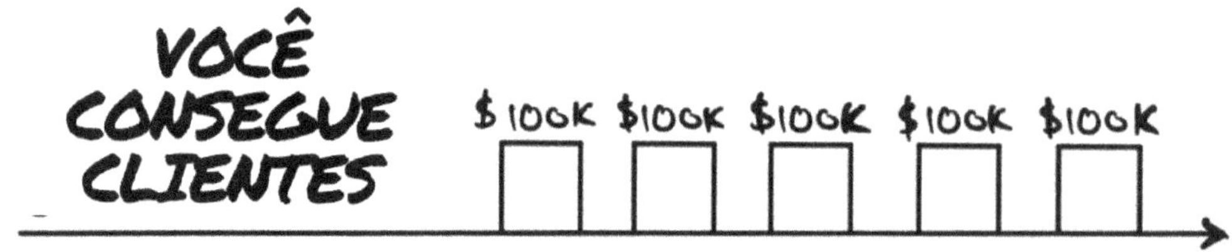

Cenário nº 1: você vende para dez *clientes* por mês, no valor de US$10.000 cada. Seu negócio atinge um limite de US$100.000 por mês. Em doze meses, você ganhou 1,2 milhão. Supondo que não haja outra publicidade, seu negócio *estabiliza*. Baixa alavancagem.

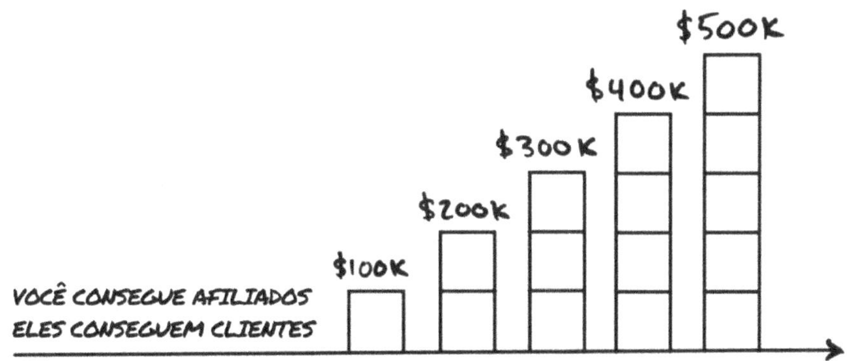

Cenário nº 2: Com o mesmo esforço, você vende dez *afiliados* por mês. Todos os meses, esses afiliados trazem-lhe *um* desses clientes de 10.000 dólares. Agora, todos os meses, você adiciona 100.000 dólares *extra* em receitas. Em doze meses, você ganhou *7,8 milhões*. E continua a crescer *todos os meses a partir daí*. O mesmo trabalho, mais dinheiro. Alta alavancagem.

Vamos usar a ALAN, minha empresa de software que cresci com afiliados, para mostrar como isso funciona no mundo real:

A ALAN cresceu com três níveis de afiliados:

1) Super afiliados de agências que trouxeram leads de agências

2) Agências que trouxeram leads de negócios locais

3) Empresas locais que trouxeram leads de consumidores finais

Um super afiliado adicionou dez agências por mês. As dez agências trouxeram um total combinado de cerca de cinquenta empresas locais por mês. Essas empresas locais trouxeram um total combinado de 2.500 leads por mês. A ALAN trabalhou esses leads por cerca de US$5 cada. Legal!

12.500 dólares *por mês*.

Mas não parou por aí. Cada super afiliado trouxe *mais* agências, que trouxeram *mais* empresas locais, que trouxeram *mais* leads a cada mês depois disso. Assim, cada super afiliado que contratamos trouxe US$12.500 no primeiro mês, US$25.000 no segundo, US$37.500 no terceiro e assim por diante. Com apenas algumas agências super afiliadas, chegamos a US$1.700.000 por mês em seis meses após o lançamento. *É por isso que você quer um exército de afiliados. Então, vamos construir um.*

Como construir um exército de afiliados em seis etapas

Os afiliados estão entre as formas mais avançadas de obter leads engajados. Primeiro, você precisa convencê-los a anunciar os produtos de outra pessoa. Segundo, você precisa convencê-los a anunciar *seus* produtos. Terceiro, você precisa *mantê-los anunciando* para torná-los uma fonte de leads de longo prazo. Parece muito. E é mesmo. Mas tenho boas notícias...

Eu construí duas empresas com afiliados: ALAN e Prestige Labs. Juntas, elas geraram mais de US$75 milhões em receita com mais de 5.000 afiliados. E as estratégias de afiliados que compartilho funcionaram para mim. Portanto, elas podem funcionar para você. Vou detalhar cada passo.

Passo 1: Encontre seus afiliados ideais

Passo 2: Faça uma oferta a eles Passo 3: Qualifique-os

Passo 4: Decida quanto pagar a eles

Passo 5: Faça com que eles anunciem

Passo 6: Mantenha-os anunciando

É isso. Vamos começar.

Passo 1: Encontre o seu afiliado ideal

O afiliado ideal tem um negócio com um público receptivo, cheio de pessoas como seus clientes. Comece a fazer uma lista desses negócios. Se nenhum vier à mente, responda a estas perguntas sobre seus melhores clientes:

O que eles compram? → *Quem fornece esses produtos?*

Onde eles vão? → *Que empresas existem nessas áreas?*

O que eles gostam de fazer? → *Quem fornece esses serviços?*

Se for diretamente ao consumidor, os empregadores dos seus consumidores podem ser ótimos afiliados:

Em que tipo de empresas eles trabalham? Que tipo de trabalho eles têm?

Em resumo... *Quem tem meus leads?*

Por exemplo, quando comecei a ALAN, os proprietários de agências eram meus afiliados ideais. Então, fiz uma lista de 200 produtos e serviços *para agências* e as empresas que os forneciam. Depois de um pouco de trabalho, percebi que eles se encaixavam perfeitamente em categorias: **softwares, produtos, equipamentos, serviços, grupos aos quais pertencem e eventos dos quais participaram**. Sempre que crio uma nova "lista de afiliados", começo com essas categorias. Observação: se você encontrar uma empresa que se enquadra em várias categorias, é muito provável que ela tenha muitos leads bons para você e que seja uma ótima afiliada.

Agora que eu sabia quais empresas tinham meus leads, sabia exatamente onde concentrar meus esforços de publicidade. Não era nada sofisticado, então não pense demais nisso.

Ação: faça uma planilha com cada uma dessas perguntas e categorias. Faça uma pesquisa online para preenchê-la. Se tiver dificuldade, ligue para seus clientes e pergunte a eles! <u>Resultado final</u>: crie uma lista de leads dos seus afiliados com maior potencial.

Etapa 2: Faça uma oferta a eles

Fazemos a oferta de afiliados e a anunciamos da mesma forma que faríamos com qualquer outra oferta. Chamamos a atenção do nosso público, mostramos nossos elementos de valor e, em seguida, os convidamos a agir. Mas os afiliados só se inscreverão conosco se lhes dermos um motivo forte. Felizmente, é bem simples. Como os afiliados são empresas ou iniciam um negócio ao se inscreverem, *você lhes oferece uma nova maneira de ganhar dinheiro.* Vamos começar com o apelo.

<u>Apelo:</u>

As chamadas para afiliados em potencial geralmente incluem:

- Os próprios proprietários de empresas afiliadas - *ATENÇÃO, PROPRIETÁRIOS DE SPA*

- Os clientes da afiliada - *Você trabalha com profissionais ocupados que passam o dia todo em reuniões?*

- Resultados prometidos pelas empresas afiliadas - *Para os heróis que curam o estresse dos outros...*

- Produtos e serviços oferecidos pelos afiliados - *Se você vende loções ou óleos perfumados, isso é para você...*

- Aos nossos próprios clientes - *Você conhece alguém que tenha um spa?*

Agora que conseguimos captar a atenção de um potencial afiliado, vamos fazer com que valha a pena...

Elementos de valor

Há um número ilimitado de maneiras de mostrar valor, mas todas as ofertas lucrativas seguem uma estrutura semelhante. Isso é uma boa notícia, pois não precisamos reinventar a roda. A maioria das ofertas lucrativas de afiliados mostra valor da seguinte maneira:

Ganhe mais dinheiro com seus clientes atuais e obtenha mais leads do que sua oferta atual (resultado ideal) ... com uma grande chance de funcionar, já que seus clientes já querem o produto (probabilidade percebida de sucesso) ... sem precisar criar, entregar ou fornecer suporte ao cliente para o produto (esforço e sacrifício) ... para que você possa começar a vendê-lo amanhã (prazo).

Ação: Explore os diferentes elementos de valor e preencha os espaços em branco. Não vou me aprofundar neste assunto, pois já o abordamos. Você simplesmente precisa tornar *os afiliados* os clientes para os quais você está anunciando.

Agora que temos o afiliado em potencial interessado em nossa oferta, vamos qualificá-lo.

Etapa 3: Qualifique-os

Os afiliados potenciais tornam-se afiliados efetivos quando compreendem e concordam com os seus termos. E, tal como acontece com os clientes, queremos que eles obtenham a sua primeira vitória o mais rápido possível. Por isso, definimos os nossos termos de forma a forçá-los a vencer o mais rápido possível.

Faço isso fazendo com que eles invistam. Prefiro que invistam seu tempo, seu dinheiro *e* no próprio produto. Qualquer uma dessas opções funciona. Mas, nove entre dez casos, *se eles pagarem, prestarão atenção.*

Aqui estão as duas maneiras pelas quais faço meus afiliados investirem e obterem sucesso: transformá-los em clientes e transformá-los em especialistas. Vamos nos aprofundar em cada uma delas.

<u>Método nº 1: Torne-os clientes</u>: faça com que comprem e, de preferência, utilizem o produto para manter o status de afiliado. Este é o investimento com menor barreira que funcionou para mim. Descobri que quanto mais dinheiro um afiliado investe no seu produto, mais dinheiro ganha. Isto faz sentido. Se não acreditam suficientemente no seu produto para o comprar, provavelmente não o devem vender. Pode dizer-lhes que fui eu que disse isso.

Dica profissional: compras em grandes quantidades

Se você precisa ganhar mais dinheiro por afiliado, pode exigir que eles comprem em grandes quantidades. Isso foi muito importante para o sucesso dos afiliados da Prestige Labs. Depois de comprarem um grande pacote antecipadamente, eles começaram a seguir em frente e a ter sucesso. O investimento maior acabou rendendo mais dinheiro para eles (e para nós). Se você tem produtos físicos, tente vendas em grandes quantidades. Se sua empresa tem uma linha de produtos, como a Prestige Labs, experimente oferecer pacotes grandes.

Veja como você pode formular a oferta: *"Você quer algo extra ou prefere apenas o pedido <u>mínimo</u>?"* Ao apresentar uma compra mínima, eles comprarão pelo menos isso. E, com mais frequência do que você imagina, eles comprarão *mais do que* o mínimo. Pronto!

Maneira nº 2: Torne-os especialistas: Eu faço com que eles paguem pela integração e pelo treinamento que os certifica como especialistas no produto. Se você fizer com que eles comprem um produto para se tornarem afiliados, você pode fazer com que eles usem isso como crédito para uma certificação. Ou seja, a certificação *vem com* os produtos que eles compraram. Agora, além de tornar o afiliado útil, certificá-lo faz duas coisas. Primeiro, cobre alguns dos custos de publicidade. Segundo, significa que posso pagar pela integração e treinamento adequados de cada afiliado.

Quanto devo cobrar? Recomendo algo entre 10-20% do que um afiliado ativo médio ganha nos primeiros doze meses. Portanto, se o seu afiliado médio ganha US$40.000 por ano vendendo seus produtos, cobre de US$4.000 a US$8.000 para integrá-lo e treiná-lo. Se o valor for muito baixo, você não conseguirá que eles invistam. Se for muito alto, você não conseguirá afiliados suficientes. Descobri que 10-20% maximiza o número de pessoas que se tornam afiliados *ativos*. Se você está apenas começando e tem produtos físicos, use a estratégia de compra em grandes quantidades da dica profissional. Caso contrário, você pode usar a estratégia do capítulo sobre contato quente e aumentar o investimento mínimo a cada 5 inscrições até atingir o ponto ideal.

Ação: transforme seus afiliados em clientes, especialistas ou ambos (minha maneira favorita). Se você não conseguir pessoas suficientes para começar, reduza o compromisso. Se você não conseguir pessoas suficientes para continuar, aumente-o.

Etapa 4: Descubra quanto pagar a eles

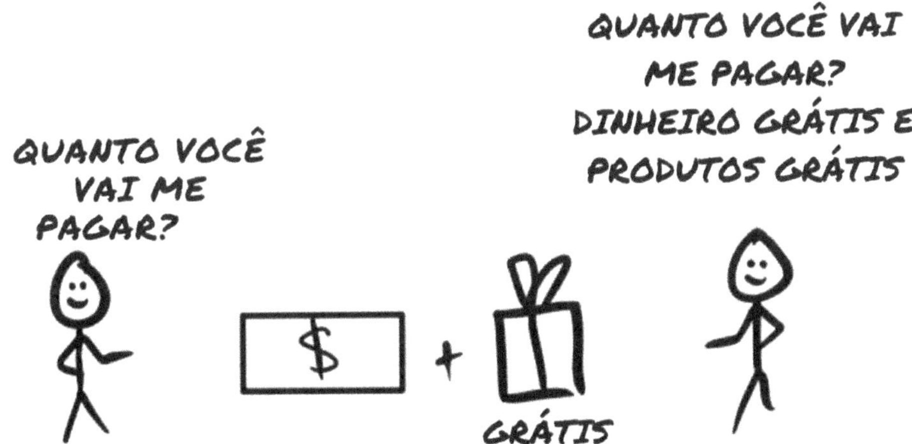

O primeiro grande problema a resolver com os afiliados é conseguir que eles se comprometam. Mas o segundo maior problema é como *mantê-los comprometidos*. E, independentemente da forma como se analise a situação, manter os afiliados comprometidos depende da forma como os recompensa por publicitarem os seus produtos. Prefiro recompensar as pessoas que fazem as coisas que gosto com dinheiro e produtos gratuitos, especialmente se elas me fizerem ganhar dinheiro primeiro. Por isso, vamos falar sobre isso.

Quando penso em maneiras de pagar aos afiliados, considero duas coisas básicas:

1) Pelo que eles são pagos

2) Quanto eles recebem

1) Pelo *que* eles são pagos

Antes de fazer qualquer cálculo sobre o pagamento aos afiliados, faço a mim mesmo uma pergunta simples. O que *exatamente* eu quero que o afiliado faça? Depois de descobrir isso, é por isso que eu os pago. Então, na maioria das vezes, quanto eles recebem e com que frequência recebem quase se resolvem por si mesmos. Pago aos afiliados por duas coisas básicas: novos clientes e clientes recorrentes. Com o tempo, se você acompanhar melhor suas métricas, poderá pagá-los pelas etapas *antes de* alguém se tornar um cliente. Por exemplo, pelos imãs de leads efetuados, compromissos marcados ou qualquer outra coisa que você saiba que se transformará em vendas para você.

2) *Quanto* eles recebem

Sugiro pagar aos afiliados com base no seu custo máximo permitido para adquirir um cliente (CAC).

<u>Exemplo: escolhendo seu CAC máximo permitido</u>. Digamos que vendemos um produto de uso único por US$200 e que o custo de atendimento é de US$40. Isso nos dá US$160 para pagar ao afiliado *e* administrar o negócio. Se quisermos uma relação LTGP:CAC de 3:1, então três partes vão para o negócio – US$120. E uma parte, *US$40,* vai para o afiliado. Isso significa que pagaremos até US$40 para que um afiliado consiga um novo cliente.

Mas é aqui que as coisas ficam interessantes. Eu costumava dar tudo de mão beijada (todo o CAC). Acho que ainda faço isso, mas fiquei mais exigente em relação a quem dou. Nem todos os afiliados são iguais. Portanto, sugiro ter uma estrutura de pagamento <u>em três níveis</u>. Usando o exemplo acima, com um CAC máximo permitido de US$40, uma estrutura de pagamento em três níveis poderia ser algo como isto:

- Nível 1: 25% do CAC = pagamento de US$10 - Qualquer pessoa que <u>concordar</u> com meus termos iniciais se qualifica.

    o Exemplo: Eles se inscrevem e compram produtos ou uma certificação.

- Nível 2: 50% CAC = pagamento de US$20 - Assim que <u>ativarem</u>.

    o Exemplo: *concluir a certificação que compraram*, fazer um número específico de publicações e divulgações, fazer um lançamento, etc.

    o Isso lhes dá uma boa recompensa (o dobro do pagamento) pela ativação.

- Nível 3: 100% CAC = Pagamento de US$40 - Depois de <u>manterem</u> um nível de desempenho.

    o Exemplo: eles mantêm cinco clientes por mês na assinatura.

Esse método em camadas também tem um efeito colateral oculto e muito lucrativo. O pagamento <u>médio</u> é *muito menor* do que o seu CAC máximo permitido. Isso significa que, se deixarmos os pagamentos máximos para os principais afiliados, poderemos ficar com o lucro "que sobrou". Podemos usar o dinheiro restante para realizar grandes concursos, anunciar para conseguir mais afiliados, incentivar estrelas em ascensão, etc. Ou, suponho, podemos simplesmente embolsá-lo.

Por exemplo, se 20% das vendas vierem do nível 1, 20% do nível 2 e 60% do nível 3, seu pagamento combinado será de US$30, em vez do seu CAC máximo permitido de US$40. Isso significa que sua relação LTGP:CAC melhorou de 3:1 para 4:1. E, muitas vezes, reduzir os custos de marketing em 33% pode se traduzir em um aumento de 10% a 20% no lucro líquido no final do ano. Um salto enorme.

> **Dica profissional: pague com o produto, se possível "Compre 3 e ganhe 1 grátis"**
>
> Todo mundo gosta de coisas grátis. Muitas vezes, mais do que custaria para obtê-las. Recompensar o desempenho com produtos é uma maneira barata e eficaz de mantê-los vencedores. Eles valorizam isso no varejo, mas isso só custa a você o seu custo. Uma boa arbitragem de valor.
>
> Defina níveis de vendas e recompense seus afiliados com produtos ou créditos sobre o custo de varejo. Nos níveis mais baixos, você pode até mesmo compensar *exclusivamente* com brindes. Por exemplo: se seus afiliados lhe enviam muitos clientes para massagens, é totalmente aceitável recompensá-los com massagens gratuitas. Em volumes baixos, uma massagem costuma valer mais para eles do que enviar um cheque de US$30 (seu custo). Mas, à medida que os afiliados lhe enviam mais clientes, eles geralmente optam por mais dinheiro. Afinal, ganhar 100 massagens não é algo realista.
>
> Na Prestige Labs, eu oferecia a qualquer pessoa que vendesse mais de três pacotes por mês um pacote gratuito de US$200 à sua escolha. Isso também tornava cada afiliado um atleta patrocinado. Eles recebiam produtos gratuitos para o resto da vida, desde que mantivessem três clientes por mês comprando. Eu chamava isso de "Venda três para ganhar um grátis".

Ação: Decida quanto você quer pagar aos seus afiliados para que possa planejar quanto pagar, com o quê e com que frequência.

Etapa 5: Faça com que eles divulguem - Lançamento

Assim como os indicados, o valor que os afiliados obtêm de você determina o quanto eles anunciam seus produtos. Portanto, *trate-os como clientes.* Dê a eles algo bom, rapidamente. E nada faz isso pelos afiliados como grandes lançamentos e muito dinheiro.

Veja como funcionam os lançamentos:

Os afiliados anunciam seu ímã de leads ou oferta principal para seu público *antes que eles possam comprá-lo*. Eles publicam. Eles fazem divulgação quente. Eles veiculam anúncios pagos. Eles podem até mesmo fazer divulgação fria. Eles fazem o máximo de publicidade possível até o dia do lançamento. Quando o produto está disponível, eles o vendem para todos os leads engajados que reuniram. Alguns vendem individualmente, outros fazem apresentações para todo o grupo. E outros simplesmente disponibilizam o produto.

Portanto, se você vai fazer lançamentos para ativar seus afiliados, o que você deve fazer, é melhor fazê-los da maneira certa. Eu uso o método sussurre-provoque-grite. Não me lembro onde ouvi isso pela primeira vez, mas o nome ficou na minha cabeça. Vamos lançar.

Antes de começarmos, lembre-se: *bons lançamentos têm o trabalho feito com antecedência.* Portanto, faça todo o trabalho por eles. Assim, eles podem simplesmente conectar e usar. Vamos analisar cada fase do lançamento. E darei um exemplo do lançamento do meu livro para ilustrar cada ponto. Observação: é assim que você lança *qualquer coisa,* não apenas afiliados. Coloquei isso na seção de afiliados porque não encontrei uma maneira melhor de ativar afiliados do que lançamentos.

Sussurro: *pense em "chamadas".* Assim como um anúncio, a chave para a fase do sussurro é *a curiosidade.* Mantenha o produto em segredo e dê dicas sobre a importância dele. Mantenha os sussurros curtos. E você ganhará pontos extras se mostrar os bastidores da produção do seu produto.

Se você tem algo em andamento, pode começar a fase de divulgação alguns anos antes. Quanto mais cedo você começar a divulgar, mais importante isso se tornará para o seu público. Começamos cedo porque, quanto mais tempo algo parece levar, mais o público valoriza. Por exemplo, se todas as outras coisas forem iguais, o público valorizará mais um produto que levou dez anos para ser feito do que um que levou dez dias. Portanto, *mostre o seu trabalho.*

Lembre-se: a curiosidade vem do desejo de saber o que vai acontecer *a seguir.* Portanto, insira perguntas sobre o produto na mente deles. Precisamos contar a eles sobre algo que eles querem saber mais, e então, dizer... *ainda não.*

Por exemplo, durante a fase inicial do lançamento do meu livro: publiquei conteúdo, entrei em contato com amigos, enviei e-mails para minha lista de contatos e informei potenciais afiliados sobre as principais atualizações do livro. Mostrei em que versão do rascunho eu estava. Tirei fotos dos bastidores enquanto imprimia os rascunhos. Mostrei as várias versões das estruturas que desenhei. Compartilhei vídeos de mim mesmo editando o livro de manhã cedo e tarde da noite, etc... tudo isso fez com que *as pessoas que queriam leads* ficassem curiosas e *prestassem atenção*.

Ação: comece a divulgar a cada quatro a seis semanas até chegar a sessenta dias antes do lançamento. Depois, divulgue a cada duas a três semanas até chegar a trinta dias antes do lançamento. Então, comece a provocar...

Provocação: *Pense em "Elementos de Valor"*. É hora de começar a satisfazer toda a curiosidade que você criou durante a fase de divulgação. Revele seu produto, torne pública a data do lançamento e comece *a mostrar* os elementos de valor. Use a estrutura O quê-Quem-Quando do capítulo sobre anúncios pagos.

Por exemplo, durante o lançamento do meu livro, na fase de provocação: fui mais específico e revelei mais informações "concretas" sobre o livro. Comecei a anunciar como o livro satisfazia o resultado sonhado de leads ilimitados. De trabalhar menos e fazer tudo mais rápido do que eles poderiam imaginar. Também mostrei dezenas de exemplos usando todo o potencial do livro.

Ação: Comece a divulgar uma vez por semana até 14 dias antes. Em seguida, divulgue duas vezes por semana até três dias antes. Três dias antes, é hora de divulgar amplamente.

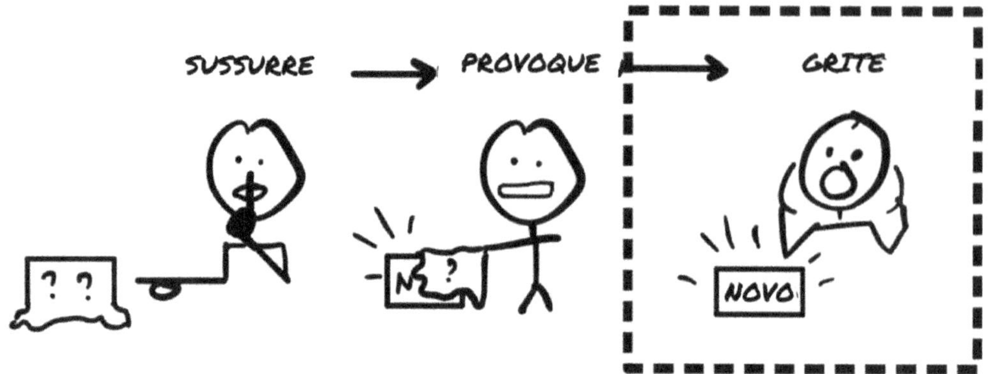

Grite: *pense em uma "chamada à ação".* Dê ações específicas para o público realizar quando o produto for lançado. Agora você começa a bombardear o público com bônus, escassez, urgência e garantias de ser "o primeiro". Você divulga para que o maior número possível de pessoas seja exposto à sua oferta.

Por exemplo, durante o lançamento do meu livro, na fase de divulgação: fiz apelos específicos à ação. Lembretes curtos, simpáticos e claros para se inscreverem no lançamento do livro. Lembrei a todos dos bônus exclusivos apenas para quem comprasse durante o lançamento.

Ação: Divulgue pelo menos duas vezes por dia a partir de três dias antes. No dia do lançamento, comece a divulgar a cada poucas horas até duas horas antes. Em seguida, divulgue a cada trinta minutos até o lançamento do produto.

Dica profissional: lançamentos de filmes

O melhor exemplo real de sussurre-provoque-grite são os lançamentos de filmes. Eles fazem trailers de cinco segundos com um ano de antecedência. Depois, um trailer de trinta segundos com noventa dias de antecedência. Em seguida, trailers mais longos à medida que a data se aproxima. Eles despertam a curiosidade, depois o interesse e, por fim, a ação.

Ação: Faça com que seus afiliados comecem. Prepare-os com tudo o que precisam para fazer o sussurre-provoque-grite da maneira certa. Eles fazem a publicidade. Você obtém os leads engajados. *Todos* são pagos.

Etapa 6: Mantenha-os anunciando

A estratégia que usamos para iniciá-los na publicidade difere daquela que usamos para *mantê-los* na publicidade. Em um mundo ideal, você vende um afiliado uma vez e ele envia leads engajados para o resto da vida. A integração nos leva até lá.

Tenho três maneiras de integrar seu produto à oferta deles. Ordenei-as da mais fácil à mais difícil. Primeiro, você pode fazer com que eles *ofereçam seu imã de lead* a cada compra de seus produtos. Segundo, você pode fazer com que eles *vendam seu imã de lead separadamente* para o público deles. Terceiro, você pode fazer com que eles *vendam* diretamente *sua oferta principal*.

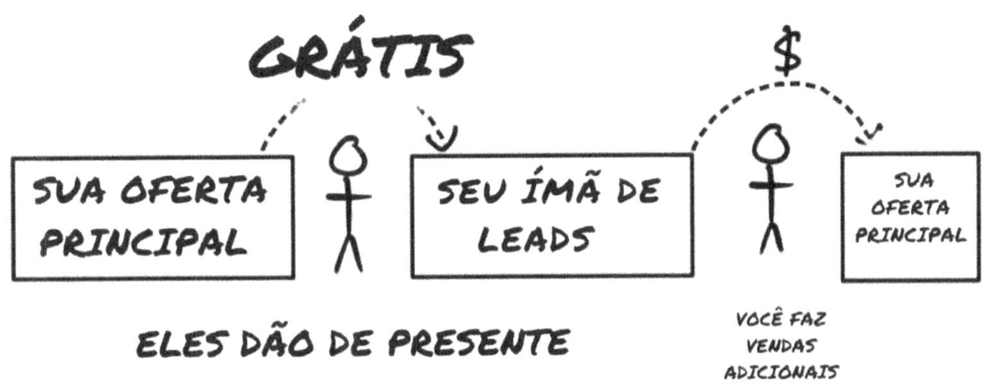

Eles oferecem seu imã de leads gratuitamente, o que torna sua oferta principal mais valiosa sem nenhum custo extra. Em seguida, você faz a venda adicional da sua oferta principal e de todas as ofertas posteriores.

1) Os afiliados oferecem seu ímã de leads quando alguém compra seus produtos. A ideia aqui é que seu ímã de leads torne a oferta do afiliado mais valiosa. Isso permite que eles cobrem mais por ela *e* obtenham mais leads do que conseguiriam sem ela. Lembre-se de que os melhores ímãs de leads oferecem uma avaliação gratuita ou amostra do seu produto, revelam um problema ou oferecem uma única etapa de uma solução em várias etapas. Aqui estão alguns exemplos de cada um:

Amostras e testes: digamos que eu venda massagens e recrute o estúdio de treinamento pessoal ao lado como afiliado. Agora, todos que compram treinamento pessoal deles recebem uma massagem gratuita de mim. O estúdio de treinamento pessoal agora tem uma oferta mais forte pela qual pode cobrar mais, *e* nós obtemos mais leads para massagens. Todos ganham.

Revele um problema: em vez de oferecer uma massagem gratuita, oferecemos uma avaliação postural gratuita ou com desconto em cada pacote de treinamento vendido.

Avaliações e descontos agregam menos valor à oferta do afiliado, mas algumas pessoas ainda assim o fazem. E, para ser claro, após avaliar o cliente, você faz uma oferta para resolver os problemas que revelou.

<u>Uma etapa em um processo de várias etapas</u>: digamos que você tenha um plano de tratamento em três partes. Massagem, alongamento e ajustes. As pessoas que obtêm valor suficiente de uma etapa terão medo de perder as demais. Portanto, quanto mais elas acharem que as outras etapas ajudarão a resolver seu problema maior, mais provável será que as comprem. Seu afiliado ofereceria a primeira etapa do seu processo de várias etapas gratuitamente. Você faria a venda adicional para os leads a partir daí.

<u>O que eu fiz.</u> Conseguimos que as academias afiliadas oferecessem uma consulta nutricional gratuita a cada novo membro. Em seguida, vendíamos nossos produtos durante a consulta. Elas podem divulgar que oferecem consultas nutricionais para atrair mais leads e cobrar mais pelo valor agregado. E nós temos a oportunidade de vender esses leads. Todos ganham.

Dica profissional: iscas digitais de marca branca

Uma das minhas estratégias favoritas é permitir que eles utilizem as iscas digitais que já criei para o meu público, *para o público deles*. Certifique-se apenas de que seus afiliados concordam com a forma como você agrega valor e compreendam sua chamada à ação. No máximo, alguns ajustes no texto farão com que sua isca digital funcione para eles. Por exemplo, para academias, criei planos alimentares, listas de compras e instruções de preparação de alimentos com marca branca (sem logotipo). Eu os entreguei às academias para que fossem usados como iscas digitais *para seus clientes*. Tudo o que eles precisaram fazer foi colocar o logotipo deles nos materiais e pronto: seu público se beneficiou *instantaneamente* de todo o meu trabalho. E *ambos* obtivemos mais leads.

Eles vendem sua oferta principal. Em seguida, eles fazem a venda adicional do seu imã de lead. Então, você faz a venda adicional da sua oferta principal e de todos as ofertas subsequentes.

2) Os afiliados vendem o seu imã de lead. Basicamente, o afiliado pode vender qualquer coisa sua que transforme os clientes dele nos seus clientes. Pode ser um livro, um evento, um serviço, um software, uma amostra de produto, etc. Além disso, dar aos afiliados todo o dinheiro da venda de um imã de lead *que você cumpre* torna-se todo lucro e nenhum trabalho para eles – uma proposta atraente para qualquer negócio. Seu dinheiro vem da venda do seu produto principal por um valor superior ao custo de entrega do seu imã de lead. E, se você fizer isso dessa forma, não precisará dividir nenhum dinheiro com eles na sua oferta principal. Outra situação em que todos ganham.

Exemplo: eles vendem cada uma das coisas que oferecemos gratuitamente na etapa acima. Eles vendem sua massagem com desconto. Eles vendem sua avaliação (que você poderia fazer individualmente ou em grupo, como um workshop). Eles vendem a primeira parte da sua solução em várias etapas.

O que eu fiz. As academias vendiam uma consulta nutricional conosco e ficavam com o dinheiro. Elas cobravam talvez US\$99 ou US\$199 para vender uma hora do nosso tempo. Se fôssemos espertos, deixaríamos que ficassem com todo o dinheiro. Se fizéssemos isso, elas nos enviariam ainda mais leads. Então, venderíamos nossos produtos durante a consulta.

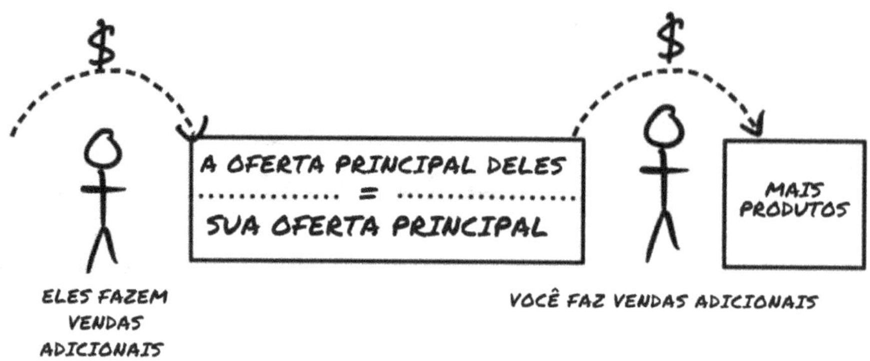

... então você divide o dinheiro. Você pode dividir o dinheiro adiantado todo o dinheiro por um determinado período ou todo o dinheiro para sempre. Eu prefiro pagar para sempre, para que meus afiliados continuem motivados a manter meus clientes para sempre. E eu nunca limito os pagamentos.

3) Os afiliados vendem sua oferta principal. Um afiliado vende sua oferta principal diretamente aos seus clientes e te adiciona outra fonte de renda, sem trabalho extra. Para alguns afiliados, essa é sua única fonte de renda! Muitas empresas oferecem essa estrutura como uma nova oportunidade de negócio ou como um complemento ao negócio existente do afiliado. De qualquer forma, tudo o que você vende, eles podem vender. Quando você faz isso dessa forma, o afiliado recebe uma porcentagem maior do seu lucro bruto ao longo da vida, mas você não precisa fazer nada além de entregar.

Exemplo: eles vendem todo o seu pacote de massagens. Eles vendem todo o seu programa ou serviços. Eles agrupam os serviços deles com os seus serviços pagos e cobram um preço ainda mais alto.

O que eu fiz: Ensinamos as academias a realizar consultas nutricionais com produtos de marca branca. Depois, ensinamos a vender nossos suplementos diretamente aos seus membros e dividimos o dinheiro.

Todas as três estratégias funcionam. Elas são apenas diferentes. Após os testes, continuamos a aplicar a Estratégia 1 (duas vezes por ano como um grande evento) e a Estratégia 3 de forma contínua. Dito isto, muitas empresas semelhantes em nosso portfólio utilizam a Estratégia 2. Estou apenas compartilhando o que funcionou para nós.

Conclusão: a integração é a estratégia de longo prazo para usar afiliados para obter um fluxo de leads duradouro. Trate os afiliados como clientes. Faça com que sua oferta faça sentido para os negócios deles. Torne-a tão boa que eles se sintam estúpidos em recusá-la.

Ação: integre-se com seus afiliados escolhendo se você quer que eles distribuam seu ímã de leads, vendam seu ímã de leads ou vendam sua oferta principal diretamente.

Esses são os seis passos para recrutar um exército de afiliados. Agora que abordamos esse assunto, deixe-me apresentar três estudos de caso reais para ilustrar melhor o assunto.

Três estudos de caso que você pode usar como modelo

Estudo de caso de empresa de serviços nº 1: Serviços nacionais de preparação de impostos

O negócio de US$50 milhões do meu amigo prepara LLCs, contas bancárias e contratos sociais. Ele se concentra em pessoas que estão começando um negócio pela primeira vez. Mas ele não tenta competir com a Legalzoom. Em vez disso, ele construiu seu negócio em parceria com pessoas que treinam novos empreendedores. Sua estratégia é simples: ajudar essas pessoas a vender mais seus produtos, vendendo também os seus. Por isso, ele oferece a todos os clientes afiliados a criação gratuita de uma LLC. Lembra-se de ter aprendido sobre o "ímã de leads de alto custo" na Seção II? Este é um deles.

Lançamento: Ele realiza um grande seminário para o público de seus afiliados para dar início às atividades.

As pessoas aceitam com alegria sua oferta gratuita de LLC. Esse é o seu ímã de leads.

Integrar: assim que os afiliados percebem o sucesso do lançamento, eles integram o seu ímã de leads à sua oferta principal. Em seguida, a equipe do meu amigo entra em contato por telefone com os *clientes que os afiliados lhe trazem gratuitamente*. É assim que ele ganha dinheiro. Ele vende a eles o que eles precisarão em seguida. Os serviços de que precisarão para iniciar seus negócios: contabilidade, preparação de impostos, etc.

Ele não gastou um centavo em anúncios pagos. Seus verdadeiros custos de publicidade são duas coisas. Primeiro, entregar seu ímã de leads gratuito (a configuração da LLC). E segundo, pagar uma porcentagem de cada primeira venda aos afiliados que os enviaram. É isso. E todos ganham.

Estudo de caso de produtos físicos nº 2: Prestige Labs, minha empresa de suplementos

Nós vendemos para proprietários de academias na Gym Launch e os treinamos sobre como anunciar e vender suas matrículas. A Prestige Labs tem uma linha de suplementos para adultos ativos. Isso torna a Gym Launch uma afiliada perfeita para a Prestige Labs. Ela tem uma comunidade de proprietários de academias que também têm clientes adultos ativos. Portanto, quando a Gym Launch vende para um novo proprietário de academia, ela apresenta a Prestige Labs a ele. Em seguida, a equipe da Prestige Labs segue a estratégia "lançar e integrar" descrita acima. (Nós realmente fazemos isso).

Lançamento: fornecemos aos proprietários de academias materiais publicitários para que possam reengajar seus clientes atuais e antigos. Nosso foco é o contato cordial e a publicação de conteúdo gratuito para um desafio gratuito de 28 dias. Quando eles vêm para o desafio gratuito, os proprietários de academias vendem suplementos para eles usarem com o programa. O proprietário da academia ganha mais clientes. Eles ganham dinheiro. Nós ganhamos dinheiro. Todos ganham.

Integrar: Após o lançamento, ensinamos os proprietários a vender suplementos a todos os <u>novos</u> membros da academia. Assim, quando novos clientes adquirem um pacote de adesão, o proprietário da academia organiza uma orientação nutricional. Na orientação nutricional, o proprietário da academia vende suplementos no valor de US$50 a US$1.000. Assim, se uma academia inscreve vinte clientes por mês e consegue que 70% deles comprem suplementos, obtemos quatorze novos clientes por mês por academia. Não parece muito, mas quando você multiplica 4.000 academias x 14 novas vendas por mês x US$200 de pedido médio = muito dinheiro todos os meses.

<u>Estudo de caso de empresa local nº 3: Quiropráticos</u>

Quiropráticos querem novos pacientes. E uma empresa do nosso portfólio os ensina a usar uma estratégia de afiliados para consegui-los. O modelo deles é simples: ir a empresas de alto volume que têm pessoas que precisam de ajustes. Uma academia se encaixa perfeitamente nesse perfil. Veja o que eles fazem.

Lançamento: Eles pedem ao proprietário da academia para promover um workshop de três horas, onde mostram os exercícios e a postura corretos para obter mais resultados dos treinos. O proprietário da academia promove o workshop gratuitamente *ou* vende o workshop por US$29 a US$99 por pessoa. O quiroprático divide o dinheiro com o proprietário da academia. Dica: se você der ao afiliado (proprietário da academia, neste caso) 100% do dinheiro, ele vai querer fazer isso mais vezes. Portanto, se uma academia conseguir que trinta pessoas compareçam por US$99, ela terá um lucro de US$2.970 sem nenhum trabalho, além de alguns e-mails e postagens. No workshop, o quiroprático apresenta seus serviços de maneira sutil e consegue um monte de novos pacientes. Fácil, fácil.

Integrar: A longo prazo, o quiroprático convence o proprietário da academia a incluir uma ou duas sessões de ajuste em cada nova inscrição na academia. Isso aumenta o valor da inscrição na academia em comparação com a academia vizinha. Além disso, mostra que a academia prioriza a saúde e a segurança de seus membros (uma grande preocupação para iniciantes). Todos ganham. Agora, cada novo membro da academia se torna um cliente potencial para o quiroprático acompanhar. Eles repetem esse processo com trinta academias e conseguem mais pacientes do que podem atender.

> ### Dica profissional: os funcionários também são leads
>
> Empresas que contratam muitas pessoas são ótimas afiliadas. Isso é MUITO importante para empresas que vendem diretamente ao consumidor e é *extremamente* sub utilizado.
>
> <u>Exemplo</u>: todos os novos contratados de uma empresa recebem uma massagem gratuita no pacote de boas-vindas. Ou você pode oferecer massagens gratuitas aos funcionários deles na hora do almoço. É gratuito. É fácil. E muitas empresas querem oferecer mais valor às suas equipes. Elas recebem valor gratuito, você recebe leads gratuitos. E como elas provavelmente não estão no mesmo ramo que você, não há risco de você "competir" com elas. Portanto, os empregadores podem estar entre os afiliados mais fáceis de integrar.

Custos e retornos

"Os afiliados não funcionam para o meu negócio", disse o perdedor.
"Tenho que fazer com que os afiliados trabalhem para o meu negócio", disse o vencedor.
Seja um vencedor.

Ao calcular os retornos com outros métodos, comparamos o lucro bruto ao longo da vida (LTGP) com o custo de aquisição de um cliente (CAC). Portanto, gastamos dinheiro para conseguir clientes e os clientes, em um negócio lucrativo, nos dão *mais* dinheiro de volta. Os afiliados funcionam de maneira diferente.

Gastamos dinheiro para conseguir afiliados, claro. Mas não ganhamos muito *com* os próprios afiliados. Em vez disso, o dinheiro que gastamos para conseguir um afiliado volta *através dos clientes que eles nos trazem*. Assim, para calcular os retornos, comparamos quanto nos custa conseguir um afiliado com o lucro bruto de *todos* os clientes que eles enviam para o nosso negócio.

<u>Exemplo:</u>

Digamos que somos proprietários de uma empresa de widgets que cresce com afiliados.

- Custa-nos US$4.000 em publicidade para conseguir um afiliado. CAC = US$4.000

- Nosso afiliado médio vende US$10.000 em widgets por mês e permanece por 12 meses.

    o (US$10.000 por mês) x (12 meses) = US$120.000 em vendas totais

- Os widgets têm margens brutas de 75%. Em outras palavras, eles custam 25% do preço de varejo para serem fabricados.

    o (120.000 dólares em vendas totais) x (25% do custo das mercadorias) = 30.000 dólares de custo total das mercadorias

    o (US$120.000 em vendas totais) - (US$30.000 em custo total das mercadorias) = US$90.000 em lucro bruto de todos os clientes que o afiliado traz

- Pagamos aos afiliados 40% do lucro bruto:

    o (lucro bruto de US$90.000) x (pagamento de 40%) = US$36.000 para o afiliado como pagamento.

- Aqui está o lucro bruto que nos resta após o custo das mercadorias e os pagamentos:

    o (total de US$120.000) - (US$30.000 de custos) - (US$36.000 de pagamentos) = US$54.000 restantes

- Vamos calcular a nossa relação LTGP/CAC de afiliados:

    o (54.000 dólares de lucro bruto restante) / (4.000 dólares para obter um afiliado) = 12,5: 1

    ... Nada mal.

Se você se lembra do que foi dito anteriormente, precisamos estar *pelo menos* em 3:1 para ter um negócio decente. Como no exemplo, queremos que a relação seja ainda maior do que isso (5:1, 10:1+). Agora, se tivéssemos esses números, simplesmente faríamos *mais*. Mas, se o seu LTGP:CAC real for inferior a 3, aqui estão três maneiras de melhorá-lo:

1) CAC mais baixo: conseguimos afiliados por menos (melhorando nossos anúncios, ofertas e processo de vendas).

2) Aumentar o LTGP e diminuir o CAC: Conseguimos mais ativações (criando um processo de lançamento).

3) Aumentar o LTGP: aumentamos o valor deles (melhorando nosso processo de integração).

Com os afiliados, agora você tem pelo menos duas camadas de clientes. Seus clientes e as pessoas que lhe trazem clientes. E se você tiver super afiliados, acrescente uma terceira camada: as pessoas que lhe trazem as pessoas que lhe trazem clientes! Isso aumenta a complexidade, mas se você conseguir gerenciar isso, vale a pena.

Agora que você entende como usar afiliados para anunciar e como torná-los mais lucrativos, vamos resumir tudo.

Conclusão

Assim como as indicações, os afiliados não são um método de publicidade que você pode "fazer". Eles são pessoas que anunciam seus produtos para beneficiar a ambos. Você faz as quatro coisas essenciais para obtê-los e, se quiser que eles gostem de você, *trate-os como clientes.* Porque, em muitos aspectos, *eles são.* E se você oferecer a eles mais valor do que o custo para obtê-lo (especialmente custos ocultos), eles lhe trarão mais leads do que você pode lidar.

E, como aprendemos anteriormente, há duas maneiras de criar um negócio composto. Você pode encontrar mais pessoas que nunca param de comprar seus produtos *ou* pode encontrar mais pessoas que nunca param de vendê-los para você. As referências são a primeira opção. Os afiliados são a segunda.

Em teoria, depois de construir um exército de afiliados, você nunca mais precisará anunciar. Eles continuam a lhe trazer leads mês após mês. A principal razão é que isso faz sentido para eles. A maneira como você faz negócios, sua liderança e o valor do seu produto entram em jogo. Você é tão bom quanto a boa vontade que tem com seus parceiros afiliados. Organize tudo corretamente e ambos sairão ganhando com o relacionamento. Eles devem poder gastar mais para adquirir clientes por meio de uma oferta mais atraente, lucros maiores ou ambos. E, em troca, você obtém leads mais engajados. Então, por que nem todos fazem isso? Eles não sabem que é possível. Eles não sabem como. Ou eles não querem. Simples assim. Esperamos ter resolvido todas essas três questões de uma vez.

Lembre-se, *a publicidade sempre funciona*, é apenas uma questão de eficiência. Portanto, uma vez que você começar, continue até que funcione.

Passos para agir

Anuncie sua oferta de afiliado até conseguir de dez a vinte afiliados. Obtenha resultados com esses afiliados e use o feedback deles para aperfeiçoar sua oferta, termos, lançamentos e estratégia de integração. Em seguida, expanda rapidamente, transformando os resultados deles em seu primeiro lote de iscas digitais para afiliados.

BRINDE: Construa seu exército de afiliados BÔNUS

Como você pode ver, sou um grande fã da criação de programas de afiliados quando eles são bem feitos. Para ajudá-lo a "fazer certo" na sua primeira tentativa, criei um vídeo de treinamento detalhado para você. Você pode obtê-lo gratuitamente em: Acquisition.com/training/leads. E, como sempre, você também pode escanear o código QR abaixo se não gosta de digitar.

Seção IV Conclusão: Obtenha geradores de leads

*"A última habilidade que você precisa aprender é como fazer
com que outras pessoas façam tudo o que você precisa."*

Fazemos as quatro principais para obter leads engajados: divulgação quente, postagem de conteúdo, divulgação fria e anúncios pagos. E os usamos para obter dois tipos de leads engajados: aqueles que se tornam clientes ou aqueles que transformamos em captadores de leads. Os captadores de leads vêm em quatro tipos: referenciadores, funcionários, agências e afiliados. Cada um tem pontos fortes importantes:

- As indicações de clientes têm o maior potencial para um crescimento exponencial de baixo custo.

- Os funcionários têm sua influência *direta* e administram seus negócios em seu nome.

- As agências ensinam habilidades que você mantém para sempre e pode transferir para sua equipe.

- Os afiliados, uma vez que você os coloque em ação, podem operar inteiramente por conta própria.

Você pode fazer a publicidade ou outras pessoas podem fazê-la. E há mais "outras pessoas" do que você. *Você obtém mais leads para o trabalho que faz quando tem ajuda.* Portanto, se você deseja obter muitos leads, esse é o caminho.

Talvez sua cabeça esteja oficialmente girando. Agora que você entende esses métodos de publicidade, vê leads em todos os lugares que olha. *Temos tantas maneiras de crescer!* E você está certo. Mas... você não sabe em qual se concentrar.

Qualquer um ou todos esses métodos de geração de leads podem sustentar uma estratégia bem-sucedida de obtenção de leads, e eu os coloquei na ordem em que acontecem naturalmente. Se você começar por conta própria, tenderá a obter suas primeiras indicações antes de começar a construir uma grande equipe. E quando você começar a construir uma grande equipe (funcionários), provavelmente começará a procurar ajuda profissional (agências). E somente quando um empresário domina a gestão de pessoas dentro de sua empresa é que ele tende a ter coragem de tentar gerenciar pessoas fora de sua empresa (afiliados). De qualquer forma, você precisa esquecer a ideia de que tudo vai dar certo na primeira vez.

Se você acha que vai se tornar um milionário no primeiro ano em que começar a trabalhar por conta própria, provavelmente está enganado. É muito improvável. E a obsessão em "ficar rico rapidamente" provavelmente garantirá que isso nunca aconteça. As pessoas tentam atalhos por uma década até perceberem que deveriam ter escolhido uma estratégia e seguido com ela por uma década. Se você fizer isso, o sucesso será inevitável. Depois de encontrar algo que funcione para você, *mantenha-se fiel à sua escolha.* Essas são as melhores palavras de incentivo que posso oferecer. Quanto mais tempo você jogar, melhor ficará e mais sucesso terá. *Só não desista nem mude de método depois de algumas perdas.* É normal perder no início. Na verdade, *espero* encontrar uma nova fonte de leads em três a seis meses (e esta não é minha primeira experiência). Portanto, se suas expectativas são *mais rápidas* do que isso, você acha que elas são razoáveis?

Cobrimos muitos assuntos aqui. Esta seção tratou de como você pode expandir seus negócios: peça ajuda a outras pessoas. Elas são o elo que faltava. Cada uma tem sua própria estratégia e melhores práticas. Use o que for aplicável ao seu caso agora.

Isso nos leva à Seção V: Comece agora. Quero reunir tudo para você de uma forma clara, para que saiba *exatamente o que fazer a seguir.* Juntos, eliminaremos para sempre os leads como gargalo em seu negócio. Vamos em frente!

Seção V: Comece agora

"Não é o fim. Nem mesmo é o começo do fim. Mas talvez seja o fim do começo."

-Winston Churchill

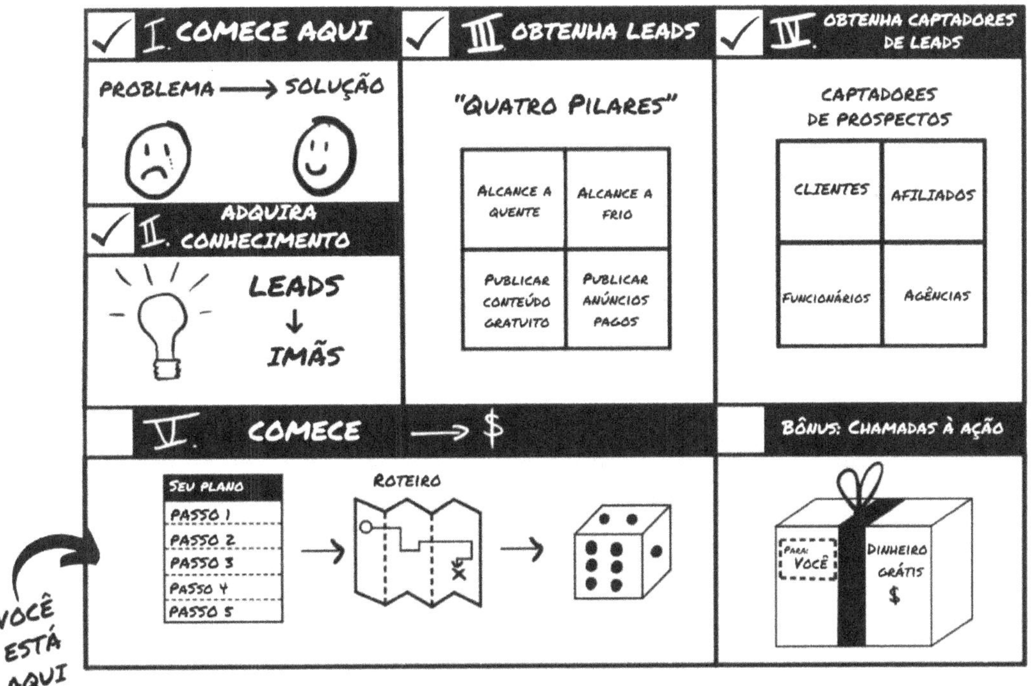

Junho de 2017. Três meses depois de termos perdido tudo, novamente, e mudado o Gym Launch para licenciamento.

"Ei, Leila, o que você acha disso?", perguntei. "O que foi?"

Entreguei meu celular a ela.

> *Sr. e Sra. Hormozi, convidamos vocês cordialmente para um evento privado para empreendedores que ganham oito dígitos ou mais. Me avisem se estiverem interessados.*

"Parece legal", disse ela. "... mas nós ganhamos oito dígitos?"

Fingi não ter ouvido. "Você quer ir?"

"Claro. Isso está incluído nas nossas mensalidades de mentoria?"

"Um scgundo, vou perguntar."

Um e-mail de resposta chegou um momento depois:

Não, é uma taxa adicional. É um evento de dois dias limitado a dez pessoas em um resort privado.

"Não", respondi.

"Huh. Podemos pagar para ir?" *Ai.*

"Quem se importa? Não podemos nos dar ao luxo de não ir."

Dez dias, um longo voo e uma curta viagem de carro depois...

Conseguimos. O encontro dos "garotos legais". Eu tinha um objetivo: agregar o máximo de valor possível a todos os outros presentes na sala. Mas, no momento em que entrei, percebi que estava fora do meu nível. Reconheci quase todos os presentes. Eles eram famosos no mundo da publicidade. Todos falavam em grandes eventos. Davam autógrafos. Ganhavam milhões. E então, lá estava eu. Eu não era um empresário milionário. Eu era um garoto de Baltimore pagando para respirar o mesmo ar que todos os outros.

Depois que todos se acomodaram, tivemos uma breve discussão sobre organização e então começamos a trabalhar. Essa maneira de fazer as coisas contrastava fortemente com os grandes palcos, sistemas de som potentes, luzes piscantes e outros elementos teatrais que os eventos "reais" têm.

O primeiro palestrante estava pronto para começar. Ele tinha um "coque masculino" e roupas largas, parecidas com as usadas para ioga. Parecia um hippie. Mas então, ele começou dizendo que ganhava *apenas* US$3 milhões por mês... *isso é verdade?* Eu me senti uma fraude. Os números que ele compartilhou com tanta naturalidade me deixaram impressionado. *Como isso é possível?*

Ele continuou sua palestra usando todo tipo de jargão empresarial, publicitário e tecnológico. Ele apontou para tabelas e gráficos confusos. Eu vim aqui para aprender mais sobre publicidade, mas me sentia cada vez mais burro. Eu reconhecia palavras suficientes para perceber que não sabia nada útil sobre elas. Sua apresentação estava *muito* acima da minha compreensão. Comecei a suar frio. Leila segurou minha mão. Nós dois nos sentíamos estressados e perdidos.

Ele terminou e finalmente abriu para perguntas e respostas. *Excelente.* Mas as perguntas ainda estavam no mesmo nível da apresentação. *Não, eu ainda estava perdido.* Então, uma voz estranha se fez ouvir: "Então, uhh... Que cursos você está fazendo para aprender tudo isso?" *Agora sim.* Eu me inclinei para frente. Caneta na mão. A resposta dele mudou minha vida:

"Neste momento, não espero aprender nada de novo com cursos. Tenho que aprender na prática. E "aprendo" gastando uma porcentagem da minha receita para testar novas campanhas, novos canais, novas páginas ou simplesmente ideias malucas. E aprendo algo cada vez que testo, então o dinheiro é bem gasto. Sempre que um desses testes é bem-sucedido, e *alguns* são, é algo muito importante. Aprendo algo incrível e ganho muito mais dinheiro do que gastei. Isso eleva o nível do meu negócio e, mais importante, de mim mesmo. Portanto, seja 1%, 5% ou 10%, reserve *uma porcentagem do seu orçamento de publicidade* para experimentar coisas novas sem esperar retorno. Considere isso um investimento na sua educação."

Senti arrepios percorrerem meu corpo, como se algum demônio julgador tivesse saído de mim. Ele me deu permissão para falhar.

Nada disso é mágica. Se ele pode fazer isso, eu também posso.

***

Na semana seguinte, *tripliquei* meu orçamento de publicidade. Sim, foi um pouco agressivo. Mas minha mentalidade havia mudado completamente. Eu ganharia mais ou ficaria melhor.

Nosso negócio passou de US$400.000 em junho para US$780.000 em julho. A partir daí, meu custo para conquistar clientes ficou muito alto. Então, tentei novos públicos. A maioria falhou. Então, um sucesso. Boom, passamos de US$1 milhão para US$1,2 milhão e US$1,5 milhão por mês.

Então, percebi que não estávamos fazendo o acompanhamento dos nossos leads engajados... de forma alguma. Testamos e-mails. Não funcionou. Testamos ligações telefônicas. Nada. Então, tentei enviar mensagens de texto em massa. E, de repente, chegamos a US$1,8 milhão no mês seguinte.

A partir daí, testamos anúncios pagos como loucos. Fizemos muito mais deles *e* nos concentramos mais em seu valor de produção. Boom. Passamos de US$2,5 milhões por mês.

Então, lançamos nosso programa de afiliados e acumulamos mais *US$*1,5 milhão por mês. Isso nos levou a ultrapassar US$4 milhões por mês. Anos depois, nosso portfólio agora movimenta mais de US$16 milhões por mês.

Então teste até encontrar algo que funcione. Tome medidas drásticas. Mantenha o foco. Duplique os esforços até que dê certo. Em seguida, teste até encontrar a próxima coisa que funcione e duplique os esforços *nessa direção.* Dar esses saltos é a única maneira de alcançar o negócio que você deseja e a vida que vem com ele. E talvez, derrotar seu demônio do julgamento também.

Então, a partir de agora...

Você ganha ou aprende.

O fim do começo

A rapidez com que você ganha muito dinheiro depende da rapidez com que aprende as habilidades necessárias para ganhar muito dinheiro. Obter mais leads engajados com as habilidades de publicidade é um ótimo começo para ganhar mais dinheiro. Na verdade, se você ganha *qualquer* quantia de dinheiro, leads mais engajados farão com que você ganhe ainda mais. E, infelizmente, *essas habilidades levam tempo para serem aprendidas*. Por isso, compartilho minhas experiências para reduzir o tempo que você levaria para aprender. Para diminuir a distância entre não ter dinheiro e ter mais dinheiro. É hora de fazer isso acontecer.

Esboço da seção "Comece agora"

Esta seção final tem três capítulos. Eles são curtos e agradáveis, assim como nosso tempo juntos.

No primeiro capítulo, Publicidade na vida real, apresentarei minha grande regra de publicidade. Em seguida, compartilharei meu plano de publicidade pessoal de uma página, que você pode usar para obter leads mais engajados *hoje mesmo*.

No próximo capítulo, "Juntando tudo", apresentarei o roteiro para expandir seus primeiros leads até chegar a uma máquina *de leads de US$100 milhões*.

Por fim, "Uma década em uma página", vou resumir tudo o que aprendemos em tópicos para mostrar o quanto avançamos juntos. Em seguida, para te ajudar a seguir em frente, vou compartilhar uma parábola que me ajudou a superar até mesmo os momentos mais difíceis.

Publicidade na vida real: aberto ao objetivo

Se um pouco é bom, mais é melhor.

Junho de 2014.

Quando abri minha primeira academia, usei os mesmos anúncios pagos que usava na academia do Sam há muito tempo. E eles funcionaram, por um tempo. Com o tempo, os custos começaram a subir. Eu recebia menos leads pelo mesmo dinheiro. Mas ainda precisava de mais clientes. Não sabia o que fazer.

Conversei com um mentor que administrava uma rede de salões de bronzeamento artificial para pedir alguns conselhos. Ele disse: "antes de todas essas novidades da internet, os panfletos funcionavam muito bem para nós, você deveria experimentá-los". Então, decidimos experimentá-los. Imprimimos 300. No dia seguinte, colocamos em carros em áreas próximas à academia. Um dia se passou. Nada aconteceu. No dia seguinte, o telefone tocou. *Finalmente!*

"Ei, você colocou um panfleto no meu carro..." Meu coração disparou. *Funcionou!*

"–Sim, sim, eu fiz isso! Como eu poderia...?" Mas antes que eu pudesse terminar, ele me interrompeu novamente.

"–Sim, você arranhou meu Mercedes..." *Droga.* "...você vai ter que pagar por..." Entrei em pânico e desliguei o telefone. Ele ligou de volta. Deixei tocar. Ele nunca mais ligou. Essa foi a única ligação que recebi dos panfletos. Nenhuma pista. Nada.

Universo: 1. Alex: 0.

Algumas semanas depois

Eu estava sentado no saguão da minha academia *esperando que os clientes caíssem no meu colo.* Sentindo-me entediado e um pouco frustrado, liguei para o mentor com a "ótima ideia" de distribuir panfletos.

"E aí, Alex, tudo bem?"

"Não muito bem."

"Por que, o que aconteceu?"

"Distribuímos os panfletos como você disse."

"Ah, sim, quantos clientes você conseguiu com eles?"

"Nenhum."

"Hmm... isso é estranho." Ele fez uma pausa. "Qual foi o tamanho do seu teste?"

 "O que você quer dizer?"

"Você sabe, quantos você colocou?"

"Eu coloquei 300", respondi em tom ressentido.

"Nossa, você só colocou 300? É difícil saber se algo funciona com um número tão pequeno... Eu testo com 5.000. Então, quando encontramos um vencedor, colocamos 5.000 por dia, todos os dias, durante um mês..."

Cinco mil? Ele *testa* com quase 17 vezes mais do que toda a minha "campanha". E faz isso em um <u>único dia.</u> Me senti como aquela pessoa que diz que exercícios não funcionam depois de ir à academia uma vez. E eu *odeio* esse tipo de pessoa.

"...Quero dizer, que tipo de resposta você achava que iria obter?", ele riu. "Se obtivermos meio por cento, é razoável. Se obtivermos um por cento, é um vencedor. Com 300 panfletos, meio por cento seria como uma pessoa e meia. Isso torna muito difícil saber se você tem um vencedor ou não."

Eu não tinha nada a dizer. Ele estava certo. *Eu me senti um idiota.*

Duvido que ele se lembre da ligação. Mas ela ficou gravada na minha memória. Prometi a mim mesmo que *nunca* deixaria que o esforço fosse a razão *pela qual algo* não funcionasse para mim. Poderia ser outra coisa. A oferta. O texto. A imagem. O público-alvo. A mídia. A plataforma. A posição da lua. Mas *não o meu esforço.*

Aqueles 300 míseros panfletos me ensinaram uma lição importante. Eu fiz a coisa certa, mas não fiz vezes suficientes. Faltou-me o que pode ser descrito em uma única palavra: volume.

Neil Strauss disse uma vez: "O sucesso resume-se a fazer o óbvio durante um período de tempo invulgarmente longo, sem se convencer de que é mais inteligente do que realmente é." A ação certa na quantidade errada continua a falhar. A maioria das pessoas, incluindo eu próprio, *desiste cedo demais*. Não fazemos *o suficiente*.

A maioria das pessoas subestima drasticamente o volume necessário para que a publicidade funcione. Elas não estão fazendo nem metade ou um terço do que é necessário. Na verdade, estão fazendo muito menos. Eu estava fazendo 1/1500 do esforço necessário para que uma campanha de panfletos funcionasse — *só não sabia disso.*

Eu ouço isso o tempo todo. "Alex, entrei em contato com 100 pessoas nas últimas seis semanas, consegui apenas um cliente, não funciona." Resposta: "Você fez 1/42 da quantidade de trabalho necessária. Era 100 por dia, não 100 ao longo do tempo."

A maioria das pessoas não entende que a publicidade é um jogo de entradas e saídas. Para elas, as saídas parecem estar fora de seu controle. Suas entradas de baixo esforço lhes proporcionam saídas baixas e pouco confiáveis de leads engajados. Vamos acabar com isso agora. Você investe esforço em publicidade. Sua saída são leads engajados. Ponto final. Agora, estamos bem claros sobre o que você faz (os quatro pontos principais). E, como aprendemos ao maximizar os quatro pontos principais, você só precisa investir *mais* e fazer *melhor* do que antes. Começamos com a regra dos 100, mas quando você torna isso a norma, está pronto para passar para o próximo nível com...

Regra dos 100 com esteroides – Aberto à meta

Uma rede de academias muito bem-sucedida permitiu que seus gerentes de vendas fizessem seus próprios horários. Mas havia uma condição: eles tinham que inscrever cinco novos membros por dia, *não importa o que acontecesse*. Então, se conseguissem fazer isso até a hora do almoço, poderiam sair mais cedo. Mas se levassem 18 horas, que assim fosse. Eles chamavam esse tipo de horário de trabalho de "aberto para atingir a meta".

Descobri que empreendedores e vendedores de elite em todos os setores fazem alguma variação do "aberto à meta". Isso porque é como a regra dos 100... mas para os grandes. Você não se compromete apenas a fazer algo um número específico de vezes... você se compromete com o trabalho até atingir um número específico de resultados, não importa o que aconteça. Isso significa que você libera um nível totalmente novo de esforço que nem imaginava ter. Pode significar fazer algo apenas cinquenta vezes para obter o resultado desejado. Ou, como os panfletos, cinco mil vezes, todos os dias, durante *anos*.

Se você quer levar sua publicidade para o próximo nível, <u>trabalhe até que o trabalho esteja concluído</u>. Abandone a ideia de "dar o seu melhor". Em vez disso, faça o que for necessário. E, às vezes, isso significa que o seu melhor precisa melhorar.

Como eu faço o "Aberto à metas" funcionar para mim

Se eu tivesse que escolher os três hábitos que mais me ajudaram na vida, eles seriam:

1) <u>Acordar cedo (4-5 da manhã)</u> – Dica profissional: isso significa, na verdade, *ir para a cama cedo...*

2) <u>Começar a trabalhar imediatamente</u> – Sem rituais. Sem rotinas. Bebo café e começo a trabalhar.

3) <u>Sem reuniões até</u> o meio-dia – Sem interrupções. Nada. Tempo de trabalho totalmente focado.

Para ser claro, não acho que haja nenhuma magia em acordar cedo. Mas acho que há magia em um longo período de trabalho ininterrupto imediatamente após um longo período de sono ininterrupto. Afinal, são as horas mais produtivas seguidas do trabalho mais produtivo que posso fazer... sem nada atrapalhando... Todos os dias. Como você pode perder?

E como tenho uma boa ideia do que posso fazer em um dia, defino minha meta diária de acordo com isso. Então, somente após meu período dedicado ao trabalho, vou apagar incêndios, conversar com pessoas e lidar com outras coisas do dia a dia.

Acordar cedo, começar a trabalhar imediatamente e trabalhar 8 horas seguidas tem sido meu "conjunto de hábitos" com maior retorno sobre o investimento. De longe. Se você decidir tentar, espero que funcione tão bem para você quanto funcionou para mim (ou melhor). E para aqueles que estão pensando "Espere! São mais de doze horas de trabalho por dia!", vocês estão certos. Estou jogando para ganhar. Mas se isso o sobrecarregar no início, eu entendo. Basta reduzir algumas horas e depois aumentar gradualmente. Alguns dias são difíceis, mas sempre gosto de me lembrar:

"Faça mais do que eles fazem e você terá mais do que eles têm."

Como meu trabalho geralmente é "conseguir mais clientes" na maioria das empresas em que atuo, concentro-me em publicidade. Este livro, por exemplo, foi escrito exclusivamente nesse bloco de tempo aberto para objetivos. Por quê? Porque é um ativo que pode me trazer mais empresas.

Portanto, se você vai seguir meu conjunto de hábitos de alto ROI, vai precisar de um plano de ação claro para esse tempo. Este é o plano de publicidade mais simples que posso lhe oferecer.

Lista de verificação de publicidade de uma página

Passo 1: escolha o tipo de lead engajado que você deseja obter: clientes, afiliados, funcionários ou agências

Passo 2: Escolha a Regra dos 100 ou o tempo aberto para atingir a meta. Comprometa-se com suas ações diárias de publicidade

Passo 3: Preencha a lista de verificação de publicidade para essa ação diária

Lista de verificação de publicidade	
Quem:	Você mesmo
O quê:	Sua oferta ou ímã de leads
Onde:	Plataformas
Para quem:	Público/listagens
Quando:	Primeiras 8 horas
Por quê:	Obter X leads comprometidos ou captadores
Como:	Contatos quentes/frios, conteúdo, avisos
Quanto:	100 ou até atingir sua meta
Quantos:	Número de acompanhamentos/vezes de reenvio
Até quando:	100 dias ou até atingir seu objetivo

Passo 4: Faça essa ação diariamente até ter dinheiro suficiente para pagar alguém para fazer isso.

Passo 5: Quando conseguir, volte ao passo 1. Torne os funcionários seu novo tipo de lead alvo.

E repita as etapas 1 a 4 até ter a ajuda de que precisa. Em seguida, volte a expandir.

Conclusão

Muitas páginas. Muitas ideias. Estamos quase no fim. Mas você não tem mais leads. O que aconteceu? Resposta: ler não faz com que as pessoas se interessem pelo que você vende… *a publicidade sim.* Se você não está falando para ninguém sobre o que vende, então não está fazendo com que ninguém se interesse pelo que você vende. Ponto final.

Este capítulo apresentou o plano para anunciar da maneira mais simples possível:

- Trabalhe "aberto ao objetivo".

- Estruture seu dia para tornar possível estar aberto ao objetivo.

- Crie *e* comprometa-se com essa meta usando a lista de verificação de publicidade de uma página.

Muitos ignoram o planejamento ou, pior ainda, escrevem um plano de cem páginas que nunca é utilizado. Portanto, evite a perda de tempo que é escrever páginas de bobagens. Aproveite o poder de definir suas etapas de ação em uma *única página.* Isso deixa pouco espaço para desculpas, distrações e ilusões. Ou você fez o que tinha que fazer ou não fez. Você pode preencher sua lista de verificação de publicidade de uma página em cerca de cinco minutos. E quando a verdade nua e crua estiver diante de você, tudo o que resta é *fazer.*

BRINDE: Lista de verificação de publicidade para download

Você pode assistir a um treinamento adicional e baixar esta lista de verificação para preencher você mesmo em Acquisition.com/training/leads. Como sempre, você também pode escanear o código QR abaixo se não gosta de digitar.

O Roteiro - Reunindo tudo

De zero a US$100 milhões

"Um líder deve ter objetivos ambiciosos, visão ampla e discernimento abrangente, diferenciando-se assim das pessoas comuns que debatem em limites estreitos."

- Charles de Gaulle,
presidente francês durante a Segunda Guerra Mundial

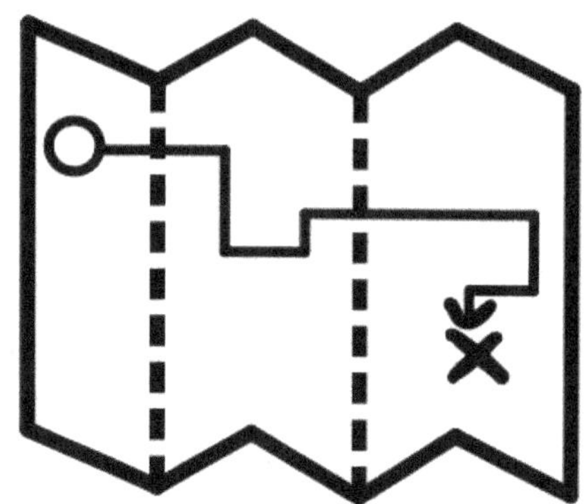

Para chegar onde você quer, vale a pena saber o que está por vir. Portanto, neste capítulo, descrevo as fases pelas quais você passará à medida que amplia sua publicidade. A Acquisition.com usa este roteiro para ampliar nossas empresas de portfólio de alguns milhões por ano até mais de US$100 milhões. Esses níveis ajudarão você a identificar onde você está na hierarquia da publicidade para que saiba o que fazer para chegar ao próximo nível.

Nível 1: *Seus amigos sabem sobre o que você vende.* Para começar a obter leads engajados, você faz uma oferta, para um avatar, em uma plataforma. No momento em que você obtém leads engajados, é quando você pode começar a ganhar dinheiro. Para mim, isso começou quando entrei em contato com *todas as* pessoas que conhecia.

<u>Ação principal</u>: contato quente.

Nível 2: *Você informa <u>consistentemente a todos que conhece</u> sobre os produtos que vende.* Você sabe exatamente o que fazer para obter um lead engajado com o método de publicidade escolhido. E, ao dimensionar essas ações, você consegue clientes *consistentes*. Mas os clientes consistentes vêm da maximização da sua capacidade de trabalho pessoal. Para mim, além de contatos quentes, maximizei minha capacidade de trabalho pessoal com ajudas pagas, usando um estudo de caso como meu ímã de leads. Mas, olhando para trás, gostaria de ter começado postando conteúdo gratuito. Então, sugiro isso.

<u>Ações principais</u>: faça o máximo possível de contatos quentes e publique o máximo de conteúdo que puder, *de forma consistente*.

Nível 3: *Você contrata funcionários para ajudá-lo a fazer mais publicidade.* Você atingiu o máximo de seus recursos pessoais de publicidade, mas não os da plataforma. E se você quer leads mais engajados, isso só pode significar uma coisa: fazer mais. No meu caso, contratei um cinegrafista e um comprador de mídia para assumir a maior parte do trabalho de anúncios pagos.

<u>Ação principal</u>: você contrata pessoas para fazer publicidade lucrativa em seu nome.

Nível 4: *Seu produto é bom o suficiente para receber indicações consistentes.* Você continua construindo boa vontade e busca obter 25% ou mais de seus clientes por meio de indicações. Agora, você se preparou para aumentar sua publicidade novamente. Mas, para que isso funcione, você precisa levar mais a sério a contratação de uma equipe para fazer isso acontecer.

Foi então que percebi que meus anúncios estavam desativados, mas eu ainda recebia indicações todas as semanas. Então, redobrei meus esforços em relação às indicações. Construí boa vontade usando o feedback dos clientes para atualizar meu produto a cada duas semanas. Ao mesmo tempo, também iniciei um programa de indicações forte, com grandes incentivos.

<u>Ações principais</u>: concentre-se no seu produto até obter referências consistentes e, em seguida, volte a expandir sua publicidade com uma equipe maior. É aqui que a maioria das pessoas erra. Elas deixam seu produto escapar e nunca se recuperam.

Nível 5: *Você anuncia em mais lugares, de mais maneiras e com mais pessoas.* Primeiro, você expande para novos públicos em sua melhor plataforma. Em seguida, você cria anúncios com todos os posicionamentos e tipos de mídia que a plataforma suporta. E, depois que sua equipe consegue resultados consistentes, você expande sua equipe novamente para adicionar: *outra plataforma, um gerador de leads ou quatro atividades principais.*

No meu caso, matei dois coelhos com uma cajadada só. Expandi meus anúncios pagos para incluir afiliados em potencial. E isso abriu caminho para meus programas de afiliados.

<u>Ação principal</u>: anuncie de forma lucrativa usando pelo menos dois métodos em várias plataformas.

Nível 6: *Você contrata profissionais altamente qualificados.* Seus executivos desenvolvem departamentos específicos para um método ou plataforma de publicidade sem a sua participação. E você não está buscando potencial. Você está buscando líderes experientes, especializados exatamente no que você deseja. Chegamos ao limite aqui.

Levei três anos para descobrir duas coisas. Primeiro, que eu precisava de executivos veteranos com experiência adequada aos meus problemas. E segundo, que eles precisavam de incentivos mais fortes. Mas quando percebi isso, já havia vendido essas empresas. Depois que comecei a Acquisition.com, percebi o poder de expandir o bolo para conseguir mais pessoas certas investidas em vencer. Foi assim que ultrapassamos US$100 milhões, depois US$200 milhões em receita de portfólio e muito mais.

Ação principal: contrate executivos e chefes de departamento experientes para assumir novas atividades e canais de publicidade.

Dica profissional: contrate experiência, não potencial.

Tentei duas vezes antes de conseguir na terceira. A principal diferença: a pessoa que contratei para gerir o projeto. Primeiro, tentei alguém externo com experiência, mas não deu certo. Depois, tentei alguém interno sem experiência, mas também não deu certo. Por fim, contratei alguém interno *com* experiência e deu certo. Como se trata de uma máquina operacionalmente complexa e que exige muito pessoal, a pessoa que você contrata para gerenciar a equipe é muito importante. Escolha experiência. Ela deve saber *mais* do que você. Se você não estiver aprendendo com ela na entrevista, você escolheu a pessoa errada.

Nível 7: Voltarei para editar este capítulo assim que ultrapassar um bilhão. Prometo que enviarei as lições assim que as tiver. Você tem minha palavra.

Últimos pontos: Eu sei que isso parece simples. Mas nunca é. Os negócios reais são *complicados*. É preciso *muito esforço* para descobrir quais públicos, iscas digitais, métodos e plataformas funcionam melhor. E você só pode descobrir o que funciona se tentar. Portanto, é preciso tentar muitas coisas diferentes, de muitas maneiras diferentes, por um tempo suficiente para ter certeza.

Ninguém pode saber com certeza qual é a melhor coisa a fazer. Mas eu sei disso: quanto mais você anuncia, mais pessoas descobrem o que você vende. Quanto mais pessoas sabem o que você vende, mais pessoas vão comprar. Essa é a chave para a Máquina *de Leads de US$100 milhões*.

A Máquina de Leads de mais de US$100 milhões

Vamos dar uma olhada no seu futuro. Sua empresa fatura mais de US$100 milhões por ano. É ótimo ter uma ideia clara de como é a máquina de US$100 milhões. Vamos dar uma olhada, certo? Em primeiro lugar, sua publicidade funciona a todo vapor...

- Sua equipe de mídia dimensiona toneladas de conteúdo gratuito, em todos os tipos de mídia, em muitas plataformas.

- Você faz ofertas regulares ao seu público interessado para conseguir mais clientes ou afiliados.

- Seu público ávido torna *qualquer coisa* que você lança *imediatamente* lucrativa.

- Você tem equipes executando e ampliando anúncios pagos lucrativos em várias plataformas.

- Sua equipe de divulgação obtém mais clientes para você.

- Você tem um gerente de afiliados que lança e integra todos os novos afiliados.

- Você tem recrutadores *e* agências de recrutamento trazendo mais leads.

- Seu produto é tão bom que um terço dos seus clientes traz mais clientes para você.

- Sua equipe executiva impulsiona todo esse crescimento sem você.

- *E... você tem mais leads engajados do que consegue lidar.*

Quanto tempo isso leva? Para empresários que sabem o que fazer, entre cinco e dez anos. Construir algo grandioso, mesmo sabendo exatamente o que fazer, leva tempo. Muitos gostam de alardear o "sucesso da noite para o dia", mas olhar por trás das cortinas revela uma história diferente. Minha esposa e eu levamos *mais de dez anos de muito esforço* para ultrapassar os primeiros US$100 milhões em patrimônio líquido. Portanto, quanto maiores forem seus objetivos, mais longo precisa ser seu horizonte temporal. Você deve jogar jogos em que, se esperar, você ganha.

O empreendedorismo não é para os fracos de coração.

A carga é pesada e o caminho é longo.

BRINDE: TUTORIAL BÔNUS - Escalando de US$ 0 a mais de US$ 100 milhões

Às vezes, é útil ouvir uma narrativa sobre como é cada etapa. Se você sabe o que vem a seguir, pode começar a se preparar para isso hoje mesmo. Gravei um tutorial gratuito onde ajudo você a identificar onde está e o que vem a seguir para que possa vencer. Você pode obter o tutorial gratuitamente em, você adivinhou, Acquisition.com/training/leads. Como sempre, você também pode escanear o código QR abaixo se não gosta de digitar.

Uma década em uma página

"A simplicidade é a sofisticação definitiva" - Leonardo Da Vinci

Cobrimos muitos assuntos. E acho que organizar o que aprendemos em um só lugar ajuda a assimilar melhor. Por isso, fiz esta lista "rascunho" do que cobrimos e por quê.

1) Como definir um lead a partir de agora. Agora você sabe o que está buscando: leads engajados, não apenas leads.

2) Como transformar leads em leads engajados com uma oferta ou isca digital. E como criá-las.

3) Os *Quatro Pilares* - as únicas quatro maneiras pelas quais podemos divulgar os produtos que vendemos.

    a) Como alcançar as pessoas que nos conhecem: *pergunte se elas conhecem alguém*

    b) Como publicar publicamente: *atrair, reter, recompensar. Dê até que eles peçam.*

    c) Como alcançar estranhos: *listas, personalização, grande valor rápido, volume*

    d) Como veicular anúncios pagos para desconhecidos: *segmentação, chamadas, o quê, quem, quando, CTAs, aquisição financiada pelo cliente*

4) Maximizando os quatro pilares: *mais, melhor, novo*

    a) O que nos impede de fazer o que estou fazendo atualmente em dez vezes mais volume? Então, resolver isso.

    b) Encontrar a restrição em nossa publicidade. Em seguida, testar até que a restrição seja eliminada. Depois, fazer *mais* até que haja uma nova restrição.

5) Os quatro principais geradores de leads: *clientes, funcionários, agências e afiliados*

    a) Como fazer com que os clientes indiquem outros clientes

    b) Como fazer com que os funcionários ampliem sua publicidade sem você

    c) Como fazer com que uma agência lhe ensine novas habilidades

    d) Como fazer com que os afiliados sejam lançados e integrados

6) Ao anunciar no mundo real: *a regra dos 100 e a abertura para o objetivo*

    a) O plano de publicidade de cinco etapas em uma página para obter mais leads *hoje.*

7) Os sete níveis de anunciantes e a máquina *de leads de US$100 milhões* em ação.

Como prometi no início, o resultado desses pontos é mais leads engajados, melhores, mais baratos e confiáveis. Espero que este livro seja útil para você. Espero que, ao ler este livro, você saiba como obter mais leads do que atualmente. E espero ter desvendado o mistério por trás da obtenção de leads.

Além disso, como você é uma das poucas pessoas que realmente terminam o que começam, quero deixar um presente de despedida: uma fábula que me ajudou a superar meus momentos mais difíceis.

O dado de muitas faces

Imagine que você e um amigo jogam um jogo de dados. Cada um recebe um dado. Um dos dados tem 20 lados. O outro tem 200. Em cada dado, apenas um lado é verde. E os demais são vermelhos.

O objetivo do jogo é simples: *rolar o verde quantas vezes você conseguir.*

As regras do jogo são as seguintes:

- *Você não pode ver quantos lados você tem. Você só pode ver se rolou vermelho ou verde.*

- *Se você rolar verde, um dos seus lados vermelhos fica verde e você pode rolar novamente.*

- *Se você rolar vermelho, nada acontece e você pode rolar novamente.*

- *O jogo termina quando você para de jogar. E se você parar de jogar, você perde.*

<u>O que você faz?</u>

Você joga. Quando você joga vermelho, você pega o dado e joga novamente. Quando os outros jogam verde, você pega seu dado e joga novamente. Quando você joga verde, você pega o dado e joga novamente. Você continua dizendo uma coisa a si mesmo. "Quanto mais eu rolo, mais verdes eu consigo." No início, você rola verde de vez em quando. Mas, à medida que mais lados vermelhos se tornam verdes, os verdes acontecem com mais frequência. Com rolagens suficientes, acertar o verde se torna a regra, e não a exceção.

O que seu amigo faz?

Ele rola algumas vezes e acerta o vermelho todas as vezes. Ele vê você rolar um verde e reclama que você *deve* ter um dado com menos lados. Ele argumenta que essa é a *única* maneira de você ter rolado verde antes dele. E embora você tenha rolado, você também rolou muitas mais vezes. Então, qual é a verdade?

Em ambos os casos, ele rola mais algumas vezes, frustrado, e acerta o verde. Mas então reclama do tempo que levou. Ele passou mais tempo observando você e reclamando do que realmente jogando. Enquanto isso, você acertou sua sequência de verdes. *É muito mais fácil para você*, ele pensa consigo mesmo. *Você acerta o verde todas as vezes! Este jogo está viciado, então qual é o sentido?* Ele desiste.

***

Então, quem ficou com o dado de 20 lados? Quem ficou com o dado de 200 lados? Se você entender o jogo, verá que, depois de jogar várias vezes, *o dado que você recebe não importa.*

- Os dados com menos lados podem sair verdes mais cedo.

- O dado com mais lados pode rolar verde mais tarde.

- Mas, um dado com um lado verde *sempre* tem a chance de cair no verde... *se você o jogar.*

- Todo dado atinge sua sequência verde quando rolado um número suficiente de vezes.

Todos nós recebemos um dado de várias faces. E, olhando para os outros jogadores, você não tem ideia se é a centésima ou a centésima milésima vez que eles jogam. Você não sabe o quão "bons" os outros jogadores são quando começam, só pode ver o quão bem eles estão se saindo *agora*. Mas, se você entende o jogo, também sabe *que isso não importa*.

Alguns começam a jogar cedo. Outros começam muito mais tarde. O resto fica à margem reclamando da sorte dos jogadores. Acho que sim, mas eles têm mais sorte porque jogam. E quando atingem o vermelho, o que acontece, eles não desistem. Eles jogam novamente.

Aprender a anunciar é muito parecido com o jogo do dado de várias faces. Você não sabe se vai funcionar até tentar. E quando você começa a anunciar, provavelmente vai acertar o vermelho nas suas primeiras jogadas. Mas se tentar várias vezes, *vai acertar o verde*. E *quando* funcionar, você terá mais chances de fazer com que funcione *novamente*.

Quanto mais você faz, mais fácil fica. Você começa a entender o jogo. Não importa quantos jogadores existam ou quantos lados tenha o dado que você recebe, você começa a perceber as duas únicas certezas:

1) Quanto mais vezes você joga, melhor você fica.

2) Se desistir, perde.

Então, aqui está minha promessa final:

Você não pode perder se não desistir.

Brindes grátis: chamadas à ação

Se é gratuito, é para mim!

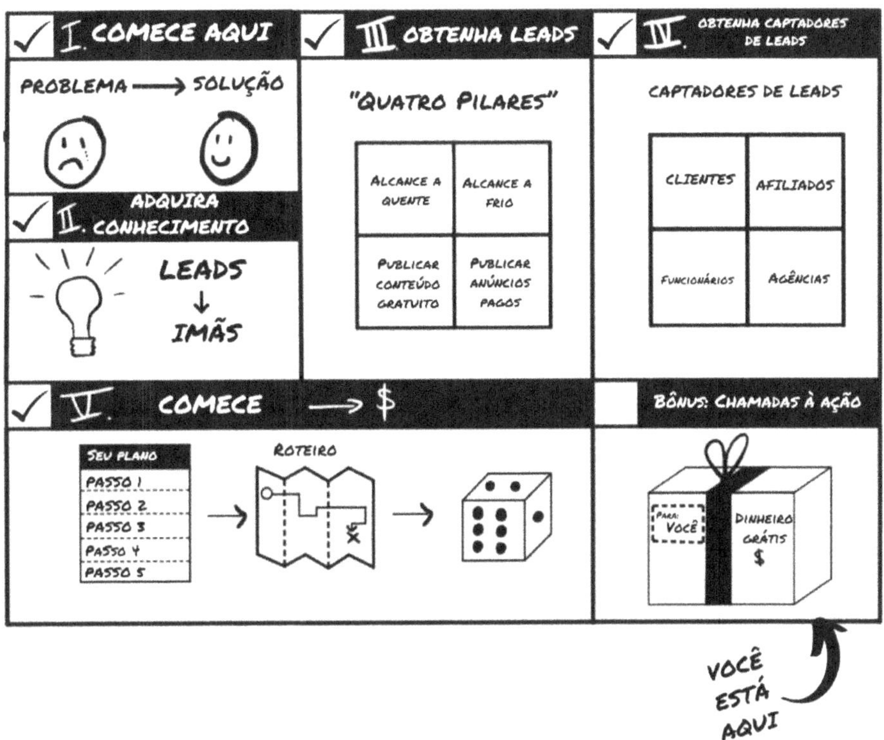

Vou lhe dar vários brindes em um segundo, então fique ligado.

O Dr. Kashey (meu editor) e eu dedicamos mais de 3.500 horas a este livro. Escrevemos mais de 650 páginas e 19 rascunhos com diferentes estruturas, temas e pontos de foco. Mas, no final, as alterações deixaram apenas o essencial que é necessário saber. Analisamos 127 páginas de modelos desenhados à mão para selecionar os poucos que entraram no livro. Tudo isso para dizer que espero que este trabalho resulte no crescimento do negócio dos seus sonhos.

Quando olho para trás na minha vida, esses livros estarão entre as coisas das quais mais me orgulho. Eu não seria capaz de escrever com tanta paixão se não acreditasse que as pessoas iriam ler. E por mais que eu me esforce para ser o tipo de pessoa que trabalharia duro mesmo que ninguém se importasse, ainda não cheguei lá. Seu apoio e positividade fazem a diferença para mim. Então, obrigado do fundo do meu coração por me permitir fazer o trabalho que considero significativo. Sou eternamente grato.

Se você é novo no #mozination, seja bem-vindo. Acreditamos em grandes ambições e em combinar nossas ambições com generosidade e paciência. E tenho um objetivo pessoal nesse espírito de generosidade: *morrer sem nada a oferecer.*

Então, se você ainda está comigo, obrigado. Quero oferecer mais algumas dicas.

1) **Se você está com dificuldade para descobrir para quem vender**, lancei um capítulo chamado "Seu primeiro avatar" entre este livro e o último. Pense nisso como um "single" de um álbum de música. Você pode obtê-lo gratuitamente em **Acquisition.com/avatar.** Basta inserir seu e-mail e nós o enviaremos.

2) **Se você está com dificuldade para descobrir o que vender**, pode acessar a Amazon ou qualquer outro site onde você compra livros e pesquisar "Alex Hormozi" e Ofertas de US$100 Milhões. Isso deve colocá-lo no caminho certo. A versão digital está disponível para venda pelo preço mais barato que a plataforma me permite cobrar e ainda listá-la como um livro.

3) **Se você está com dificuldade para convencer as pessoas a comprar, meu próximo livro será sobre persuasão e vendas.** Ele pode ou não estar disponível quando você ler isto. O título será Vendas de US$100 Milhões *ou* Persuasão. Ainda não decidi. Mas se você pesquisar meu nome, poderá encontrar outros livros que podem estar disponíveis quando você ler isto.

4) **Se você deseja um emprego na Acquisition.com** ou em uma de nossas empresas do portfólio, adoramos contratar pessoas da #mozination. Adoramos fazer isso porque descobrimos que nosso melhor retorno é investir em pessoas excelentes. Acesse **Acquisition.com/careers/open-jobs** e você poderá ver todas as vagas de emprego em todas as nossas empresas e em nosso portfólio.

5) **Se a sua empresa tem um EBITDA (lucro) superior a US$1 milhão**, adoraríamos investir no seu negócio para ajudá-lo a crescer. É muito gratificante saber que as empresas do nosso portfólio cresceram muito mais e mais rapidamente do que a minha, *porque evitaram os erros que eu cometi.* Se quiser que analisemos a sua empresa e vejamos se podemos ajudar, acesse **Acquisition.com**. Enviar as suas informações é rápido e fácil.

6) Para obter os **downloads gratuitos do livro e os treinamentos em vídeo** que acompanham este livro, acesse **Acquisition.com/training/leads**.

7) **Se você gosta de ouvir podcasts e quer ouvir mais**, meu podcast, no momento em que este artigo foi escrito, está entre os 5 melhores em empreendedorismo e entre os 15 melhores em negócios nos Estados Unidos. Você pode acessá-lo pesquisando "Alex Hormozi" onde quer que você ouça. Ou acessando

Acquisition.com/podcast. Compartilho histórias úteis e interessantes, lições valiosas e os modelos mentais essenciais nos quais confio todos os dias.

8) **Se você gosta de assistir a vídeos**, investimos muitos recursos em nosso treinamento gratuito, disponível para todos. Pretendemos torná-lo melhor do que qualquer material pago disponível no mercado, e você decide se conseguimos. Você pode encontrar nossos vídeos no YouTube ou em qualquer lugar que você assista a vídeos pesquisando "Alex Hormozi".

9) **E se você gosta de vídeos curtos**, confira o conteúdo resumido que publicamos diariamente em **Acquisition.com/media**. Você verá todos os locais onde publicamos e poderá escolher os que mais gosta.

E, por último, obrigado novamente. Seja generoso e **compartilhe isso com outros empreendedores, deixando uma avaliação**. Isso significaria muito para mim. Estou enviando vibrações positivas para o seu negócio da minha mesa. Passo muito tempo lá, então são muitas vibrações. Que seu desejo seja maior do que seus obstáculos.

Espero encontrar você e sua empresa em breve. *Ad astra.*

Alex Hormozi, fundador, Acquisition.com